PSICOLOGIA E RELIGIÃO

Dados Internacionais de Catalogação na Publicação (CIP)
(Câmara Brasileira do Livro, SP, Brasil)

Psicologia e religião. -- São Paulo : Cengage Learning,
2008. Vários autores. Valdemar Augusto Angerami
(org.)

Bibliografia.
ISBN 978-85-221-0645-5

1. Fé - Aspectos psicológicos 2. Psicologia e
religião I. Angerami, Valdemar Augusto.

08-03260   CDD-261.515

Índice para catálogo sistemático:
1. Fé : Psicologia e religião 261.515

PSICOLOGIA E RELIGIÃO

Valdemar Augusto Angerami (organizador)
André Roberto Ribeiro Torres
José Carlos Michelazzo
José Francisco Miguel Henriques Bairrão
Luiz José Veríssimo
Marília Ancona-Lopez
Marina Pereira Rojas Boccalandro
Ronilda Iyakemi Ribeiro
Sikiru King Sàlámì
Tereza Cristina Saldanha Erthal

CENGAGE Learning

Austrália • Brasil • Japão • Coréia • México • Cingapura • Espanha • Reino Unido • Estados Unidos

CENGAGE Learning

Psicologia e Religião

Valdemar Augusto Angerami (org.)

Gerente Editorial: Patricia La Rosa

Editora de Desenvolvimento: Tatiana Pavanelli Valsi

Supervisor de Produção Editorial: Fabiana Alencar Albuquerque

Produtora Editorial: Gisele Gonçalves Bueno Quirino de Souza

Copidesque: Carlos Alberto Villarruel Moreira

Revisão de provas: Kelly de Jesus Corrêa
                   Adriane Peçanha

Composição: Cia. Editorial

Capa: Cengage Learning

Imagem da capa: Tela "Memórias do homem e da natureza", de Evandro Linhares Angerami

© 2008 Cengage Learning Edições Ltda.

Todos os direitos reservados. Nenhuma parte deste livro poderá ser reproduzida, sejam quais forem os meios empregados, sem a permissão, por escrito, da Editora. Aos infratores aplicam-se as sanções previstas nos artigos 102, 104, 106 e 107 da Lei nº 9.610, de 19 de fevereiro de 1998.

Para informações sobre nossos produtos, entre em contato pelo telefone **0800 11 19 39**

Para permissão de uso de material desta obra, envie seu pedido para
direitosautorais@cengage.com

© 2008 de Cengage Learning. Todos os direitos reservados.

ISBN-13: 978-85-221-0645-5

ISBN-10: 85-221-0645-2

Cengage Learning
Condomínio E-Business Park
Rua Werner Siemens, 111 Prédio 20 – Espaço 3
Lapa de Baixo – 05069-900
São Paulo – SP
Tel.: (11) 3665-9900
Fax: (11) 3665-9901

Para suas soluções de curso e aprendizado, visite
www.thomsonlearning.com.br
www.cengage.com.br

Impresso no Brasil.
Printed in Brazil.
1 2 3 4 5 6 7   12 11 10 09 08

Apresentação

VALDEMAR AUGUSTO ANGERAMI – CAMON

Eis que novamente estou diante da emoção da apresentação de um novo livro. Novo livro, novo sonho lançado ao mundo para ganhar contornos próprios. Ele segue a proposta de nossa publicação anterior, *Espiritualidade e prática clínica*, ou seja, promover uma reflexão acerca dos aspectos da religiosidade presentes no meio científico, o que se dará por meio de pesquisas e digressões teórico-filosóficas. E novamente estamos diante de um grande desafio: empunhar uma temática que, por si, desperta desde ideais preconceituosos até aspectos de desprezo, já que as religiões e os acadêmicos e estudiosos da área do comportamento têm visões distintas sobre o assunto.

E com a emoção dessa nova publicação surge novamente a consciência inquieta de acadêmicos e profissionais que seguem os nossos escritos e, com base nestes, direcionam seus estudos e suas pesquisas. Eventos comemorativos ocorrerão em diversos cantos, e em cada um deles já é possível antever os olhares de pessoas queridas que estejam à frente dessas empreitadas. Com essas festividades e comemorações, estaremos lançando desafios sobre a peculiaridade desta nova publicação. Seguramente iremos além das homenagens acadêmicas que sempre circundam nossas publicações na medida em que estamos tartamudeando palavras de um novo desafio nos caminhos da psicologia.

Este livro é a nossa nova paixão, um pouco de nós que é partilhado com todos que sobre ele se debrucem em busca de reflexões sobre o enfeixamento da psicologia com a religiosidade.

Serra da Cantareira, em uma manhã azul de primavera.

Sumário

1. Religiosidade e psicologia: a contemporaneidade da fé religiosa nas lides acadêmicas ... 1
VALDEMAR AUGUSTO ANGERAMI

2. À espera do Deus ausente: Heidegger e o silêncio do divino ... 43
JOSÉ CARLOS MICHELAZZO

Poema: "O manto sagrado de Maria" ... 65
VALDEMAR AUGUSTO ANGERAMI

3. Religião na constituição da subjetividade: psicólogos e seus clientes ... 69
MARÍLIA ANCONA-LOPEZ

4. Religião: a ontologia pessoal ... 85
ANDRÉ ROBERTO RIBEIRO TORRES

Poema: "Mãe" ... 103
VALDEMAR AUGUSTO ANGERAMI

5. A visão sartriana de Deus ... 105
TEREZA CRISTINA SALDANHA ERTHAL

6. Por uma psicologia da pessoa ... 135
LUIZ JOSÉ VERÍSSIMO

Poema: "Alma cigana" ... 177
VALDEMAR AUGUSTO ANGERAMI

7. *Omoluwabi, Alakoso*, teu caráter proferirá sentença a teu favor! Valores pessoais e felicidade na sociedade iorubá ... 179
RONILDA IYAKEMI RIBEIRO E SIKIRU KING SÀLÁMÌ

8. A influência da religião e da espiritualidade na teoria e prática da psicossíntese ... 215
MARINA PEREIRA ROJAS BOCCALANDRO

Poema: "O pobrezinho de Deus" ... 241
VALDEMAR AUGUSTO ANGERAMI

9. A evolução dos espíritos: perspectivas analíticas umbandistas ... 245
JOSÉ FRANCISCO MIGUEL HENRIQUES BAIRRÃO

Poema: "Santa Sara Kali" ... 269
VALDEMAR AUGUSTO ANGERAMI

1
Religiosidade e psicologia: a contemporaneidade da fé religiosa nas lides acadêmicas

VALDEMAR AUGUSTO ANGERAMI

Para Paulinha,
A minha ciganinha flamenca...

"O perfume exalado jamais volta ao frasco...
A flecha uma vez lançada perde relação com o arco...
A rosa despetalada não tem vínculo com a rameira...
A vida não, tudo que vivemos é o que sentimos
em nossa evolução de vida e alma..."

Introdução

"A maior prova da existência de Deus é a música de Mozart."
(Tchaikovsky)

De há muito observamos a total intolerância quando da evocação de temáticas religiosas no âmbito acadêmico. Isso é notório em todas as áreas acadêmicas, mas parece ganhar contornos ainda maiores, de tons irascíveis, principalmente na psicologia. Talvez se deva ao fato de a psicologia, ao menos no Brasil, ainda tartamudear suas primeiras palavras em busca do reconhecimento científico e acadêmico, e, ao se confrontar com questões de religiosidade, a primeira postura de seus doutores é de total rechaço a tais questões.

É fato que os principais eventos promovidos pelos conselhos de psicologia investem na questão de "ciência" e "profissão", em clara tentativa de posicionamento em sua busca de reconhecimento e identidade social. E, no entanto, psicologia literalmente significa "estudo da psique", e como "psique" é a expressão grega que define alma, temos, então, que os psicólogos são os profissionais que estudam a alma e tentam compreendê-la das mais diferentes maneiras. E se somos profissionais que estudam e tentam compreender a alma, a questão é mais complexa na mera e vã tentativa de compreensão da irritabilidade provocada quando da evocação de questões envolvendo religiosidade no meio acadêmico.

Ao definirmos a psicologia como uma área do saber que se enquadra em um constitutivo metafísico, em sua tentativa de compreensão da condição humana, há, então, questões que envolvem aspectos de uma epistemologia que não apenas vai além das questões meramente genéticas, como também de aspectos de nossa condição senso-perceptiva. A própria definição do que é definível pela psicologia em seus aspectos de busca científica, sem cair em mero reducionismo teórico, é um desafio que os fatores envolvidos em tais questionamentos ainda não conseguiram balizar.

A psicologia em seu constitutivo metafísico, e isso independentemente das abordagens teóricas utilizadas, mostra que o alcance de sua abrangência igualmente depende de uma fé inquebrantável em suas asserções, ao contrário estaremos diante de aspectos meramente digressivos que não alcançam seu objeto de análise. Este estudo tem a pretensão ousada e irreverente de abordar tais temáticas sem nenhuma preocupação de amarras teóricas, tampouco de incongruência com alguns ponteamentos buscados pela psicologia em sua tentativa de compreensão da condição humana.

Ao trazermos para o campo das discussões contemporâneas a temática da religião e seu enfeixamento com a psicologia, estamos igualmente assumindo um posicionamento em que os aspectos de nossas buscas teóricas façam parte de significados de totalização do homem contemporâneo sem essa fragmentação presente em nossa realidade acadêmica. A religião está presente na quase totalidade das manifestações humanas e, no entanto, quando trazida para o universo acadêmico, sempre esbarra em dificuldades que impedem sua implantação e devida valorização. Este trabalho tem a preocupação de resgatar algo tão precioso na condição humana que é a busca pela religiosidade e que está ausente do universo acadêmico. É fato que inúmeras universidades ao longo do país implantam disciplinas e programas que contemplam aspectos da religiosidade, mas igualmente essas tentativas necessitam de esforços hercúleos para se perpetuarem no enfrentamento das diferentes adversidades que se colocam de modo antagônico a esses princípios. E mais do que uma simples e mera publicação acadêmica, este trabalho certamente será mais um dos tentáculos a embasar tais conquistas e a mostrar as novas perspectivas do nosso desenvolvimento teórico-filosófico.

Da religiosidade: palavras iniciais

> "Deus é Perfeição. A Perfeição é a música de Mozart."
> (Richard Wagner)

Em trabalho anterior (Angerami, 2004a), mostramos que, embora apresentem significado semelhante principalmente ante o senso comum, religiosidade e espiritualidade apresentam conceitos diferentes em seus reais significados. Espiritualidade é a busca de elevação da condição humana e necessariamente não depende de busca de Deus ou de alguma instância de elevação e deificação. Assim, tudo o que for buscado na tentativa de elevação da condição humana pode ser considerado um ato de espiritualidade ou, se preferirmos, de elevação espiritual. E de outra parte, podemos definir como busca de elevação espiritual todas as atitudes humanas que procuram a elevação da própria condição humana. Evidentemente que alguém ao almeja a religiosidade igualmente está se elevando em níveis espirituais, mas o contrário não apresenta tal simetria, pois alguém que busca pela elevação de sua espiritualidade não está necessariamente em caminhos da religiosidade. Ao pesquisarmos, por exemplo, o estudo da música ou da literatura, estamos buscando alguma forma de elevação espiritual e sem nenhuma conotação necessariamente religiosa. Igualmente, o paciente, ao procurar pelo tratamento da psicoterapia, está buscando se elevar em sua condição humana e, por assim dizer, em sua condição espiritual. Não existem casos de pacientes que procuram na psicoterapia, ou em qualquer outro tipo de tratamento curativo ou propedêutico, uma forma de fomentar o ódio e a desavença em seus corações. Não, ao contrário, em qualquer circunstância, quando procura algum tipo de tratamento, o paciente pretende resgatar o que existe de melhor em sua condição humana e transcender seus próprios limites de vida.

A religiosidade, de outra parte, é o anseio pelo sagrado, pelo divino, por algo superior que pode ser definido como a energia que nos move em direção até mesmo dos diferentes conceitos existentes acerca de Deus. A busca pelos caminhos da religiosidade pode ser feita pelo direcionamento sistematizado de determinada religião ou também por si mesmo, pelos mais diferentes caminhos e buscas. E o que é mais incrível nesse aspecto das reflexões envolvendo a presença de Deus na vida humana é o fato de que o homem não é capaz de criar uma simples bactéria, mas inventou uma quantidade infinita de deuses para os mais diferentes níveis de exigências. A necessidade humana de se explicar, de saber sua origem e de tentar desvendar qual será o seu destino após a morte faz com que tudo seja buscado e teorizado sem nenhum parâmetro de aceitação em contradições a tais princípios e buscas.

As filosofias, tanto no passado como no presente e com o auxílio da psicologia e da psiquiatria, mostram a necessidade humana de se explicar e de essa derivação sair dos caminhos definidos como religiosos para aqueles ditos científicos. Sim, pois a mesma fé dogmática necessária para que os princípios e dogmas religiosos sejam aceitos pelos fiéis também norteia a crença nas teorias psicológicas e psiquiátricas.

Em texto anterior (*idem*), refletimos sobre a fé dogmática e mostramos que dogma é o fundamento de qualquer sistema ou doutrina; é aquela fé estruturada em algo que não depende de fatos para se tornar realidade. Assim, alguém que acredita em Deus não precisa de nada além da sua própria fé para Nele acreditar. É importante ainda ressaltar que, quando falamos em fé dogmática, a impressão primeira é que estamos nos referindo a aspectos dogmáticos religiosos que implicam a crença de determinadas doutrinas místicas/religiosas. Entretanto, a fé dogmática possui um aspecto mais amplo em seu dimensionamento e abarca a fé inquebrantável tanto em algumas doutrinas filosóficas como também em alguns corpos teóricos. Assim, para aceitar os princípios da psicanálise ou de qualquer outro modelo teórico, por exemplo, é necessário que tenhamos uma fé dogmática em suas asserções. Do contrário, nada se sustenta e se fundamenta. O mesmo princípio dogmático a nortear a fé dos seguidores de uma determinada religião também é necessário para que o enfeixamento teórico de uma determinada corrente teórico-filosófica seja aceito. Se não acreditarmos, por exemplo, na existência do inconsciente, toda a fundamentação teórica da psicanálise não fará sentido e nada explicará. Trata-se de uma simples questão de fé dogmática, pois, a mesma fé que o cristão possui nos ensinamentos de Cristo, os adeptos da psicanálise possuem nos ensinamentos de Freud. Estamos fazendo referência à psicanálise como mera citação explicativa, o que não significa dizer que os seguidores de outras correntes teórico-filosóficas não precisem também da fé dogmática para que seus princípios sejam verdadeiros.

Sem a fé dogmática, não existe nenhuma teoria que se sustente e se fundamente. Todas, absolutamente todas, necessitam da fé dogmática, tanto quanto as religiões para serem referências para seus seguidores. Isso significa simplesmente afirmar que o que muda é apenas a configuração do teor dessa fé dogmática, pois, enquanto alguns apenas seguem princípios religiosos orando, estudando textos religiosos e freqüentando cultos e cerimônias de oração, outros, os acadêmicos, estudam e provam por princípios científicos apenas fatos que já estão embasados em princípios dogmáticos. Mas igualmente estão todos fundamentados tão-somente pela fé dogmática. Cito a seguir um exemplo dessa confluência de fé dogmática e da arrogância de que nos revestimos, muitas vezes, por possuirmos o manto do saber acadêmico.

Há alguns anos eu estava em Ouro Preto, em plena Semana Santa. E lá pude presenciar a procissão do Senhor Morto. Espetáculo indescritível de fé arrebatadora. As pessoas seguiam a procissão com uma vela em forma de lamparina acesa nas mãos e entoavam orações e cânticos direcionados pelo cerimonial do evento. Diante desse espetáculo, não há como não se comover e não sentir a presença de Deus banhando de energia e luz aqueles que, de alguma maneira, estavam presentes naquele evento. Nesses momentos, a existência de Deus não tem como ser questionada, tudo é luz, tudo respira vida e amor, emanados de uma aura divina que indiscutivelmente encobre todos e acolhe a dor daqueles que sofrem e esperam pela ajuda e proteção divinas.

No dia seguinte, assisti, no período da manhã, a um programa televisivo local em que um especialista da área do comportamento humano explicava aquela manifestação religiosa. Esse profissional, embasado em sua fé dogmática, portanto diferente da fé dogmática daquelas pessoas que participaram da procissão, mas revestido do manto de douto do saber acadêmico, simplesmente explicou que aquelas pessoas buscavam por Deus de maneira infantil, assim como uma criança busca pela proteção paterna. E dizia ainda que acreditar na proteção divina era uma maneira de, inconscientemente, buscar pela proteção da infância, período em que se acreditava que o pai magicamente tudo resolveria. E mais do que apenas parear conceitos diferentes de fé dogmática, esse profissional estava, com base em sua ótica acadêmica, simplesmente desprezando a fé daquelas pessoas nos princípios do cristianismo. A questão a ser balizada é a reflexão sobre o que nos faz acreditar que a fé dogmática originária das lides acadêmica é mais "verdadeira" do que outras manifestações de fé dogmática. A verdade é que não nos damos conta de que agimos como se fôssemos sumos sacerdotes de uma nova religião, o cientificismo, e simplesmente saímos a vociferar princípios de salvação e libertação a todos que se dignem a seguir os nossos ensinamentos.

Esse episódio mostra um pequeno detalhamento de nossa arrogância ao nos revestirmos do cientificismo para explicar manifestações populares que distam da nossa compreensão e conceituação de mundo. E o mais agravante é o fato de que esse profissional apenas mostra uma faceta do nosso academicismo, a qual, antes de ser considerada algo isolado e até mesmo insólito, certamente terá suas explicações acolhidas por um sem-número de outros teóricos que igualmente professam tais questões dessa fé dogmática. E não se trata apenas de negar os nossos avanços teóricos, tampouco a importância da própria ciência no desenvolvimento da vida humana; ao contrário, estamos apenas questionando o desprezo destinado às pessoas que procuram por outros caminhos em busca de elevação espiritual, os quais são diferentes dos nossos. O que está presente no comentário feito por esse especialista é fruto do desprezo que a lide acadêmica confere às questões que envolvem a temática da religiosidade. Enquanto as pessoas sem o saber acadêmico simplesmente procuram pelas explicações contidas nos ensinamentos religiosos para dar sentido às suas vidas, esse profissional utiliza argumentos igualmente dogmáticos para justificar a fé religiosa. A questão ganha ares mais cruéis quando o nosso saber acadêmico se mostra soberano ante as crenças populares. E o que é pior, muitas vezes ele é aceito por essa mesma população em detrimento de suas próprias vivências e experiências pessoais. O que falamos e explicamos com base em nosso saber acadêmico está simplesmente acima do bem e do mal, e qualquer dissonância será entendida por nós como mera manifestação de ignorância e atraso intelectual (?!).

Isso se agrava ainda mais quando constatamos que muitos desses profissionais, apesar de toda a sua repulsa quando a questão da religiosidade é trazida à reflexão nas lides acadêmicas e científicas, em sua vida privada freqüentam caminhos de religiosidade com práticas ortodoxas em todos os rituais inerentes à busca dessas questões envolvendo caminhos de deificação.

É fato, de outra parte, que nos últimos tempos assistimos a uma escalada muito prodigiosa do universo acadêmico em busca de uma nova tentativa de compreensão das manifestações místicas e religiosas. Os fenômenos religiosos, assim, passaram a ser objetos de estudo e tiveram suas ocorrências contempladas e explicadas à luz do olhar científico. Ao se debruçarem sobre as manifestações místicas e religiosas, os acadêmicos, de maneira geral, vão ao encontro daquilo que sempre existiu de maneira representativa no seio da sociedade, mas que era totalmente desprezado pelas lides acadêmicas. Falta, no entanto, uma aproximação que contemple tais ocorrências sob um olhar que faça o enfeixamento de questões de religiosidade com propostas de investigação científica.

O número de publicações que contempla em seu bojo questões de espiritualidade é cada vez maior, e, embora ainda não sejam totalmente aceitas na comunidade acadêmica, elas empunham uma temática que clama cada vez mais por espaço no seio da contemporaneidade. Nesse quesito, são notórias as publicações envolvendo temáticas de religiosidade em livros da área hospitalar, psiconcologia e de saúde. É como se o contato estreitado com as doenças terminais e, por assim dizer, com a própria morte levasse os profissionais dessas áreas à uma guinada para os caminhos da religiosidade, na tentativa de compreender os desígnios da condição humana. E não se trata simplesmente de buscar os caminhos da Psicologia Transpessoal, vertente teórica que tenta fazer uma sincronia de princípios religiosos com a psicologia, e sim de buscar entendimento com questões envolvendo a morte e o sofrimento advindo das doenças degenerativas.

A dicotomia existente entre a vida pessoal dos acadêmicos e suas práticas religiosas é, sem dúvida, o principal ponto para ser trazido à tona das reflexões envolvendo religiosidade. O que ocorre para alguém que se desenvolve religiosamente negar essa condição no meio acadêmico e até mesmo execrar qualquer similar é algo digno de uma reflexão pormenorizada. Merleau-Ponty (2004) ensina que "é preciso que com meu corpo despertem os corpos associados, os 'outros', que não são meus congêneres, como diz a zoologia, mas que me freqüentam, que freqüento e com os quais freqüento um único Ser atual, presente, como animal nenhum freqüentou os de sua espécie, seu território ou seu meio. Nessa historicidade primordial, o pensamento alegre e improvisador da ciência aprenderá a ponderar sobre as coisas e sobre si mesmo, voltará a ser filosofia..." (*idem*). A questão principal é a de que a prática religiosa poderia conspurcar sua atividade acadêmica, uma vez que o meio científico não aceita afirmações e conclusões que não passem pelo crivo da experiência científica em todos os seus passos e modalidades.

A fé religiosa simplesmente não passa pelo crivo da razão, apenas se constitui de uma força que se torna inquebrantável, mas que é erigida e sustentada tão-somente pela fé dogmática. Talvez aí residam a importância dada à experimentação científica e o total rechaço às questões envolvendo a prática religiosa. A coisa se torna ainda mais distante dos ditames oficiais quando existe a confrontação desses paradigmas. Nesse sentido, é importante sempre ressaltar a vanguarda de nomes como Ronilda Iyakemi Ribeiro, na Universidade de São Paulo, e Marília Ancona-Lopez, na Pontifícia Universidade Católica de São Paulo,[1] que enfrentaram toda sorte de dificuldades e conseguiram implantar programas em nível de pós-graduação trazendo a temática da religiosidade para

---

[1] As citadas doutoras estão presentes neste livro.

dentro das lides acadêmicas e com o resguardo dos construtos teórico-científicos da psicologia.

Citação das dificuldades enfrentadas quando se abordam questões de espiritualidade e religiosidade pode ser encontrada nas atividades do Centro de Psicoterapia Existencial, do qual tenho o orgulho de fazer parte e ser um dos fundadores. Essa entidade promove desde 1984 os Congressos Brasileiros de Psicologia Hospitalar, Congressos Brasileiros de Psicoterapia Existencial, Congressos Brasileiros de Psicossomática, Simpósio Brasileiro de Psiconeuroimunologia, Simpósio Brasileiro de Fenomenologia e Arte e, desde meados de 2003, congressos bienais intitulados Congresso Brasileiro de Espiritualidade e Prática Clínica. Houve concomitantemente à criação desses congressos o lançamento do livro *Espiritualidade e prática clínica* (Angerami, 2004b).

Neste momento começaram críticas ácidas às nossas atividades. É interessante ressaltar que, diante dos primeiros anúncios dos congressos de espiritualidade, ouvíamos toda espécie de críticas sobre a seriedade de nossas propostas, uma vez que estávamos lançando esse tipo de reflexão na comunidade científica e acadêmica. E, nunca é demais repetir, críticas oriundas principalmente de profissionais e acadêmicos de psicologia, ou seja, de pessoas que estudam a "psique", a alma humana em suas diferentes manifestações e configurações.

Na realidade, o que estava sendo proposto era apenas um espaço de discussão e reflexão para que práticas referentes a questões de espiritualidade e religiosidade pudessem ser mostradas e analisadas de modo abrangente e disponível para aqueles que, de alguma maneira, tivessem algum interesse na temática. Não estávamos criando nenhuma prática contrária aos princípios da psicologia, tampouco conspurcando os esforços e a tentativa de ela ser reconhecida como ciência. Apenas abrimos espaço para que tais trabalhos fossem mostrados.

Uma consulta ao Comitê de Ética do Conselho Regional de Psicologia se fez necessária, fruto de denúncia de que estávamos infringindo as normas da psicologia com o lançamento de tais congressos. Quando se esbarra nessas questões, o que inicialmente salta aos nossos olhos é a maneira simplista como as críticas são asseveradas, como se, ao decidirmos pela abertura desse espaço, estivéssemos igualmente solidários com práticas que distam dos princípios da psicologia. A linha que separa práticas clínicas que envolvem questões de espiritualidade e que possuem embasamento teórico-filosófico a conferir-lhes seriedade em seus propósitos é bastante tênue em relação a práticas simplistas que são revestidas até mesmo por questões de charlatanismo. Buscamos acolher aqueles que procuram resguardo de seriedade nesse binômio religiosidade-psicoterapia. E jamais dar conivência a práticas que esbarram e se enquadram nos parâmetros do charlatanismo.

No Brasil, de outra parte, existe muita controvérsia em relação ao ensino fundamental quanto à questão de que este deve ser laico e sem nenhum revestimento religioso. Com exceção das chamadas escolas de religiosos, o ensino religioso é deixado para um plano secundário, uma vez que se torna alvo das mais diferentes e acirradas disputas. Embora o Brasil ainda seja considerado um país de predominância católica, é fato que, há muito tempo, o catolicismo vem perdendo espaço para outras religiões, principalmente para aquelas denominadas evangélicas, apesar de muitos dos diversos feriados nacionais serem de cunho religioso, dentro dos preceitos do catolicismo.

E aí reside uma das grandes contradições, pois, embora façamos parte de uma sociedade com valores judaico-cristãos em seu enfeixamento de valores morais e religiosos, o Estado brasileiro procura adotar uma postura laica e se define como Estado laico, não obstante ostente sinais exteriores fixos do catolicismo em todos os prédios de suas principais instituições. Assim, veremos crucifixos na sala de julgamento dos tribunais, nas sedes das assembléias legislativas, câmaras municipais etc.

Dessa forma, a condição laica do Estado se torna apenas retórica distante de sua real congruência, uma vez que a cruz é exibida em detrimento de outros símbolos religiosos que não podem se fazer presentes como a estrela de Davi, que sinaliza a presença de judeus em nossa sociedade. Há espaço apenas para a cruz, apesar de a condição ecumênica ser cada vez maior em nossa sociedade. Contrariamente a outras sociedades, em que os valores religiosos fazem parte da maneira como o Estado determina seus postulados educacionais, o Brasil não possui construto filosófico para o enfrentamento dessas questões.

Sem precisarmos evocar os países do Oriente Médio onde as religiões determinam, inclusive, o modelo sociopolítico de suas configurações, podemos citar os Estados Unidos, onde a tônica do cristianismo protestante é buscada de maneira a se enfeixar com os valores morais de interesse do Estado. Nesses casos, temos situações em que a presença da religiosidade é usada de maneira bastante delicada, visando a determinantes que muitas vezes estão distantes das reais necessidades da população em geral, em sua busca por elevação espiritual pela religiosidade. Desde a famosa citação marxista de que a religião é o ópio do povo até os preceitos trazidos pela Teologia da Libertação,[2] tudo que

---

[2] Muitos atribuem à Teologia da Libertação a grande debandada de católicos para outras religiões, principalmente da população mais simples, como aquelas denominadas evangélicas. A pecha que se atribui a esse movimento deriva do fato de que, segundo seus críticos, ele enfatizou em demasia questões sociais em detrimento de questões espirituais, o que fez com que a população, por assim dizer, procurasse por outros caminhos em busca de religiosidade.

envolve a evolução das religiões contemporâneas necessita de cuidados bastante especiais e bem delimitados para que não nos percamos em meras digressões, que não consideram o aspecto libertário da religiosidade. Merleau-Ponty (2004) assevera que jamais alguma filosofia da história transferiu ao futuro toda a substância do presente, nem destruiu o si-mesmo para dar lugar ao outro. Essa neurose do futuro seria exatamente a não-filosofia, a recusa deliberada de saber em que se crê. Jamais alguma filosofia consistiu em escolher entre transcendências – por exemplo, a de Deus e a do futuro humano –, elas estão inteiramente ocupadas em mediatizá-las, em compreender, por exemplo, como Deus se faz homem ou como o homem se faz Deus, em elucidar esse estranho envolvimento que faz com que a escolha dos meios já seja a escolha do fim, com que o si-mesmo se faça mundo, cultura, história, mas que a cultua decaia ao mesmo tempo que ele (*idem*).

O aspecto libertário das religiões é o tema em seqüência de nossas reflexões. Os aspectos psíquicos que implicam a busca da religiosidade e suas diferentes confluências serão o nosso próximo item de reflexão.

A busca por religiosidade e sua confluência com a psicoterapia

"Talvez algum dia façamos algo tão divino como a música de Mozart."
(Beethoven)

É freqüente a definição de que se busca a religiosidade por causa de situações de sofrimentos extremados, isso evidentemente em se tratando de pessoas que estejam distantes das práticas religiosas e que, por motivos diversos, procuram-nas com o propósito de encontrar alívio para seus sofrimentos. São essas buscas que analisaremos e sobre as quais refletiremos com base em alguns pressupostos teórico-filosóficos que fundamentam a nossa prática dentro da psicoterapia. Como já apontado em publicações anteriores, nossa intenção não é traçar algo que seja absoluto em termos teóricos, mas abrir sendas para novas reflexões sobre a temática. Certamente caminharemos por atalhos fascinantes cujos desdobramentos não são tangíveis à nossa própria percepção. O início de uma caminhada sempre é algo cujo trajeto se faz desconhecido por mais que se possam conhecer os passos do caminho. Merleau-Ponty (2004) ensina que o enigma consiste em "meu corpo ser ao mesmo tempo vidente e visível. Ele que olha todas as coisas pode também se olhar e reconhecer então no que vê o 'outro lado' de seu poder vidente. Ele se vê vidente, ele se toca tocante, é visível e sensível para si mesmo" (*idem*). E assim é, uma reflexão que se mostra envolta em mistérios que tentaremos desvendar ao longo do nosso percurso. Dois casos serão exibidos para ilustrar nossas reflexões nesse binômio religiosidade-psicologia.

Denise: a busca por religiosidade e psicoterapia

Vamos detalhar nossa reflexão com base em dois casos escolhidos que poderão nos direcionar de forma mais detalhada para os pontos de nossa digressão teórica. Inicialmente, falaremos de uma pessoa, a quem chamaremos Denise, e que procurou um templo espiritualista depois de alguns percalços de sua vida.

Denise era uma mulher de 68 anos de idade, casada e aposentada. Os filhos já se encontravam casados quando começou a perceber uma série de manchas vermelhas em sua pele. Procurou atendimento médico e, depois de várias consultas e exames, constatou que os seus sintomas não tinham explicações no universo médico. Foi encaminhada para a psicoterapia por um dos médicos que consultou, ao mesmo tempo que procurou um templo espiritualista indicado por uma vizinha.

Mal a psicoterapia começou a se desenvolver, Denise já mostrava algum conflito entre os caminhos psicoterápicos e o que ouvia e seguia no templo espiritualista. Era imprescindível esclarecer que os caminhos que a envolviam no templo espiritualista não eram excludentes aos desígnios da psicoterapia e que não havia necessidade de ter que decidir por um em detrimento do outro. Esse posicionamento da psicoterapia a deixava tranqüila tanto para continuar o tratamento religioso no templo espiritualista como para seguir no processo psicoterápico. Assim, Denise tinha na psicoterapia um terreno fértil para até mesmo refletir sobre as determinantes de sua busca religiosa e de seus efeitos em sua vida.

Nesse sentido, é importante ressaltar que o acolhimento da psicoterapia às buscas efetivadas pelo paciente pelos caminhos da religiosidade não implica a necessidade de o psicoterapeuta comungar das mesmas crenças religiosas dele. Acolher é respeitar e aceitar as diferenças de maneira que estas não sejam impeditivas do pleno desenvolvimento do processo psicoterápico. Quando o paciente procura a psicoterapia com base na orientação religiosa do psicoterapeuta,[3] a aceitação de tais diferenças é fator bastante importante para que o processo possa

---

[3] Nesse sentido, podemos citar o número de religiosos que se formam em psicologia para atender os fiéis de suas comunidades religiosas. Existe hoje uma gama muito grande e variada de religiosos (padres, freiras e diferentes tipos de pastores) que se dedicam à prática da psicoterapia.

fluir sem nenhum tipo de amarra em seu desenvolvimento. Esse aspecto de nossa reflexão ganha importância na medida em que a prática da psicoterapia, muitas vezes, também é vista como um aconselhamento religioso. Chessik (*apud* Angerami, 2004a) afirma que o próprio psicoterapeuta é alguém que traz em sua linhagem resquícios do médico da família e, em tempos primordiais, a linhagem dos xamãs e curandeiros. Isso significa que muitas vezes, ante a natureza de nossa intervenção na vida do paciente, essa linha tênue entre o verdadeiro sentido de nossa atuação profissional e os aspectos de religiosidade se torna muito forte. Assim, é muito importante que se reflita sobre o verdadeiro sentido da psicoterapia e suas diferenças em relação aos tratamentos religiosos.

O que ficava cada vez mais evidente era que aquelas manchas na pele de Denise denotavam uma condição de estresse emocional muito forte, as quais, conseqüentemente, se mostravam como uma manifestação corpórea de um sofrimento que englobava toda a sua totalidade existencial, incluindo psiquismo, somatizações e até mesmo comportamentos de sofrimento, como insônia, enxaqueca e diferentes manifestações gástricas.

De outra parte, no templo espiritualista ela havia sido diagnosticada como estando em um campo vibracional bastante comprometido, com entidades sem evolução que trabalhavam para prejudicá-la em diferentes níveis de sua espiritualidade. O tratamento prescrito por seus guias espirituais implicava banho de ervas, orações, rituais de velas e um conjunto de atitudes que resultavam na adoção de uma série de posturas que certamente a levariam a uma melhora de sua condição de vida.

Entre essas atitudes, podemos citar a necessidade diária de orações para si e para as pessoas que estivessem enfermas e em situações de muito sofrimento. Não é novidade o efeito catártico que a oração promove em quem ora, e certamente ao orar a pessoa se fortalece tanto em suas crenças religiosas quanto em sua própria condição emocional. Esdras Guerreiro Vasconcellos (2007), seguramente um dos maiores nomes mundiais no estudo da psiconeuroimunologia, em palestra proferida no IV Congresso Brasileiro de Psicossomática, no Simpósio de Psiconeuroimunologia, afirmou que estudos recentes mostram que a oração é benéfica tanto para própria pessoa quanto para aqueles a quem destinamos nossas preces. E também que a própria condição imunológica de uma determinada pessoa se fortalece pelo hábito de oração. O poder curativo da oração, que começa a ser pesquisado pela ciência, vai acrescentando aos nossos cabedais teóricos algo bastante importante que nos direciona simplesmente a aceitar que o hábito da oração deve ser cultivado, inclusive pelo aspecto de fortalecimento imunológico que se conhece hoje pelo olhar científico. Isso significa que o poder da oração começa a ser descoberto pela ciência embora já tenha seu efeito comprovado por milhares de fiéis ao longo de séculos e séculos. E o aspecto desse enfeixamento científico é bastante peculiar, pois parece que, somente depois do crivo científico, determinados fenômenos cristalizados com o tempo ganham credibilidade em sua asserção e podem fazer parte de nosso universo de pesquisa e reflexão.

A questão ganha contornos bastante hilários, pois quase que consagra a nossa condição, citada anteriormente, de sumos sacerdotes do cientificismo, de modo que somente os aspectos validados por essa "religião" ganham veracidade e validade em nosso universo simbólico. E o que é ainda mais agravante é que determinadas ocorrências antes da aprovação do crivo do cientificismo simplesmente naufragam à deriva de qualquer asserção racional. Exemplo grotesco dessas citações refere-se à condição homossexual: no início do século XX, os homossexuais eram confinados aos muros manicomiais, pois não havia uma definição conceitual desse comportamento sexual. E isso tudo sem arrolar as perseguições que eram originadas apenas pelo fato de esses indivíduos apresentarem condutas sexuais diferentes das normas estabelecidas socialmente. No entanto, quando o crivo científico apresentar algo plausível sobre a conduta homossexual, a questão passará a ter a nossa complacência, já que a nossa condição de sumos sacerdotes da "religião" ciência terá elementos para explicar e abarcar, sob o seu manto, todas as diferentes manifestações de ocorrência desse fenômeno.

Voltemos à nossa paciente. Denise, ao mesmo tempo que se desenvolvia emocionalmente na psicoterapia e continuava seu tratamento no templo espiritualista, tentava harmonizar as duas formas de tratamento, pois, em seu pensamento, tratavam-se de tratamentos excludentes, como se preconiza comumente. Na verdade, as coisas se tornam excludentes pela visão preconceituosa que se atribui aos fatos, pois na realidade a psicoterapia não pode deixar de abarcar em seu bojo de ação questões que implicam a religiosidade do paciente. Esse ponto de reflexão é muito importante, pois não podemos conceber que a psicoterapia não possa abarcar questões de religiosidade por não se tratar de tratamento religioso. E não se trata mesmo de tratamento religioso, mas tão-somente não pode deixar de fora de sua abrangência questões inerentes à condição humana, e a religiosidade certamente é uma das principais pilastras das pessoas em sua busca por crescimento espiritual e emocional.

O paciente, ao trazer para a sessão de psicoterapia questões que envolvem sua religiosidade, apresenta aspectos de entrega ao processo psicoterápico, uma vez que estará mostrando total confiança na rede de proteção apresentada pela psicoterapia.

A psicoterapia deve se desenvolver por caminhos que não sejam conflituosos com os valores do paciente. A questão que envolve religiosidade necessita de um aprumo constante das atitudes do psicoterapeuta, pois, muitas vezes, este também professa alguma religião que pode ser diferente daquela apresentada pelo paciente e, inclusive, com aspectos conflituosos e de total discordância teológica. A psicoterapia não é campo para discussões teológicas, tampouco cenário para embates dogmáticos; ao contrário, trata-se de espaço para o paciente desenvolver-se e crescer rumo a novos patamares de sua existência. A aceitação incondicional dos valores religiosos do paciente é questão fundamental para que o processo da psicoterapia possa se desenvolver e levá-lo, muitas vezes, até a reflexão do verdadeiro sentido da religiosidade em sua vida. Uma postura de aceitação do psicoterapeuta pode até mesmo fazer com que o paciente tenha o verdadeiro balizamento da religiosidade em sua vida.

O fato de termos religiosos na atualidade que igualmente desempenham o papel de psicoterapeuta é questão bastante delicada, pois certamente a linha divisória de atuação entre o seu papel de profissional da psicologia e o de religioso é algo que, além de tênue, se funde em aspectos da congruência existente nesses dois aspectos.

A própria questão da remuneração da psicoterapia, algo que muitas vezes é visto como um verdadeiro tabu principalmente para o psicólogo, ganha contornos ainda mais drásticos com a presença desses religiosos na prática da psicoterapia, uma vez que, em diversas situações, o atendimento é realizado em templos e igrejas, e sem nenhum ônus para o paciente. Como já apontado anteriormente, os pacientes que buscam os serviços desses profissionais estão, além da ajuda psicoterápica, procurando também uma identificação de valores, principalmente para aqueles em que o confronto moral laico muitas vezes é muito forte em relação aos valores religiosos.

Uma situação que ilustra tais citações é a valoração do catolicismo para padrões morais de sexualidade, o que, em princípio, não existe nos arcabouços da psicoterapia. Em outras palavras, o paciente que opta por um psicoterapeuta religioso pode estar procurando um caminho em que seus valores morais não serão colocados em xeque. Todavia, não queremos afirmar que um psicoterapeuta que também seja religioso não tenha condição de fazer essa separação entre os valores morais de sua religiosidade e os preceitos da psicoterapia. Apenas estamos enfatizando a busca do paciente por tais premissas. Na prática, muitas vezes esse psicoterapeuta religioso não tem essa preocupação ou mesmo conhecimento cabal para fazer essa distinção.

Aspectos conceituais da psicoterapia precisam ser constantemente revistos para que tais fatores não acabem se tornando empecilho para o real desenvolvimento do paciente. A religiosidade, bem como outras buscas efetivadas pelo paciente, deve ser acolhida em seu processo de psicoterapia como sustentáculo de seu crescimento e desenvolvimento emocional. É imprescindível que tais questões não saiam do nosso foco de psicoterapeuta, pois, se nos desviarmos, estaremos caminhando em sentido contrário ao real objetivo da psicoterapia, ou seja, levar o paciente a uma condição libertária para que, sem amarras existenciais, possa galgar por patamares ainda mais promissores em sua vida.

Quando refletimos sobre as razões que levaram muitos pacientes a abandonarem o processo psicoterápico, a questão da religiosidade certamente estará presente no bojo das discussões. O enfrentamento dessa discussão começa a ganhar espaço tanto nas lides acadêmicas como também nos ambientes em que a prática da psicoterapia é discutida.

Quando se abordam questões referentes à religiosidade, ela ganha os contornos de sua especificidade.[4] Os aspectos de sua abrangência, no desenvolvimento da psicoterapia ou na vida do paciente, tornam-se imprescindíveis em nossa tentativa de arrolar as variáveis presentes no desenvolvimento da psicoterapia.

Voltemos a Denise. No desenrolar do processo, nossa paciente começou a perceber que suas manchas na pele, o primeiro sintoma diagnosticado pelos médicos e que culminou em encaminhamento para a psicoterapia, não cessariam enquanto ela não mudasse alguns pontos de sua vida: era necessário harmonizá-los de maneira mais equilibrada com seus valores morais e religiosos. A paciente trazia então para a psicoterapia nuances de sua perspectiva de vida e as mudanças que estavam ocorrendo a partir desse binômio de tratamento a que estava se submetendo. Quando trazia para a psicoterapia questões que envolviam sua prática religiosa no templo espiritualista, ela podia alcançar os desdobramentos que essas atividades estavam trazendo para sua vida e o quanto havia evoluído nessa busca por religiosidade. O paciente não precisa fazer da psicoterapia um espaço em que não caibam questões de sua religiosidade, pois isso, na medida em que é algo que faz parte de sua vida de modo indissolúvel, não pode estar ausente de seu processo de autocrescimento e autoconhecimento, pilastras básicas da psicoterapia.

---

[4] Não podemos perder de vista o fato de que as discussões relacionadas à religiosidade no meio acadêmico sempre dependeram de pessoas que enfrentaram isoladamente todo tipo de crítica para que essa confluência fosse possível. E isso precisa ser repetido inúmeras vezes para que não percamos tal dimensionamento.

Após alguns meses de psicoterapia, Denise pôde então se dar conta de que o seu equilíbrio orgânico seria possível apenas quando direcionasse sua vida para novas perspectivas, em que os desdobramentos de seu crescimento e sua evolução contemplassem as diferentes buscas que empreitava. Ela podia assim perceber que não havia discrepâncias entre os dois tipos de tratamentos a que se submetia. Em uma consulta espiritual feita em seu templo sobre se deveria continuar no processo de psicoterapia, seu guia espiritual afirmou textualmente que esse processo também iria contribuir para o seu desenvolvimento espiritual, uma vez que tratava de questões de sua realidade de vida, as quais, muitas vezes, necessitavam de bastante reflexão. Ele ainda argumentou que o tratamento espiritual por si não daria conta de resolver todas as questões que atormentavam a vida de Denise. Essas observações trouxeram bastante serenidade para ela, pois se, de um lado, já sabia que na psicoterapia não havia restrições ao seu tratamento espiritual, de outro, foi igualmente importante ouvir de seu guia espiritual que o tratamento psicoterápico também era aceito e referendado de modo absoluto.

As questões que Denise trazia de seu templo espiritualista sobre os rituais de limpeza espiritual, que envolviam velas, incensos, aromatização do lar etc., eram procedimentos completamente díspares de meus valores religiosos. O que contava em suas sessões era o fato de que decididamente não havia nenhuma censura ou mesmo questionamento sobre sua experiência espiritual, a qual era resultado de sua busca nos caminhos da espiritualidade. O psicoterapeuta não precisaria ter necessariamente os mesmos valores para que o processo psicoterápico pudesse se desenvolver. Sua espiritualidade era valor buscado e resgatado no âmago de seu ser, e não cabe ao psicoterapeuta esse tipo de questionamento; seu papel é apenas refletir sobre o impacto dessa busca e o seu significado para sua vida.

A história de Denise certamente se configura como um caso de harmonização entre esses dois tipos de busca, e a maneira como as coisas haviam se tangenciado mostrava, inclusive, que não seria necessária a exclusão teorizada e preconizada nas lides acadêmicas, em que as estruturas teóricas obrigam as pessoas a abandonarem suas convicções religiosas, a fim de que não sejam desprezadas e rechaçadas diante das normas do cientificismo.

De outra parte, se houvesse possíveis rejeições das partes envolvidas no tratamento de Denise, certamente teríamos uma situação muito conflituosa e de conseqüências imprevisíveis. Imaginemos o líder espiritual falando que a psicoterapia era algo desnecessário ao seu desenvolvimento pessoal, e que sua interrupção não faria a menor diferença em sua vida. Ou então, ao contrário, o psicoterapeuta conceituando sua busca espiritualista com o alienante e sem nenhuma importância para o seu processo de autocrescimento e de descobertas existenciais. A paciente seguramente seria tida como refém de conflitos de naturezas distintas que, fatalmente, a levariam a uma situação de total desequilíbrio emocional. Na realidade sempre iremos encontrar esse tipo de intolerância entre diferentes manifestações de tratamentos a que muitas pessoas estão sujeitas. E como agravante sempre temos o fato de que a presunção científica sempre adquire contornos de verdade absolutos quando confrontados com outros matizes de saber e de desenvolvimento humano. Merleau-Ponty (2004) mostra que o meu movimento não é uma decisão do espírito, um fazer absoluto, que decretaria, do fundo do retiro subjetivo, uma mudança de lugar milagrosamente executada na extensão.

O caso de Denise ilustra como forças distintas podem se harmonizar para propiciar ao paciente diferentes maneiras de ajuda que, embora possam parecer contraditórias, enfeixam-se no princípio soberano de resgate da dignidade humana aviltada por condições de vida que provocam a sucumbência de suas estruturas emocionais. E certamente a conseqüência maior será o bem-estar do paciente e seu crescimento como pessoa e dignidade humana. As religiões são erigidas com base em valores culturais e sociais, o que significa dizer que a subjetividade das pessoas inseridas nesses contextos terá necessariamente esses valores. Na seqüência, vamos discorrer e refletir sobre outra paciente, Solange.

Solange: o ciúme enlouquecido em nome de Deus

Solange era uma mulher de 46 anos de idade que procurou pela psicoterapia, pois não estava mais suportando sua crise conjugal que derivava principalmente pelo ciúme doentio que apresentava. Ela trabalhava com eventos e se tratava de profissional muito bem-sucedida, o que lhe conferia, além de um grande *status* profissional, uma condição financeira invejável. Se, por um lado, Solange exibia situações que lhe propiciavam todo o tipo de reconhecimento social, por outro, sua vida conjugal apresentava detalhes decididamente ensandecidos. Era casada com um homem de 52 anos de idade que igualmente era um empresário bem-sucedido e que freqüentava uma igreja evangélica. Solange via com estranhamento o fato de seu marido, aqui denominado Carlos, ir à igreja diariamente e dedicar-se de maneira tão intensa às atividades religiosas. Não conseguia compreender essa conversão espiritual vivida por ele em prazo tão exíguo e que determinava uma mudança de vida tão radical.

Carlos, antes da conversão religiosa, era um homem dedicado apenas ao mundo dos negócios e de sua atividade empresarial, como jantares, almoços e todo tipo de afazeres que implicava seu desdobramento empresarial no tocante a relações públicas. Mas, depois de sua conversão religiosa, todo seu universo simbólico havia se modificado de modo que tudo que fazia e vivia era direcionado para a igreja. Solange até era convidada para participar das diversas cerimônias que Carlos freqüentava e se mostrava cada vez mais entusiasmado. Solange não se identificava com os postulados religiosos buscados pelo marido e considerava que nada havia de interessante que minimamente a despertasse para os caminhos efetivados pelo marido em sua convergência espiritual. A coisa começou a ser tornar torturante para Solange quando se deu conta de que o marido em suas atividades religiosas partilhava diversas realizações em companhia de mulheres que freqüentavam a igreja. Ela então começou a ser torturada pela desconfiança de que seu marido era tão assíduo à igreja não por sua conversão religiosa, mas por estar interessado nas mulheres que freqüentavam a igreja. E o seu ciúme, em processo de crescimento lento e contínuo, se tornou algo que a deixava completamente desarvorada com a mera possibilidade de imaginar seu marido desenvolvendo diversas atividades com as mulheres da igreja.

Solange podia ser definida como uma dessas pessoas que não possuem religião definida. No entanto, tinha um senso de religiosidade, pois fazia orações diárias e buscava se desenvolver nos caminhos de Deus, ainda que distante de religiões formalmente estabelecidas. Entretanto, depois da guinada de Carlos, Solange passou a questionar o verdadeiro sentido da fé, uma vez que se sentia trocada pela igreja. Ao mesmo tempo que acreditava na intencionalidade inicial do marido em sua busca por religiosidade, duvidava de suas atitudes e de sua assiduidade à igreja, excessiva e sem nenhum critério de respeito à sua pessoa (sic). Mas o seu desequilíbrio emocional se agravou quando passou a fazer um enfeixamento de que seu sofrimento e ciúme incontroláveis derivavam de uma provação colocada em seu caminho por Deus. E da mesma forma que o marido havia se encontrado nos caminhos da religiosidade, ela, ao contrário, estava cada vez mais distante de qualquer ponto de tangência com a religiosidade e em total confronto com tudo que de alguma maneira fizesse parte de princípios religiosos. O descontrole emocional de Solange atingiu níveis insuportáveis de sofrimento. Ela não agüentava saber da religiosidade do marido, seja por acreditar que suas idas à igreja derivavam do interesse pelas mulheres que lá freqüentavam, seja ainda pelo fato de que a idéia de provação divina era algo cujos desígnios iam muito além de sua própria condição de aceitação e dor.

Inicialmente, o sofrimento de Solange provocou insônias e perda de apetite. Como já não dormia adequadamente nem se alimentava de modo condizente com sua realidade de vida, começou a demonstrar os primeiros indícios de perda de sua condição imunológica. Assim, passou a ter uma inflamação crônica na garganta que, na realidade, não era passível de tratamento, uma vez que os exames médicos nada constatavam. Começou também a ter uma purulência vaginal, e mais uma vez os exames clínicos apenas apontavam alterações em seu pH vaginal, mas sem a presença de bactérias que justificassem os sintomas apresentados. Solange foi encaminhada para a psicoterapia como o recurso capaz de mostrar e até mesmo detectar a série de problemas apresentados em seu organismo.

Deus era para ela alguém tirano que a submetia a inúmeras provações e a todo tipo de sofrimento. E o mais interessante é que ela argumentava para si própria que a causa principal desse sofrimento derivava do fato de o marido haver encontrado o caminho da religiosidade; por ela se afastar, foi punida pela ira divina com todo tipo de sofrimento.

Esse caso, de modo semelhante ao exibido anteriormente, mostra a necessidade de a psicoterapia caminhar em consonância com as questões religiosas trazidas pela paciente. Não se tratava de questionar se Deus era ou não capaz de lhe imputar tamanho nível de sofrimento, e sim de levá-la a reflexões pormenorizadas sobre o significado desses aspectos conceituais que incidiam sobre a imagem que fazia de Deus. Na realidade, estávamos diante de alguém cujo enredo de sofrimento era erigido em elucubrações criadas em seu imaginário, pois o marido, ao dedicar-se às atividades religiosas, não mostrava aspectos incisivos de estar procurando outras mulheres. É fato que essas atividades estavam provocando um distanciamento do casal, uma vez que, como já apontado, Solange não participava das atividades religiosas do marido. Pelo menos no início de suas buscas religiosas, o marido a chamava para participar dos cultos e das demais atividades, no entanto, diante das constantes recusas, deu-se que aos poucos Solange deixou de ser convidada e foi simplesmente deixada de lado nas empreitadas religiosas efetivadas por Carlos. Esses aspectos eram, na realidade, seu principal questionamento, com dados conclusivos, de que estava sendo paulatinamente abandonada pelo marido, uma vez que tudo que ele fazia naquele momento implicava ter consigo pessoas ligadas à sua igreja.

Solange aos poucos foi abandonando a vida social e passou a preocupar-se com a possibilidade de o marido ter outra mulher. Freqüentemente, ela o questionava sobre isso. Mesmo diante das negativas de Carlos, Solange passou a ter sentimentos de rejeição e abandono que lhe corroíam a alma de modo dilacerante, com repercussões significativas em seu corpo. Sentia-se traída em seus sentimentos, percebia que o marido já não tinha mais prazer com sua presença e que os sinais de felicidade exibidos por ele estavam apenas relacionados à sua nova busca de vida. Ao rememorar os momentos em que o marido começou a freqüentar a igreja, quando inclusive a convidava para também participar, e que mesmo diante de suas negativas, ainda assim, não se desviou de seu rumo, a questão que a atormentava era de que as coisas certamente seriam diferentes se tivesse igualmente ido ao encontro desse caminho religioso. Mas, como se diz sabiamente, a vida não possui ensaios, e, uma vez que os fatos já tinham ocorrido, não havia como voltar no tempo e mudar o curso dos acontecimentos.

O seu sofrimento fazia, inclusive, que o distanciamento entre os dois de mera possibilidade passasse a ser real, e um não se importava com o caminho escolhido pelo outro, estavam indiferentes. É fato que uma análise minuciosa do caso mostrava que o relacionamento conjugal de Solange passava por um grande processo de esgarçamento, mas seguramente era mais fácil e cômodo atribuir à busca religiosa do marido a responsabilidade para esse constitutivo. Podemos inferir, talvez com pequena margem de erro, que a busca do marido por atividades tão intensas, que praticamente o deixavam absorto e sem espaço para mais nada em sua vida, derivava do afrouxamento da própria relação conjugal. Mas nada era dito, ao contrário, quando conversavam ambos negavam qualquer crise no relacionamento conjugal, embora fosse fato que de há muito tivessem perdido o prazer para qualquer tipo de investimento afetivo e amoroso no casamento. Solange apenas falava de seu incômodo pela presença de outras mulheres nas atividades religiosas dele. Segundo Carlos, não havia interesse em relacionamentos amorosos, pois os preceitos religiosos que seguia com ardor impediam qualquer envolvimento extraconjugal.

A cada dia, o distanciamento se tornava mais crônico e tudo levava a indícios da perda de qualquer sentimento de prazer nessa relação conjugal. Mas não se falava abertamente em separação, seja por dificuldades de enfrentar um rompimento amoroso, seja pela acomodação vivida por ambos nesses anos de convívio.

Solange, no entanto, apenas conseguia perceber o pesadelo que havia se imputado de um castigo divino por seu distanciamento dos caminhos de religiosidade. O ciúme que sentia era, na realidade, uma manifestação do ostracismo a que havia sido deixada depois da busca religiosa do marido. Eram questões envolvendo sua auto-estima que estavam vindo à tona em sua consciência após as reflexões enfeixadas em seu processo de psicoterapia. Afinal, tratava-se de uma mulher muito bonita e bem-sucedida financeiramente, o que, por si, já levava a um grande inconformismo pelos seus sentimentos de abandono e rejeição. Ficava cada vez mais evidenciado que tudo que atribuía aos seus sentimentos referia-se, na verdade, a questões que envolviam o dissabor do enfrentamento de uma separação conjugal e a fatores relacionados à dissolução de uma relação amorosa. Assim, desde a possível partilha financeira até a elaboração de novos projetos de vida, tudo esbarra em aspectos inerentes a uma separação conjugal. Não estávamos diante de nenhum castigo divino derivado da ausência de religiosidade, e sim de sofrimentos muito intensos que implicavam sentimentos de abandono, rejeição e dificuldade de pensar em novos projetos de vida sem o marido, depois de tantos anos em que o caminho de um sempre era pensado a partir do outro. E por pior que seja o enfrentamento de uma situação de separação amorosa, certamente é mais real e verdadeira do que o acirramento de questões envolvendo a falta de religiosidade e a possível punição divina. Ao deparar-se com o novo patamar de reflexões e questionamentos, Solange começou a entender que seu sofrimento não estava apenas relacionado à sua falta de religiosidade ou ao abandono que sentia pelas atitudes do marido, mas à consciência, dolorosa, mas verdadeira, de que o seu casamento não mais existia e que não havia a determinação e a coragem de um enfrentamento real das verdadeiras condições do esgarçamento do relacionamento.

Esse caso foi escolhido por mostrar como muitas vezes questões envolvendo religiosidade e até mesmo Deus são lançadas para que não se confrontem os verdadeiros signos de sofrimento enfrentados por uma determinada pessoa. E seguramente, muito além do que podemos conceber, muitos conflitos e desavenças envolvendo questões de religiosidade camuflam outros níveis de questionamentos que de maneira cômoda são alçados a problemas de inerência religiosa. É mais fácil atribuir a divergências religiosas confrontos e conflitos que são, na realidade, fundamentalmente fruto de embates emocionais e do próprio acirramento presente nas relações interpessoais e que distam completamente das buscas de religiosidade. De acordo com Merleau-Ponty (2004), o que se tem em vista é o momento em que o interior se faz exterior, a reviravolta ou a transferência pela qual passamos e que passamos para o outro e para o mundo, como o mundo e outro para nós, em outras palavras, a ação. Pela ação, torno-me responsável por tudo, aceito tanto o socorro como a traição dos acasos exteriores. É dizer que se faz necessário que nos tornemos senhores não só das próprias intenções, mas também daquilo que as coisas farão delas, assumo o mundo, os outros como são, assumo-me a mim mesmo como sou e fortaleço-me com tudo isso. E na entrega da ação ocorre a transformação que certamente nos conduzirá a patamares mais elevados na própria vida.

Religiosidade: em busca de ilusão

"Eu acredito em Deus e na música de Mozart."
(Chopin)

No âmago das reflexões propiciadas, temos ainda que determinadas circunstâncias presentes na busca por religiosidade podem, muitas vezes, trazer em seu bojo questões de insatisfação muito latente com a própria vida e as adversidades presentes nesse contexto. A busca por Deus não traz a poção mágica capaz de resolver a totalidade de nossos problemas existenciais. Ao se buscar caminhos de religiosidade, não podemos nos esquecer de que os nossos desatinos existenciais necessitam de nossa ação e determinação para serem superados. A força da oração e da religiosidade certamente nos fortalece o espírito para o enfrentamento desses desatinos, apenas não podemos perder o foco de que é a nossa determinação que transformará os fatos e as circunstâncias que eventualmente estejam a turvar a nossa visão sobre a própria vida.

Muitas vezes, quando optamos por caminhos de religiosidade, estamos buscando uma ilusão, a de que a busca por Deus será suficiente para a resolução da totalidade de nossos problemas. Em texto anterior (Angerami, 2001), mostramos que os religiosos eram as pessoas mais dilaceradas pelo sentimento de solidão. Embora afirmassem que o encontro com Deus tivesse o condão de aliviar essa mazela que corrói a alma humana de maneira impiedosa, mostravam-se como os que mais sofriam com esses desatinos.

A busca por caminhos de religiosidade, quando estes apresentam essas configurações de ilusão, também traz resquícios de que, ao se colocar tudo "nas mãos de Deus", estamos deixando de agir em nossa vida, relegando nossa ação a um quietismo que implica necessariamente um processo de alienação ante os desatinos que se nos apresentam. Não estamos, contudo, negando a eficácia da oração, como já apontado anteriormente, tampouco relegando a um plano secundário a questão libertária da religiosidade. Apenas queremos enfatizar que a nossa ação é imprescindível para o nosso desenvolvimento pessoal e que a religiosidade, por si, sem a nossa ação de nada servirá.

Essa questão de ilusão religiosa pode ser perfeitamente constatada principalmente entre aquelas pessoas que buscam por religiões em que médiuns incorporam entidades espirituais que já morreram e que, segundo dizem, rompem as barreiras da espiritualidade para efetivar ajuda aos fiéis que a eles recorrem. O que ocorre geralmente nessas situações é a promessa da entidade espiritual de que as coisas na vida do fiel se ajeitarão e que ele será ajudado por esse plano espiritual. E decididamente se ocorre alguma forma de ajuda nesse contexto, é a ação do fiel que, sentindo-se amparado pela entidade espiritual, empreita mudanças significativas em sua vida. Quando as pessoas procuram esses médiuns, há o desejo de que as entidades espirituais caminhem ao encontro daquilo que elas desejam e precisam escutar para que, uma vez fortalecidas, possam alavancar as mudanças necessárias para a transformação de seus problemas e de sua própria vida. Na realidade, temos algo semelhante ao que ocorre com o organismo humano diante de um quadro infeccioso provocado por bactérias. O organismo não possui resistência ao ataque e conseqüentemente ao quadro infeccioso provocado pelas bactérias. Então, ele necessita de medicação portentosa para aniquilá-las e estancar a infecção. No entanto, a recuperação do organismo se dará apenas por sua própria reação, já que não existe nenhuma anomalia que acometa o organismo humano cujo restabelecimento não é feito por ele mesmo. É necessária a medicação para atacar o agente bacteriano, mas a recuperação sempre é do organismo em qualquer circunstância.

Em obra anterior (Angerami, 2003), ao enfeixar a bibliografia que me serviria de base e atualização das pesquisas sobre drogas, consultei o *Manual diagnóstico e estatístico de transtornos mentais* (1995). Quando me debrucei sobre a atualização dos ditos transtornos mentais, encontrei referência a questões de espiritualidade e religiosidade, como fazendo parte do rol de transtornos que acometem as pessoas na atualidade. Lá é descrito que determinados sofrimentos se originam no conflito existente entre os valores de religiosidade abraçados por uma determinada pessoa e o confronto com normas sociais e/ou conquistas libertárias encontradas ao longo da vida. E isso certamente é parâmetro de como as questões de religiosidade fazem parte, inclusive, da catalogação de possíveis entidades nosológicas.

Da mesma maneira, por mais que alguém se sinta fortalecido com sua religiosidade, é a ação de sua vida que verdadeiramente irá enfeixar os determinantes para sua real e verdadeira condição libertária. Como esse processo ocorre no seio da condição humana, a psicologia precisa de superação para alcançar sua compreensão para não enquadrar de maneira simplista tais ocorrências.

Fellini, seguramente o maior diretor de cinema de todos os tempos, no magistral *Noites de Cabíria* ilustra de maneira estupenda a fé em junção com a ilusão de cura. É mostrada em um dado momento uma grandiosa procissão em louvor à Virgem Maria, com milhares de fiéis seguindo o ritual de orações em busca de cura e também para alcançar alguma graça em suas vidas. O mestre focaliza então um jovem que acompanha seu tio (um aleijado que caminha com auxílio de muletas) que espera a cura pelo contato com o ritual da procissão. Depois da unção e das orações, o jovem pede ao tio que, em busca por um grande milagre, largue as muletas e ande. Resultado: o aleijado sem as muletas cai no chão de maneira peremptória.[5]

Com base nesse exemplo, podemos questionar, com o nosso olhar de psicólogo, o que leva determinadas pessoas a encontrem a cura para seus sofrimentos em suas buscas por religiosidade, já que outras, por mais que procurem por esses mesmos caminhos, não encontram sequer alívio para seus desatinos existenciais. A questão da fé religiosa certamente estará a exigir um novo desdobramento de compreensão dessas ocorrências, pois é notório que a ação de cada pessoa determina o aspecto seqüencial dessas buscas. Nesse quesito, iremos encontrar pessoas que se dizem curadas de doenças consideradas muito graves e outras que, ao contrário, dizem nada obter de suas buscas pelos caminhos da religiosidade.

---

[5] *Noites de Cabíria* havia sido lançado por Fellini na esteira do estrondoso sucesso de *La dolce vitta*. Embora seja um dos maiores diretores da história do cinema, e mesmo produzindo filmes de uma grandiosidade ímpar, Fellini tinha certa dificuldade para se impor como tal, em razão principalmente das resistências norte-americanas à sua obra e dos cineastas italianos em geral. No entanto, *Noites de Cabíria* se torna um sucesso irrebatível e ganha uma versão na Broadway, com recordes de apresentação. A partir dessa produção, estava se formando o cenário ideal para que o mestre se desenvolvesse, pois, se até aquele momento havia dificuldades financeiras para a execução de seus filmes, a realidade se transforma drasticamente. Fellini recebe inúmeras ofertas de patrocínio e passa a escolher aqueles que tinham mais afinidade com suas propostas. O diretor construiu um universo paralelo ao cinema tradicional, o rol das grandes produções passa distante da genialidade que imprimiu à sua produção, e mais do que um estilo e toque pessoais, a verve de sua criação estabeleceu novos paradigmas na arte da filmagem. Questões relacionadas à religiosidade também são abordadas em outras de suas obras. Em *Julieta dos espíritos* e *E la nave va*, são mostradas situações de incorporações mediúnicas com reflexões aprofundadas sobre tais ocorrências e fenômenos. Conceitos e termos utilizados em seus filmes passaram a fazer parte da cultura contemporânea. A expressão *felliniano*, por exemplo, descreve algo que pode ser definido como inesperado ou surpreendente. Em um de seus filmes, *La dolce vitta*, uma de suas personagens era o fotógrafo de nome Paparazzo, que se tornou definição de fotógrafos persistentes e abusivamente invasivos. Não há minimamente como se ter alguma tentativa de compreensão da condição humana em seus aspectos de surpresa e arrebatamento, sem uma aproximação pormenorizada da filmografia de Fellini. Seus filmes apresentam momentos únicos, tanto da grandiosidade de sua genialidade como dos aspectos que fazem a nossa condição humana tão fascinante e surpreendente.

Buscar Deus, em muitos casos, significa buscar um sentido para a própria vida. Bergman,[6] igualmente um dos maiores cineastas de todos os tempos, em seu magnífico *O sétimo selo* mostra em uma estonteante alegoria para a procura do homem pelo significado da vida. O filme narra a história de um cavaleiro, em total vazio existencial, que retorna das cruzadas para casa e se depara com a morte. Na tentativa de adiar seu momento final, ele propõe uma partida de xadrez com a morte, com o intuito de obter um tempo preciso em que pudesse adquirir conhecimento para finalmente morrer em paz. Esse conhecimento, para ele, traria o sentido da vida e, de alguma forma, culminaria com aspectos que justificassem a sua existência. Em um momento da narrativa, diante do confessionário, e julgando estar diante de um padre que se ocultava na penumbra desse imóvel quando na verdade estava diante da própria morte, um diálogo que impressiona pela beleza e profundidade é travado sobre a busca do sentido de vida.

Diz o cavaleiro:
– Meu coração está vazio...
E a voz responde:
– Sim...
– O vazio é um espelho que reflete em meu rosto. Vejo minha própria imagem e sinto repugnância e medo. Pela indiferença ao próximo, fui rejeitado por ele. Vivo em um mundo assombrado, fechado em minhas fantasias.
E a voz novamente:
– Sim...

---

[6] Ingmar Bergman, falecido em meados de 2007, embora tenha se afastado da filmografia durante alguns anos, é considerado um dos grandes diretores da cinematografia mundial. Muitos consideram seus filmes um estonteante mergulho nas profundezas da alma humana, já que eles retratam a condição humana de maneira ímpar. Seus filmes apresentam a dor humana em facetas variadas e de maneira bastante reflexiva. Nesse rol, podemos citar *Gritos e sussurros* que mostra uma paciente em estado avançado de degeneração e sua dor e sofrimento diante do fim que se aproxima. Os detalhes de sofrimento são tão impressionantes que não há como não assistir ao filme e ficar impune. Em outra obra igualmente estupenda, *Morangos silvestres*, é apresentado o ocaso da vida de um grande e notório professor. Suas reflexões sobre a finitude de seu tempo são marcantes e imprescindíveis a todos que querem compreender a alma humana em seus detalhamentos. Nos últimos anos, o diretor vinha se dedicando à produção de óperas e de textos de teatro. Aliás, é de sua autoria uma das maiores, se não a mais grandiosa, produções de ópera em registro cinematográfico. Trata-se de *A flauta mágica*, de Mozart, que ganhou uma versão incomparável com qualquer tentativa que se queira arrolar. A filmografia de Bergman é vasta e vale a pena ser procurada nesse afã de compreender a condição humana em suas nuances.

– É tão inconcebível tentar compreender Deus?! Por que Ele se esconde em promessas e milagres que não vemos?! Como podemos ter fé em Deus se não temos fé em nós mesmos?! Por que não posso tirá-Lo de dentro de mim?! Por que Ele vive em mim de forma tão humilhante apesar de amaldiçoá-Lo e tentar tirá-Lo do meu coração?! Por que, apesar de Ele ser uma falsa realidade, não consigo ficar livre?! Quero conhecimento, não fé ou presunções. Quero que Deus estenda as mãos para mim, que mostre Seu rosto, que fale comigo. Mas Ele fica em silêncio. Eu O chamo no escuro, mas parece que ninguém me ouve.

E a voz:

– Talvez não haja ninguém.

– A vida é um horror, ninguém consegue conviver com a morte, e na ignorância de tudo.

E a voz:

– As pessoas quase nunca pensam na morte...

– Mas um dia terão de olhar para a escuridão...

E a voz:

– Sim, um dia....

– Tento imaginar como é o medo e chamo essa imagem de Deus.

O determinante de religiosidade presente na condição humana não pode prescindir de uma visão cuja abrangência considere não apenas a condição específica das pessoas analisadas, mas também, e principalmente, os determinantes culturais que resultam na forma de religiosidade presente nessas buscas. Assim, por exemplo, temos na população brasileira características e aspectos que, embora advindos de valores judaico-cristãos, ganham contornos bastante peculiares pelo nosso enfeixamento cultural. Vamos encontrar dessa maneira, e sem nenhum prejuízo de confrontos de valores, pessoas que, da mesma maneira que freqüentam cultos cristãos, também fazem de rituais negro-africanos constitutivos de suas vidas. Não existem prejuízo nem conflito de nenhuma natureza a colidir e a colocar como excludentes tais práticas. São próprios da população brasileira tais rituais pela natureza dessas confluências em sua cotidianidade. Ao contrário, assistimos até mesmo a uma tentativa de adaptação das entidades espirituais que fazem parte da cultura religiosa negro-africana para figuras do cristianismo. Por exemplo, no dia dedicado a Nossa Senhora da Conceição (8 de dezembro, que é considerado feriado local em muitas cidades), entidades de religiões negro-africanas igualmente fundem às comemorações realizadas pelo catolicismo seus rituais e promovem um evento ecumênico no verdadeiro sentido do termo. E não existe nenhuma natureza de conflito nessa fusão, pois, embora as pessoas, em sua maioria, estejam prestando homenagem a um ícone do cristianismo, os valores religiosos negro-africanos também fazem parte de suas realidades de vida[7].

Iyakemi Ribeiro (1996), de outra parte, ao discorrer sobre a religiosidade africana, em dado momento de seu trabalho insere citações de Jung e mostra a congruência entre o pensamento de um dos principais pensadores da psicologia e a sabedoria africana. Talvez a idiossincrasia a que se atribuam diferenças existentes entre diversas correntes do pensamento contemporâneo nada mais é do que posicionamentos meramente preconceituosos.

De outra parte, é importante a ressalva de que a religiosidade da população brasileira, de maneira geral, segue princípios de sua tradição cultural, sendo pouco significativa sua adesão a religiões oriundas de culturas diferentes. Embora nos últimos anos tenhamos assistido a certa proliferação de religiões com bases filosóficas embasadas na cultura oriental, com predominância principalmente para o budismo, ainda assim não chega a ser significativa diante da tradição do cristianismo. Até mesmo as religiões evangélicas que surgem a cada dia, por mais que se mostrem divergentes entre si, trazem igualmente a marca do cristianismo em seus postulados. É como se o princípio a prevalecer fosse apenas a divergência doutrinária, pois, desde que a tradição cristã da população esteja sendo respeitada, as diferentes variações da doutrina cristã apresentam apenas filigranas no rol de suas contradições. Evidentemente que não incluímos nesse quesito de reflexão o charlatanismo muitas vezes presente no surgimento tão grande de religiões, em que é cada vez mais notório o aspecto mercantilista dessas empreitadas.[8]

Pasolini,[9] em um de seus momentos mais geniais, no maravilhoso *O Evangelho segundo São Mateus*, mostra a dimensão humana de Jesus, em que a narrativa é

---

[7] Neste livro, encontramos capítulos que discorrem com bastante propriedade sobre a religiosidade negro-africana.

[8] Algumas religiões iniciam suas atividades em simples e reduzidos recintos. Depois, com o dízimo dos fiéis, elas crescem e se tornam impérios financeiros invejáveis. Toda sorte de contravenções penais se faz presente nessas religiões, desde a prisão de seus responsáveis até acusações de todo tipo.

[9] Píer Paolo Pasolini é um dos mais controversos cineastas mundiais. Figura entre os grandes gênios da filmografia mundial, tendo obras que se mostram irreverentes ao mesmo tempo que são verdadeiros ácidos de crítica e reflexão da realidade contemporânea. Dotado de um grande veio político e filosófico, Pasolini produziu obras-primas que retratam a condição humana diante da espoliação mercantilista contemporânea. Foi excomungado pela Igreja Católica em razão de um de seus filmes criticar de maneira voraz a estrutura religiosa, o estupendo *Decameron*. Na atualidade, crê-se que tenha sido assassinado por divergentes políticos de sua obra. Igualmente, é um diretor que merece uma visitação bastante detalhada à sua obra.

realçada a partir de Seus ensinamentos e parábolas. Esse Evangelho, por muitos considerado o mais belo de todos, ganhou do Mestre um olhar privilegiado e um trabalho que evidencia não apenas a religiosidade dos ensinamentos de Jesus como, e principalmente, seus aspectos de humanidade. Em um dos momentos mais marcantes e emocionantes desse filme, Pasolini enquadra os olhos do ator que faz Cristo e mostra um olhar humano e meigo que simplesmente se pergunta sobre as razões de Sua passagem e do sentido de Sua vida. E sempre pelas narrativas do Evangelho, escutamos a seguinte parábola com o vento tocando no rosto de Cristo: "Bem-aventurados sereis quando vos caluniarem e perseguirem e disserem falsamente todo o mal contra vós por mim".

Ou ainda em outro momento em que Pasolini enquadra um olhar de desespero e aflição de Cristo quando ensina: "Não vos preocupeis com o dia de amanhã. Basta a cada dia o seu próprio mal".

Em outra tomada igualmente magnífica, vemos Cristo ensinando: "Alegrai-vos e exultai, pois será grande a recompensa nos céus, pois assim perseguiram os profetas que o precederam".

Ou ainda em outro grande momento do filme: "Vós sois o sal da Terra. Se o sal perde o que lhe constitui o sabor, para nada mais serve... senão para ser lançado fora e calcado pelos homens".

Esse filme é indispensável a todos que desejam debruçar-se sobre questões de espiritualidade e religiosidade, pois, ao mostrar a face humana de Cristo, temos a própria configuração de que Seus ensinamentos são balizamentos efetivados com base em Suas próprias reflexões e sofrimento.

Quando se procura um determinado caminho religioso, buscam-se também níveis de superação da própria condição de vida. Na quase totalidade das vezes, tal qual ocorre no processo de psicoterapia, ao se procurar por uma determinada religião, o que está presente no bojo dessa busca é algum teor de insatisfação que determina o constitutivo do que deve ser alcançado. A elevação do fiel após sua adesão a determinadas doutrinas faz que ele tenha de mudar sua conduta de vida, e, geralmente, depois dessa mudança, ocorrem transformações significativas em sua condição existencial. A condição libertária das religiões também pode esbarrar em conceitos de conflito moral, o que significa dizer que nessas situações o conflito será de natureza diversa da busca que se efetiva quando alguém se decide a recorrer ao processo de psicoterapia.

O conflito moral apresentado pelos preceitos doutrinários de determinadas religiões implica muitas vezes a necessidade de ascese espiritual, para que se possa segui-los a contento. Somos impelidos a buscar explicações conceituais quando na verdade estamos à procura de significados para a própria vida. A religiosidade transpassa nossos questionamentos e prescinde de qualquer tentativa de explicação que se queira fazer, por mais lúcida que esta possa ser. A psicologia, ao se aproximar das manifestações religiosas, está, na realidade, buscando também um aprumo para se fazer de fato uma ciência que compreenda as pessoas em sua verdadeira humanidade.

A dicotomia provocada pela psicologia diante da temática da religiosidade apenas afasta de si recursos que poderiam ser enfeixados para uma nova tentativa de compreensão do homem contemporâneo. A religiosidade faz parte do homem contemporâneo tanto quanto questões relacionadas ao desenvolvimento tecnológico. Negar tais questões é negar o próprio sentido que determina a busca por preceitos religiosos, sobretudo quando se torna cada vez mais surpreendente o avanço dos recursos tecnológicos desenvolvidos na atualidade. É como se todo o nosso desenvolvimento tecnológico não conseguisse abarcar a condição humana em toda a sua especificidade.

Não há como querer contemplar a realidade da alma humana sem considerarmos a religiosidade, por mais antiga que essa busca possa ser. Existe um grande movimento na contemporaneidade de negar valores e mitos do passado, como se simplesmente estes tivessem sido solapados pelos avanços da ciência e da tecnologia. É tal qual a rolha que fecha a garrafa de vinho, protegendo-lhe o sabor e a densidade. Por mais que surjam novas formas de fechar uma garrafa, em uma grande variação que contempla desde tampas de lata, plástico etc., nada, absolutamente nada, consegue superar a milenar rolha na proteção e preservação da preciosidade do sabor do vinho.

O anseio pelo sagrado é uma necessidade humana na medida em que se busca a compreensão do sentido de vida e, por assim dizer, da própria finitude. Buscar o sagrado é procurar pela essência da alma humana no sentido de sua abrangência de magnitude. Almejamos Deus e na verdade estamos delineando uma superação em nossa própria condição humana; buscamos Deus e nos deparamos com a imensidão de nossa alma, que se atira em vôos rasgados na imensidão dessa busca.

Encaramos a presunção da ciência que tenta confinar a alma humana apenas à nossa condição corpórea. E concluímos que a grande ilusão da vida humana não se faz pela religiosidade, e sim pelo afã de tudo explicar por meio de preceitos científicos. Certa vez, Madre Tereza de Calcutá[10] declarou que via Cristo

---

[10] Madre Tereza de Calcutá nasceu na Albânia e trabalhou na Índia a partir de 1928, inicialmente como professora em um semi-internato e depois como missionária com os pobres da periferia de Calcutá. Lá criou a Casa dos Moribundos, entidade que recolhia os miseráveis das ruas para que pudessem morrer com dignidade. Sua obra estendeu-se por diversas cidades da Índia, espraiando-

e que este tocava em seu corpo diariamente. Os doutos do Vaticano procuraram por ela para averiguar, com base em seu crivo de cientificidade, o fenômeno por ela narrado e assim validar sua condição de milagre e fenômeno divino. Ela simplesmente confirmou dizendo que via Cristo em cada doente que cuidava e que este tocava em seu corpo e auxiliava-a nessa tarefa. E arrematou com o próprio ensinamento de Cristo dizendo sobre a presença Dele na figura dos doentes, mendigos, necessitados etc.

Isso é simples e surpreendente, pois, se, por um lado, buscamos fenômenos grandiosos que possam sedimentar e sustentar nossa religiosidade, por outro, deixamos de lado a observação desses detalhes que simplesmente fazem a grandiosidade de nossa alma.

A vida moderna se apresenta com uma série de exigências e compromissos que fazem de nossa cotidianidade algo decididamente estressante. Não temos tempo para quase nada que não seja a busca desvairada por realizações pessoais e profissionais. Vivemos um paradoxo de total situação de sandice em que esgotamos nossa saúde amealhando um patrimônio financeiro, para na seqüência dispor desse mesmo patrimônio na tentativa de recuperação da própria saúde. Não temos mais tempo nem para viver intensamente nossas relações interpessoais mais próximas – filhos, cônjuges, irmãos etc. –, tornando-se cada vez mais real a situação de crianças que crescem sem contatos significativos com os pais, uma vez que estes estão na luta estressante do desenvolvimento profissional, muitas vezes até para propiciar uma melhor condição de vida para os próprios filhos. Por mais hilário que isso possa se configurar, cada vez mais vamos encontrar em nossa cotidianidade essa situação tão disparatada.

A religiosidade surge sempre como um antídoto poderoso para tais situações de distanciamento, pois minimamente se uma determinada família cultivar há-

---

se também para o Paquistão e outros países, sempre tendo como princípio propiciar dignidade a esses miseráveis. Dizia para suas irmãs missionárias: "Toca-os, lava-os e alimenta-os" ou ainda: "Dá Cristo ao mundo, não O mantenhas para ti mesma e, ao fazê-lo, usa as tuas mãos". Recebeu o Prêmio Nobel da Paz em 1979, e na ocasião declarou: "Aceito o prêmio em nome dos pobres... O prêmio é um reconhecimento do mundo dos pobres". Diante de possíveis críticas ao seu trabalho, de que se tratava de algo apenas assistencialista, simplesmente dizia: "Enquanto vocês discutem as causas e as explicações, eu me ajoelho ao lado dos mais pobres e cuido de suas necessidades". Apesar de sua prática ser voltada aos miseráveis, sem fazer parte do grupo dos teólogos e estudiosos católicos, era, muitas vezes, requisitada pelo Vaticano para sair em defesa de temas como condenação do aborto, controle da natalidade etc. No entanto, uma de suas afirmações mais belas ocorreu quando foi indagada sobre as guerras: "Não é possível se ter nenhum posicionamento sobre as guerras, pois isso simplesmente não deveria existir".

bitos religiosos, ao menos nas situações de oração, culto, cerimônias religiosas etc., seus membros estarão juntos e poderão partilhar desses laços sanguíneos com bastante intensidade. Por mais que existam reflexões sobre o sentido de a família ser apenas uma célula que reproduz os valores e poderes do Estado em todas suas contradições e atribuições de poder e desigualdade – muitos autores (Marx et al., 1979) irão colocá-la como uma instituição que meramente reproduz os valores burgueses e que serve também para que não se faça a partilha dos bens de capital acumulados que são tão preciosos na estrutura do capitalismo –, é no seio familiar que iremos encontrar significados bastante precisos em nossa busca por identidade e significação pessoais. E a religiosidade faz dessa vinculação um elo a nos unir a uma estrutura maior, em que a busca pelo sagrado é apenas um detalhe de elevação e superação espirituais.

Bergman, em outro grande momento de sua genialidade, no indescritível *Fanny e Alexander*, mostra uma família que se desenvolve em harmonia e que tem sua estrutura totalmente modificada depois da morte do patriarca e do novo casamento da mãe. Fanny e Alexander são duas crianças que irão viver todo o destempero do conflito gerado pela nova estruturação do núcleo familiar. O novo marido é um pastor de severos valores morais que irão conflitar de maneira drástica com o modo como as crianças viviam e se harmonizavam. A religiosidade passa a ser, então, ao contrário do que dissemos anteriormente, algo que gera conflitos de toda sorte e natureza, uma vez que muitas das atrocidades cometidas por esse padrasto ocorrem em razão de seu rígido esquema de valores morais e religiosos.[11]

Na verdade, a questão que envolve valores morais e religiosos é erigida com base no constitutivo familiar. Por mais que se possam evocar questões ideológicas envolvendo a estrutura familiar contemporânea, é nesse contexto que se

---

[11] A questão da religiosidade e da busca por Deus sempre esteve presente nas obras de Bergman. Em *Fanny e Alexander*, essa questão está presente nas atitudes do pastor, que se torna padrasto das crianças e impõe uma série de normas de condutas familiares com base em seus valores morais e religiosos. O que era uma vida familiar plena de harmonia torna-se uma realidade cáustica, em razão da imposição de valores estranhos a esse núcleo familiar, em sua nova estruturação. Muitos consideram esse filme autobiográfico, em razão da similaridade com a própria história de vida do diretor, fato que nunca foi confirmado por ele. *Fanny e Alexander* também marca a decepção de Bergman com as imposições comerciais da produção de um filme, que para ele sempre se tratava de uma obra de arte e não de algo a ser arranjado a partir de determinados interesses mercadológicos. Ele foi sondado pela indústria hollywoodiana, mas não cedeu a seus preceitos e se conservou produzindo filmes que não seguissem essa cartilha. Depois desse filme, passou a se dedicar à produção de óperas e de textos teatrais.

organizam os conceitos de caráter e probidade dos indivíduos, é nesse ambiente que ocorre a expansão da religiosidade em suas diferentes buscas e manifestações.

De outra parte, vamos encontrar também no seio familiar situações de verdadeira simonia, em que valores e objetos sagrados serão alvos de disputa envolvendo até mesmo questões de partilha hereditária. A busca pelo sagrado é algo que muitas vezes se fortalece e se funde nos modelos de comportamento familiar, situações em que os mais velhos, geralmente pais e avós, introduzem valores religiosos em sua descendência, de maneira muitas vezes subjacente e subliminar, a partir de atitudes e gestos do cotidiano. Isso significa que o membro de uma determinada família terá grande probabilidade de seguir as religiões de seus ascendentes, seja pelas razões já citadas, seja ainda pela maneira como as crianças são levadas aos cultos religiosos por seus responsáveis. E até mesmo em termos contestatórios, vamos encontrar um grande número de pessoas que abandonam as religiões dos pais muito mais por divergências familiares do que por discordâncias teológicas. Dessa maneira, as razões de busca por religiosidade e até mesmo a sua contestação na quase totalidade dos casos esbarram igualmente em questões de envolvimentos familiares. Então, pode-se acrescentar à célebre afirmação "Família que reza unida permanece unida" o seguinte: "Além da união, a religiosidade pode também ser fonte de discórdia e separação".

Sobre o sagrado e o divino: buscas conceituais

"De onde vem a música?! De onde vem a melodia que escrevemos em nossas partituras para os instrumentos executarem?!"
(Heitor Villa-Lobos)

Busca-se o sagrado sem uma definição precisa e clara do que isso significa, tampouco dos parâmetros que podem determinar o que de fato iremos encontrar quando se atingir tal objetivo. A simples superação de nossos limites humanos ou de nossas amarras existenciais pode ser definida como encontro com o sagrado. Ou apenas diante de grandes mistérios indefiníveis seremos capazes de delinear suas configurações?! Tais questionamentos certamente só podem ser respondidos à luz de posicionamentos que não se mostrem estanques ao nosso desenvolvimento espiritual. Se essas contradições permearem nossas buscas de determinados conceitos estáticos, estaremos igualmente nos tornando reféns delas. E jamais sairemos de nossas próprias limitações para, inclusive, podermos nos direcionar para algo que possa ser considerado sagrado em nossas vidas.

Definir, no entanto, o que seja sagrado ou divino é algo que conceitualmente não é possível por causa da gama variada de sensações e percepções a respeito. Alguns dirão que divino é algo que nos sopra a alma e ilumina a totalidade de nosso ser. Outros dirão que divina é a experiência de transcendência com o que existe de superior em nossa realidade humana. Boff (2001) define como sentimento de magnitude a experiência vivida por ele diante da grandiosidade da imensidão da floresta amazônica, com seu silêncio e plenitude.

Na busca por definições do que possa conceitualmente ser considerado divino,[12] vêm ao coração os ensinamentos do saudoso Benedito Moreira[13] com quem tive a dádiva de estudar virtuose violonística no início da década de 1970. Ele tinha em Bach sua grande referência musical e cada vez que executava uma peça desse autor, ao final extasiado dizia: "Que Deus te conserve tocando e estudando Bach". Tantas vezes tocava, tantas vezes ele fazia esse elogio.

Igualmente, tinha grande entusiasmo pelas peças de Villa-Lobos, que conhecia os segredos do violão erudito como poucos. Ao fim da execução de suas peças, afirmava: "Tocar Villa-Lobos é sopro de prazer em nossa alma". E repetia essa frase sempre que tocava.

Em certa ocasião, perguntei se ele não possuía a transcrição de alguma peça de Mozart, para que pudesse estudá-lá e executá-la. E então aprendi uma das mais belas definições conceituais do que é algo divino. Ouçamos os seus ensinamentos:

> Bach e Beethoven foram dois dos maiores gênios da humanidade. Suas obras representam o que de mais fantástico já foi efetivado em termos de criatividade pela condição humana. Suas músicas mostram a genialidade humana em todas as suas facetas de superação e arrebatamento. A música de Mozart não era humana, é divina. Veja a ária da *Quarta corda da suíte nº 2* de Bach, é simplesmente maravilhosa. Ela é magnífica de qualquer maneira em que for executada, na versão criada por ele em cordas de violino, violas de gamba, *cellos*, ou em qualquer arranjo que se faça sobre ela para órgão, piano, voz, violão etc. Também na música de Beethoven temos a mesma ocorrência, peguemos a *Sonata ao luar*, que é igualmente maravilhosa, e qualquer arranjo que se faça em qualquer outro instrumento e ela se manterá indescritivelmente bela. A música de Mozart não permite qualquer alteração, pois, se assim

---

[12] Nesse rol, excluímos evidentemente aquelas asserções que irão definir como divinas sensações, experiências e vivências que não podem ser definidas por meio de palavras, e se tornam assim inefáveis.

[13] Benedito Moreira foi um exímio violonista brasileiro, autor de inúmeras peças para o violão erudito, além de diversas transcrições para o mesmo instrumento. Foi também um dos principais mestres desse instrumento no Brasil. Por suas mãos passaram os principais violonistas brasileiros, entre eles Antonio Carlos Barbosa Lima, seguramente um dos principais virtuoses mundiais.

for feito, ela perde sua grandiosidade e divindade. Veja o adágio do *Concerto 21 para piano e orquestra*, que é muito executado em diversos arranjos principalmente quando utilizado em trilhas sonoras de alguns filmes. Ela perde sua magnitude, pois a música de Mozart é divina apenas como concebida por ele, tire-se uma nota, ou mude-se um pequeno detalhe do andamento musical e sua estrutura estará drasticamente modificada. Nesse *Concerto*, ele utiliza um oboé apenas em um compasso do terceiro movimento, ou seja, um músico é requisitado para tocar apenas duas notas durante toda a execução musical. E mesmo em outras peças e concertos, os detalhes de sua criação musical vão além da compreensão humana, e isso sem dizer do tempo em que demorava para compor suas músicas. Enquanto os demais compositores gastavam meses e anos para compor suas músicas, Mozart fazia em pequenos períodos músicas em que as partituras não apresentavam qualquer sinal de rasura ou de algo rascunhado. E isso tudo sem dizer da beleza e da leveza de suas composições. Além do que temos o fato surpreendente de sua precocidade com registro de que suas primeiras composições eram de um período em que tinha apenas quatro anos de idade, e não se tratava de brincadeiras infantis e sim de peças complexas que irão requerer anos de estudo para serem executadas.

E na atualidade, em que os estudos acerca dos efeitos da música sobre a condição humana são cada vez mais freqüentes, a música de Mozart ganha um capítulo especial, na medida em que é estudada à parte de tudo que se efetiva nessa área. Estudos recentes mostram que sua música atinge o sistema nervoso central e nos eleva a uma condição de sensações que não é possível ser explicada pela ciência contemporânea. Igualmente não se consegue entender seu efeito calmante sobre seus ouvintes, tampouco o tanto que a sua complexidade melódica e tonal contribui para o desenvolvimento cognitivo e emocional de seus apreciadores.

Da mesma maneira, diante da florada de um ipê-roxo ou de uma suinã no inverno, ou de um ipê-amarelo e de uma sibipiruna na primavera, ou de uma cássia imperial ou de um *flamboyant* no verão, de uma paineira ou de uma quaresmeira no outono, presenciamos as mais esplendorosas manifestações divinas.

As diferentes manifestações que vivemos em nossa cotidianidade apresentam aspectos de divindade, desde que estejamos abertos para compreender e alcançar seus desígnios. Do contrário, não iremos perceber que tais manifestações estão além da nossa percepção e seguramente não se configuram como meros acasos em nossa vida.

O mar derramando suas águas na praia ou provocando colisão nas pedras dos rochedos. A lua prateando o céu na madrugada com um punhado de estrelas, trazendo em si o encantamento da nostalgia da própria vida, espetáculo que se encerra quando surgem as primeiras gotículas do orvalho da manhã. Coisas tão marcantes a mostrarem a presença do sagrado, em nuanças perceptíveis, apenas aos que sabem que a verdadeira religiosidade é aquela vivida nesses detalhes e não apenas nos templos de oração. Essa deificação pode também ser encontrada nos versos de Drummond, de Fernando Pessoa, de Neruda e em grandes momentos da literatura, sejam nos textos de Dostoievski, nos escritos de George Sand, em Sthendal ou ainda nas páginas de Jorge Amado.

Leon Tolstoi certamente faz parte do rol dos grandes gênios da literatura mundial. Autor consagrado com romances densos e profundos como *Anna Karenina, Guerra e paz* e *Senhor e servo*. Exemplo ímpar da religiosidade desse autor vamos encontrar em um livro de contos estupendo, *Onde existe amor, Deus aí está* (Tolstoi, 2001). Nesse livro, há narrativas que mostram a presença de Deus em situações simples do cotidiano.

O conto que dá título ao livro narra a rotina de um sapateiro que, depois de muito se perguntar sobre a presença de Deus, percebe sua manifestação em vários detalhes de sua cotidianidade. Assim, Avdeitch (este é o nome do sapateiro) se pergunta onde estava Deus em sua vida, pois, por mais que ajudasse um grande número de pessoas, não conseguia perceber Sua presença. Ouçamos a descrição de Tolstoi (2001):

> Avdeitch sentiu a alma regozijar-se! Fez o sinal da cruz, colocou os óculos e começou a ler o Evangelho na parte onde este se abrira. No início da página, leu: "Pois tive fome e me destes de comer. Tive sede e me deste de beber. Eras forasteiro e me recolhestes. No fim da página, leu mais: "Cada vez que o fizestes a um desses meus irmãos mais pequeninos, a mim o fizestes". Avdeitch, então, compreendeu que, naquele dia, o Salvador realmente viera visitá-lo, e ele, com certeza, O recebera bem.

Talvez a busca por Deus em um templo de oração seja a mais facilmente consagrada, como se fosse apenas um simulacro da nossa cotidianidade em que tudo é fragmentado. Dessa maneira, encontramos Deus no templo de oração, questionamos sobre nossa vida na sessão de psicoterapia, apreciamos música apenas durante um recital e simultaneamente assim procedemos em total fragmentação de nossos atos e pensamentos. Em uma missa, quando o padre celebrante pede que os fiéis rezem o Pai-Nosso de mãos dadas, em clara alusão da irmandade ali presente e consagrada pelos ensinamentos de Cristo, quantos desses fiéis continuam a considerar irmãos os outros participantes da cerimônia após o seu encerramento? Será que minimamente alguém merecerá algum tipo de atenção ou preocupação na calçada se tiver qualquer alguma necessidade?! Certamente a resposta, em margem reduzida de erro, será a asserção que nos mostra que esse posicionamento de irmandade existe apenas no templo de oração.

Os religiosos certamente irão definir como manifestações divinas situações em que o acolhimento ao desesperado e desesperançado se mostra como a própria especificidade de superação da condição humana. Entregar a própria vida em auxílio aos necessitados, renunciar a preceitos de vida em busca de elevação espiritual, seja por meio de ensinamentos religiosos, seja ainda na dedicação efetivada de ajuda aos que se encontram em busca de alimento espiritual, enfim, estamos diante de diferentes manifestações em que a presença do sagrado e da divindade se mostra de modo claro e transparente. Não importa saber qual é o signo religioso adotado, mas perceber como as diversas manifestações de espiritualidade precisam ser alcançadas com a nossa abertura perceptiva para essa ocorrência fenomenal.

A religiosidade está presente em qualquer constitutivo, em que a superação dos limites da condição humana é meta a ser atingida. Basta ver, por exemplo, a questão do perdão. O perdão não é um sentimento humano, ao contrário, necessita de uma superação dos próprios instintos e de uma condição de total ascese espiritual. Humanos são o revide, a vingança e outros sentimentos que se queiram arrolar diante de algo que possa nos acometer. Nesse sentido, todas as religiões, sem nenhuma exceção, colocam o perdão no centro de suas ações e doutrinas. O modo como se reflete e se discute a possibilidade de perdoar os agressores é algo que as religiões procuram incessantemente e, com certeza, um dos fatores que mais podem contribuir na elevação de nossa humanidade. Muitos conflitos beligerantes de conseqüências imprevisíveis ocorrem por causa dos sentimentos de revide dos governantes e de muitos povos do planeta. Em conflitos internacionais, em que muitas vezes a intolerância religiosa se faz presente, percebe-se claramente que questões relacionadas a aspectos doutrinários dos mais diferentes matizes são lançadas ao ostracismo, pois não existem, sem nenhuma exceção, princípios religiosos que preguem o ódio e o revanchismo. Assiste-se, então, a um processo de destruição e ódio em nome de Deus e de determinadas religiões, o que representa desvios drásticos dos princípios de sagração a que todas as religiões estão submetidas.

Outra questão bastante controversa é a que envolve o hábito humano de comer carne animal. Religiões orientais enfatizam que a verdadeira evolução espiritual prescinde da carne animal em suas refeições, ao contrário das ocidentais. São Paulo ensinou:"O que faz mal não é o que vem de fora, mas aquilo que vem do coração". Dessa forma, o apóstolo liberou a prática consagrada por milênios de sacrifício aos animais pela deliberação humana de prazer. Nos produtos que consumimos (alimentos, cosméticos, vestuários etc.), nos entretenimentos que buscamos (circos, rodeios, caçadas etc.) ou ainda no tipo de ciência dogmática que adotamos como oficial, a qual envolve, muitas vezes, práticas insensíveis ou até mesmo inúteis, nossas escolhas cotidianas afetam dramaticamente a vida dos animais não-humanos. Entretanto, esses animais são "sujeitos de uma vida" (Regan, 2006).

Gandhi[14] pregava:"Amarás a mais insignificante das criaturas como a ti mesmo. Quem não fizer isto jamais verá a Deus face a face". E temos então a lógica simples e óbvia mostrada por Regan de que os animais também querem viver e se importam com suas vidas mesmo que nenhum outro ser (humano ou não) se importe com elas.[15]

E contrário às cantilenas modernas que pregam um tratamento mais "humanitário" aos animais em sua destinação aos desejos humanos, Regan nos mostra a questão dessa contradição e de suas implicações em nossa busca de espiritualidade de maneira incisiva, ao mostrar que o reconhecimento dos direitos dos animais tem conseqüência de longo alcance. As indústrias que usam animais os exploram impiedosamente. Esses são os animais cujas vidas são tiradas, cujos corpos são feridos e cuja liberdade é negada pela indústria de peles e de carne, por exemplo. Tudo isso emerge como moralmente errado, uma vez que tomamos conhecimento de seus direitos morais. O que temos na realidade é algo que precisa ser estancado e não ficar mais "humanitário".

---

14 Gandhi nasceu na Índia e foi um dos maiores exemplos da pregação da paz ante qualquer forma de violência. Enfrentou o imperialismo inglês, derrotando-o por meio da pregação da não-violência. Era adepto dos ideais de Tolstoi, principalmente em sua recusa a todo tipo de violência, na veneração aos pobres e no compromisso com uma vida simples. Chegou a fundar, quando de sua estada na África do Sul, uma comunidade rural à qual deu o nome de Tolstoi, onde tentou viver esses ideais e propagá-los. Ao voltar à Índia, organizou o povo contra a dominação inglesa. Trabalhou para mostrar que poderiam boicotar os artefatos ingleses e voltar à antiga tradição de usar os teares em sua residência. Era perseguido pelos colonizadores ingleses e foi preso inúmeras vezes. No entanto, conseguiu seu intento com muita determinação e obstinação. É famosa a célebre passagem que ficou conhecida como Marcha para o Mar. Os ingleses proibiam os indianos de comprar sal que não fosse o produzido por eles. Gandhi então mobilizou milhares e milhares de pessoas que foram rumo ao mar para extrair o sal de que precisavam. Apesar de toda a perseguição sofrida, conseguiu a liberação do sal e posteriormente a libertação da Índia. É, sem dúvida alguma, um dos maiores símbolos da busca pela espiritualidade, por suas mensagens de paz contrárias a todas as formas de violência, incluindo aquelas cometidas contra os animais.

15 Certamente a leitura de Regan é importantíssima para aqueles que querem entender as diferentes configurações da crueldade humana praticada com animas e, muitas vezes para a consagração de cerimônias religiosas. Assim, vamos encontrar retiros espirituais que em seu encerramento realizam uma comemoração com churrasco ou com feijoada. A origem de violência desse alimento não é questionada nem sequer considerada como tal por esses religiosos. No entanto, a destruição dessas vidas por mera ilusão gustativa é algo completamente irascível em níveis de compreensão daquilo que seja decididamente elevação espiritual.

E o pior nesse quesito é que muitas das violências cometidas contra os animais são de natureza religiosa, o que é sustentado pela pregação de que eles não possuem alma. Se essa asserção for verdadeira, então não existe *vida além-túmulo* para eles. Ao morrerem, seus corpos morrem, tudo é aniquilado. É importante salientar que nem todas as religiões concordam com isso.

O hinduísmo e muitas religiões tradicionais norte-americanas se mostram como contra-exemplos óbvios. O hinduísmo prega inclusive que em nosso nível de evolução espiritual fomos animais em outras vidas e ascendência. A relação teológica para tal posicionamento é a de que seria perverso ensinar que, já que os animais não têm uma vida depois da morte, estamos livres para fazer qualquer coisa que quisermos com eles, enquanto estiverem vivos. Uma teologia digna de credibilidade só poderia ensinar exatamente o oposto. Já que os animais não têm uma vida depois da morte, deveríamos fazer tudo que estivesse ao nosso alcance para assegurar que esta vida, a única que eles têm, fosse tão longa e boa quanto possível (*ibidem*).

São Francisco de Assis ensina que os animais também são seres do Senhor e chama-os de "irmãos menores". É também de sua autoria um dos ensinamentos que melhor sintetizam esse princípio: "Tudo que tem vida quer viver". Os seus biógrafos contemporâneos testemunham o impacto de sua afinidade com todos os detalhes da Natureza, não deixando de considerar qualquer um deles por menor que fosse. Chamava o Sol, a Lua, as Estrelas e todos os elementos da Natureza de irmãos. Tomás de Celano, um de seus principais biógrafos, dizia que ele havia resgatado a inocência humana original. São Boaventura, outro de seus grandes biógrafos, escreveu que ele era o homem novo dado ao mundo pelos céus. Hoje, por causa das questões de preservação do planeta e em razão do impacto sobre o meio ambiente provocado pela visão mercantilista do homem contemporâneo que tudo destrói, a palavra de Francisco de Assis é atual, principalmente por sua postura radical na preservação e defesa dos seres que fazem parte deste nosso planeta.[16]

Estudiosos que refletem e escrevem sobre o sagrado e a religiosidade é algo que existe em abundância atualmente. Desse modo, vamos encontrar textos

---

[16] É de São Francisco de Assis a criação dos presépios natalinos. Por ocasião de uma comemoração de Natal, reuniu seus discípulos e recriou a cena original do nascimento de Cristo, em uma tentativa de recuperar não apenas o ambiente de Seu nascimento, como também a aura de mística que envolveu essa data. É a partir desse episódio que os monges franciscanos reproduzem em seus mosteiros, na ocasião do Natal, os mais diferentes tipos de presépios, consagrando a essa data a mesma aura mística de São Francisco de Assis.

escritos sob as mais diferentes óticas religiosas e que cuidam de conceituar operacional e religiosamente os aspectos da busca religiosa e de espiritualidade. Talvez o que esteja faltando, de fato, em nossa realidade é algo que nos leve a um desprendimento, no qual simplesmente possamos buscar religiosidade em detalhes de nossa cotidianidade, e não apenas naqueles momentos consagrados como tal.

Não estamos com essas afirmações legando desprezo a tais publicações e às conquistas por elas efetivadas. Apenas estamos dimensionando que o que se busca em níveis de religiosidade é algo que não está apenas nos templos de oração e nos livros religiosos. As fagulhas de divindade se encontram nos mínimos detalhes de nossa cotidianidade. E certamente a isso devemos estar abertos em novo dimensionamento de vida. Caminhar ao sol, com o vento nos tocando a pele, e sentir que a dádiva desse passeio é a configuração de que temos a deificação de nossos pequenos gestos em cada detalhe de nossos constitutivos existenciais. O ensinamento de Gandhi de que "Se Deus tiver que aparecer para um faminto, Ele se configura em um prato de comida" é um dos aspectos muito bonitos e significativos de que Deus se manifesta de diferentes maneiras, e não apenas naquelas formas propagadas pela maioria das religiões formais.

Há vários exemplos de dedicação e amor ao próximo, no entanto falta um despojamento que nos impulsione a buscar Deus em cada detalhe de nossa vida cotidiana. Se considerarmos que a vida traz em si um mistério que a ciência não alcança em sua totalidade, teremos, então, que as questões relacionadas à religiosidade e distantes dos arcabouços das religiões formalmente constituídas, dependem apenas de nos desprendermos desses parâmetros que nos são estabelecidos sem nenhum aspecto de razão em suas asserções.

Considerações complementares

> "Os anjos quando tocam entre si tocam Bach.
> Quando querem louvar a Deus tocam a música Dele, tocam Mozart."
> (Glazunov)

Chegamos! Não ao final, mas a um ponto em que teremos de recomeçar continuamente em um processo sem fim. A vida sempre nos mostra, que caminhamos em direção a um conhecimento que jamais obtemos, tampouco tangenciamos seus mínimos detalhamentos. Este trabalho é apenas o início de uma trilha que se mostra ao longo das planícies e das matas. Nada de descanso ou de tréguas em nossas buscas.

Certamente, a partir destas linhas, muitas outras virão, ora em consonância ora com críticas áridas ao que propomos em nossas reflexões.

O importante é que novos questionamentos foram lançados na seara das discussões envolvendo a realidade religiosa no meio acadêmico e suas configurações em nossa cotidianidade. É preciso dizer que a nossa pretensão foi polemizar, indagar e provocar celeumas, mas sem nenhuma intenção de concluir o que quer que seja ou que tenha sido arrolado nestes escritos. Certamente, proposituras de modelos epistemológicos de análise da religiosidade distam da simplicidade em que tais manifestações se fazem presentes em nossa cotidianidade, e isso foi o que procuramos mostrar à exaustão. Ou seja, que atentemos às coisas simples da vida, a tudo aquilo que está em nosso entorno e que são manifestações divinas em nossa realidade cotidiana.

Percorremos sendas em que as adversidades são inúmeras, sobretudo se considerarmos que estamos expostos de maneira indefesa ao afrontarmos as hostes do cientificismo com tais questionamentos. Mas é necessário o enfrentamento para que possamos caminhar por conquistas mais promissoras e deixar ao ostracismo a dicotomia que nos impede de assumir a nossa totalidade existencial. Talvez a pecha de que somos sonhadores cada vez mais se eternize diante dessa maneira de simplesmente não aceitarmos imposições que colidam com nossos valores de preservação da dignidade humana.

Este trabalho é um pequeno detalhamento de nossas inquietações e, mais do que isso, uma amostra de que, ao buscarmos novos parâmetros de reflexão, estamos igualmente contribuindo para que outros estudiosos possam se juntar a tais posicionamento e fazer um enfeixamento mais sólido para o enfrentamento das possíveis adversidades teóricas.

Referências

ANGERAMI, V. A. *Solidão*: a ausência do outro. São Paulo: Thomson, 2001.

_____. *A psicoterapia diante da drogadicção*. São Paulo: Thomson, 2003.

_____. O papel da espiritualidade na prática clínica. In: _____. *Temas existenciais em psicoterapia*. São Paulo: Thomson, 2004a.

_____. *Espiritualidade e prática clínica*. São Paulo: Thomson, 2004b.

BOFF, L. *Saber cuidar*. Petrópolis: Vozes, 2001.

MANUAL DIAGNÓSTICO E ESTATÍSTICO DE TRANSTORNOS MENTAIS (DSM – IV). Porto Alegre: Artes Médicas, 1995.

MARX, K.; ENGELS, F.; LENIN,V. *Sobre a mulher*. São Paulo: Globo, 1996.

MERLEAU-PONTY, M. *O olho e o espírito*. São Paulo: Cosac & Naify, 2004.

RIBEIRO, R. I. *Alma africana no Brasil*: os iorubas. São Paulo: Oduduwa, 1996.

REGAN, T. *Jaulas vazias*. Porto Alegre: Lugano, 2006.

TOLSTOI, L. *Onde existe amor, Deus aí está*. Campinas: Verus, 2001.

VASCONCELLOS, E. G. .In: IV CONGRESSO BRASILEIRO DE PSICOSSOMÁTICA E IV SIMPÓSIO BRASILEIRO DE PSICONEUROIMUNOLOGIA, 2007, São Paulo. *Anais*... São Paulo, de 11 a 14 de outubro de 2007. Disponível em: <http://www.psicoexistencial.com.br>.

2

À espera do Deus ausente: Heidegger e o silêncio do divino

José Carlos Michelazzo

Introdução

Heidegger e religião combinam? Este é um tema difícil e controvertido. Também não é o tema de Heidegger, embora ele tenha vindo da Teologia. Mas todos sabemos que o seu tema central é a questão do ser. Por isso, não teremos muito a oferecer em termos de resultados, ou seja, respostas a dilemas e dúvidas ligados ao tema – mas há muito que pensar. Pensar aqui significa entrar em contato, aprofundar esses dilemas e essas dúvidas para chegar às suas raízes. Com essas raízes, talvez se encontrem também presentes os nossos medos e anseios, e certamente nos daremos conta de que eles pertencem à densidade de nosso ser ou aos grandes problemas de nossa civilização ocidental e de nossa época contemporânea.

O fato de Heidegger, no entanto, não tomar uma posição explicitamente teísta é fonte de inúmeros mal-entendidos: geralmente se diz que se trata de um pensador ateu, niilista ou mesmo irracionalista que recusa toda forma de transcendência, entre outros. Tais mal-entendidos são alguns de seus rótulos mais conhecidos, e isso se deve ao fato de ele se afastar do pensamento da tradição com o intuito de inaugurar outra forma de pensar que ultrapasse o nosso atual modelo de pensamento ocidental, e isso soa incomum e estranho.

Os que dele se aproximam notam que os problemas relacionados à transcendência e a Deus estão presentes ao longo de toda a sua obra; nunca, porém, de modo explícito, direto, a não ser em raras ocasiões, uma vez que, independentemente do tema sobre o qual o filósofo reflita – ser, lógica, metafísica, técnica, poesia, mundo, verdade, fundamento –, quase sempre suas palavras finais apontam para o remoto e misterioso horizonte da existência humana e da divindade. Nesse sentido, continuamos ainda perguntando: será que com todas essas ressalvas o pensamento de Heidegger faz parte do movimento chamado "retorno religioso"? Que movimento é esse?

Assistimos hoje a um movimento em escala mundial de um retorno do religioso, uma nova busca da espiritualidade. Podemos divisar, segundo Vattimo (2000, p. 92), pelo menos dois desses horizontes. O primeiro é o da "consciência comum", em que o retorno está associado a medos apocalípticos em dois níveis: aquele que diz respeito às possibilidades sombrias de nosso futuro, como guerras, aumento da violência, manipulação genética ou ainda liquidação da biosfera e conseqüentemente do extermínio da nossa espécie; e outro que se refere à perda do sentido da vida, que nos impele a coexistir com um profundo vazio, fazendo com que a nossa existência oscile permanentemente entre o tédio e o consumismo. É evidente que o eixo desse retorno é aquele que busca pelos antigos fundamentos, como o princípio, o absoluto e Deus, ou ainda a tentativa de, a qualquer preço, ressignificar antigos códigos morais ou reassumir antigos dogmas e ritos de nossa ou de outras tradições religiosas.

O segundo horizonte é o da "reflexão filosófica", em que o retorno do religioso – apesar de não estar inteiramente desvinculado dos tais medos apocalípticos, uma vez que ele está também inserido no espírito do tempo – possui uma motivação um tanto diferente. Ele está vinculado com o sentido da crise que tomou conta da filosofia desde o fim do século XIX e coincide com a dissolução de seus grandes sistemas, que acompanharam o desenvolvimento da ciência, da técnica e da organização das sociedades industriais e de massa. Desde então, tem havido um esforço para compreender a profundidade dessa crise que exige também uma igual profundidade na reflexão – e entre esses esforços está o pensamento hermenêutico de Heidegger – que procura interpretar as raízes dessa crise relacionada ao modelo metafísico de pensamento de cunho teórico, conceitual, sistêmico, que orientou a construção e o desenvolvimento do Ocidente.

Um possível retorno da dimensão religiosa do nosso pensamento, nessa perspectiva de Heidegger, parece, portanto, fazer um caminho diferente daquele esperado pela consciência comum, pois, em vez de voltar ao fundamento metafísico da tradição, seu intento é superá-lo. Talvez aqui se encontrem as razões para a impressão negativa de Heidegger ante o problema Deus, uma vez que seu pensamento se encontra diante de um "duplo não": um "não" ante o conceito metafísico acerca de Deus e um "ainda não" relacionado a um novo pensar e dizer sobre Deus.

Por isso, a reflexão heideggeriana insiste na necessidade de aproximarmo-nos do religioso para descobrir a peculiar natureza desse fenômeno. E antes de "requentarmos" tudo o que já se falou ou se decidiu sobre religião e espiritualidade – e assim, dada a urgência, termos a sensação de tê-las resgatado –, é preciso perguntar, inicialmente, tanto pelos motivos de seu enfraquecimento e até desaparecimento da experiência dos povos ocidentais, especialmente nas épocas moderna e contemporânea, quanto por aquela fonte de onde emana toda experiência religiosa e espiritual, em que estão fincadas as raízes de toda religião: o fenômeno do sagrado originário.

O nosso propósito ao final deste capítulo não será apontar para algum tipo de avivamento religioso com base em uma nova teoria ou crença "heideggeriana" de Deus, mas seguir os passos da reflexão do pensador, que entende que uma possível renovação espiritual do nosso tempo dependerá de uma abertura proporcionada por uma nova compreensão da questão do ser. É o que aqui faremos por meio de indicações bem gerais, pois são questões muito complexas em Heidegger, que reuniremos em três partes:

- Pensamento ocidental e perda do senso religioso: inicialmente, procuraremos compreender que o enfraquecimento e até o desaparecimento da nossa experiência do divino são frutos de uma construção iniciada na Antiguidade clássica e que é a mesma que transformou o Ocidente em uma civilização extremamente poderosa e dominadora.
- Retorno da experiência do sagrado: em seguida, apontaremos para as transformações que o nosso modelo de pensamento deve sofrer para que sejam criadas as condições preparatórias para um possível resgate da espiritualidade em novas bases.
- Totalidade e sagrado e dois modos de ser-no-mundo: finalmente, uma vez diante de uma nova perspectiva da espiritualidade, procuraremos refletir em torno de possíveis modos de ser-no-mundo: o da existência mítica (que pertenceu ao nosso passado pré-metafísico) e da existência poética (que poderá nos pertencer em nosso futuro pós-metafísico).

Pensamento ocidental e perda do senso religioso

Vamos iniciar essa primeira parte com um depoimento de James Hillman e Michael Ventura. Hillman é um reconhecido psicoterapeuta junguiano e Ventura um jornalista e escritor. Ouçamos o que eles dizem neste depoimento:

> Já se vão cem anos de análise, as pessoas estão cada vez mais sensíveis e o mundo, cada vez pior... Ainda localizamos a psique dentro da pele... a alma permanece só dentro das pessoas e entre elas. Constantemente trabalhamos nossas relações, nossos sentimentos e reflexões e o resto fica de fora. O que sobra é um mundo deteriorado. Por que a terapia não percebe isso? Porque a psicoterapia trabalha somente "dentro" da alma. [Mas o que vemos à nossa volta é que] as casas estão doentes, as instituições estão doentes, o mar está doente, o sistema bancário

está doente, as escolas, as ruas... O mundo tornou-se tóxico e patológico. É como se, por termos negado o espírito das coisas, o espírito, ofendido, voltasse para se vingar.

Toda vez que temos que lidar com a agressividade em nossas rodovias, o tormento que são os nossos escritórios (...) o crime nas ruas, seja o que for, sempre que tentamos lidar com tudo isso procurando a terapia com a raiva e o medo que sentimos, estamos privando o mundo de alguma coisa. E a terapia, na sua loucura de enfatizar a alma interior e ignorá-la do lado de fora, sustenta a decadência do mundo real (...) Nosso conhecimento interior tornou-se mais sutil, ao passo que a habilidade para lidar com o mundo que nos rodeia deteriorou (...) (melhor dizendo), desintegrou. (Hillman e Ventura, 1995, p. 14-16)

Qual é a tese central desse depoimento? O que ele mostra é que há algo de errado em nossa prática psicoterapêutica. E o que está errado é essa tentativa de separação artificial entre a loucura do mundo (fora) e a serenidade da minha prática profissional (dentro). Essa fragmentação é apenas um dos sintomas de um mal-estar maior, de uma deterioração mais profunda e, em última instância, de uma "doença" do nosso mundo. Para tanto, precisamos perguntar: Qual é, então, a natureza mais profunda do nosso mundo atual? Como é, então, essa "doença" da nossa época?

O primado do pensamento teórico

Heidegger, um dos grandes filósofos contemporâneos, chamou nosso tempo de a época da consumação do pensamento metafísico. E consumação aqui quer dizer acabamento que tem dois sentidos: o de perfeição, ou seja, significa que nós pertencemos a uma época que chegou ao máximo de suas possibilidades de criação, de descobertas, de realizações; e o de terminalidade, isto é, o de pertencermos ao estágio final, terminal, de uma época. Somos, portanto, herdeiros tardios de um paradigma, de um modo-padrão de pensar que orientou toda a História da civilização ocidental.

Em outras palavras, vivemos em uma época de tamanho desenvolvimento e brilho que nossos antepassados jamais sonharam, mas, ao mesmo tempo, esgotada em suas possibilidades, como uma árvore frondosa e velha que se dirige para o seu fim. Infelizmente, não podemos aqui dar uma exposição mais completa da interpretação que o filósofo faz da História do pensamento ocidental. Por isso, faremos apenas menção aos três traços mais marcantes daquilo que constitui a essência desse modo de pensar, para podermos compreender por que Heidegger chama o nosso tempo de época do acabamento de todo um grande período civilizatório.

- *Domínio do ente*: um dos traços mais fundamentais do nosso paradigma ocidental é a sua crença em que o pensamento pode controlar, de algum modo, o ser das coisas. Se o pensamento não pode reter as coisas existentes, reais, os chamados entes sensíveis, tidos como transitórios e ilusórios por causa da sua impermanência, ele pode, contudo, retê-los na idéia, na noção, no conceito, na proposição. Por meio desse processo, esses entes sensíveis passam a ter o estatuto de supra-sensíveis, pois habitam algum lugar "lá no alto" do mundo inteligível, sempre presentes e resistentes à transitoriedade. Com isso, o pensamento ocidental inicia um entendimento substancialista do ser, pois substância é o permanente, ou seja, aquilo que é atemporal sempre igual a si mesmo no tempo, como uma sucessão ininterrupta de agoras.

- *O início formal do "humanismo"*: essas aspas na palavra "humanismo" querem dizer que esse termo tem de ser aqui entendido de modo essencial. Não significa que o homem, a partir dessa época, começou a se preocupar com as questões humanas e a se humanizar. Trata-se, antes, de um modo de pensar que coloca o homem no centro dos entes, e essa façanha é conseguida pelo lugar privilegiado com que o pensamento acredita se relacionar com o verdadeiro ser das coisas, na medida em que ele é retido, apreendido na idéia, no conceito. Essa faculdade faz que o homem se sinta cada vez mais "humano" na medida em que controla as coisas e o mundo à sua volta, e, conseqüentemente, mais seguro de si mesmo e de seu destino. Humanismo, assim entendido, é o mesmo que antropocentrismo ou antropomorfismo, isto é, o mundo, o real visto tão-somente a partir do homem.

O pensamento metafísico marca, portanto, o início desse processo. Isso porque é a partir do momento em que o homem começa a dominar o ser das coisas, por meio de uma linguagem conceitual e lógica em níveis crescentes, que começa também, paralelamente, a estender esse domínio sobre todos os demais entes à sua volta. Mas é a partir do início da modernidade que esse caráter de dominação, presente nesse pensamento, começa a ganhar uma força gigantesca. A partir de então, tudo o que é real tem de estar na condição de objeto claro e distinto, porque o sujeito procura sempre determiná-lo por meio de uma representação que persegue a certeza e o cálculo. E essa marcha do pensamento chega até nós cada vez mais poderosa e dominadora.

- *A época contemporânea e a consumação do pensamento metafísico*: desde o fim do século XIX, a metafísica encontra-se, portanto, diante de suas últimas possibilidades, marcadas pelo domínio absoluto do sujeito, como a expressão máxima do antropocentrismo moderno. É sob esse gigantesco domínio do homem que entramos para a atual época, séculos XX e XXI, a qual é caracterizada por Heidegger por meio de cinco fenômenos: técnica planetária, massificação do homem, transitividade e vazio, inconsciência da indigência, obscurecimento do mundo e perigo supremo – sobre os quais apresentaremos, a seguir, uma breve referência.

A técnica planetária é a maneira básica de a técnica moderna interpretar a natureza e se relacionar com ela, e esse processo foi estendido para todos os lugares do planeta. A natureza não é senão um gigantesco reservatório escondido de energias, recursos, forças, bens etc., mas sempre disponível, seja como extração e obtenção, seja como transformação e acumulação, distribuição, troca e consumo, dentro de um sistema rígido de gerenciamento, formando uma rede de interações complexas na qual tudo é previsto e calculado. Todas essas etapas, em que o real se coloca à disposição do homem como fundo de reserva, são modos de ele se revelar na forma de uma contínua provocação (*Herausforderung*). Essa provocação recíproca entre o homem e o real – em que o primeiro toma o segundo como fundo de reserva, e o segundo incita o primeiro a procurar as suas forças escondidas – é denominada por Heidegger "armação" (*Gestell*). Preso, por conseguinte, às engrenagens vorazes do império da razão instrumental, mediante as quais se realiza o saque à natureza por todo o planeta, o homem acha-se refém das planificações globais e das indústrias de processamento automático, nivelador e desenfreado.

Com a massificação do homem, não apenas as coisas da natureza, mas também os objetos de uso cotidiano do homem, nesta nossa época de técnica e de consumo, passam a ser moeda corrente na forma de simples mercadoria. E o homem? O que é feito do homem nesse horizonte regido por trocas e mercadorias? O homem torna-se massa, um ser alienado de si mesmo, obrigado a expressar as mesmas opiniões, ter os mesmos gostos, ler as mesmas coisas, ir aos mesmos lugares, inteiramente dócil aos apelos da propaganda e do consumo.

Transitividade e vazio são duas características que acompanham esse quadro sombrio em que predominam absolutas a técnica planetária e a massificação do homem, fazendo com que a atual morada do homem esteja sob grave ameaça. E isso acontece por dois motivos. Por um lado, faz com que o pensamento que calcula ganhe uma autonomia toda própria, acelerando a vida a escalas antes inimagináveis. Isso nos empurra para um mundo freneticamente transitivo, cujas estruturas de sustentação se esboroam em velocidades cada vez maiores. Por toda parte, tudo passa e nada permanece. Em um mundo assim, inconstante em torno de tudo e de todos, o homem não consegue mais criar raízes com as coisas, com lugares e com pessoas. A transitividade é o projeto fundamental da existência moderna, a fábrica inexorável da obsolescência. Por outro lado, apesar de esse mundo freneticamente transitivo poder provocar no homem moderno uma sensação de um viver intenso, por notar em toda parte progresso e prosperidade, não há como também não testemunhar um cansaço, um desgaste, uma exaustão, que nunca se recuperam. Mas a experiência mais aguda é a do vazio, a falta absoluta de sentido de toda essa pressa, de todo esse desgaste, de todo esse modo de habitar o mundo.

A inconsciência da indigência é introduzida na forma de uma pergunta: é o homem consciente desse constrangimento epocal contemporâneo, ditado pelo pleno domínio das ciências e da tecnologia, como expressão da acabada essência da metafísica? De forma alguma. Mesmo ele sendo interpretado como um dado em meio a um turbilhão de dados que alimentam as estatísticas como um mero fator de cálculo entre outros, ele não é consciente dessa situação constrangedora de sua condição. Isso não significa que ele não registre nenhum mal-estar relacionado com essa situação, mas interpreta-o como próprio da vida moderna, ou quando muito repete o jargão da moda que toma esse incômodo como resultado de uma crise de valores pela qual passamos e com a qual é preciso aprender a conviver, ou, ainda, como o preço que temos de pagar por essa perfeição do mundo técnico. Na verdade, o mal-estar é muito pequeno quando comparado ao modo como o homem interpreta esse seu estilo de vida, admitindo que a vida humana em nossa atual época nunca foi tão livre, tão cheia de oportunidades, tão "recheada" de conforto e bem-estar. Por que deveria ele relacionar o mundo da racionalidade tecnológica com a metafísica? Por que deveria ele entender que seu modo de viver – que é comandado por forças gigantescas e anônimas, tais como: a compulsória organização planificada e burocrática; a internacionalização uniformizada dos estilos de vida; a linguagem reduzida, tanto pela informatização quanto pelas mídias, em nível instrumental para veicular mensagens padronizadas; o esvaziamento espiritual e religioso tanto no nível das pessoas quanto das instituições – pertence à última etapa da metafísica, que coincide com a época do supremo esquecimento do ser? Uma tal relação é para ele fora de questão. No lugar, fica apenas a evidência, sem nenhuma problematização, de que a nossa época poderia ser denominada "o reino da razão e da eficiência tecnológica".

O perigo supremo é o resultado final de todo esse quadro de indigência de nossa época da racionalidade técnica, aliado à própria insensibilidade do homem para com a sua condição indigente, pois faz com que o mundo, na opinião de Heidegger, se obscureça, torne-se mais indigente e se aproxime ainda mais do abismo. (Abismo aqui significa ausência de fundo, *Ab-grund*.) O mundo perdeu o seu fundamento que dá o sentido às coisas e ao homem. Desse modo, "'a ausência de sentido' (*Sinnlosigkeit*) torna-se o único 'sentido' [... dando, assim, início à] era da absurdidade acabada, da perfeita ausência de sentido" (Heidegger, 1971, p. 19).

Desdivinização e secularização

É nessa consciência do profundo perigo e desenraizamento do homem que faz eco a conhecida frase de Heidegger (1977, p. 81), publicada após a sua morte: "Só um Deus pode ainda nos salvar!". Mas onde está Deus? O que aconteceu que nós, ocidentais, não mais somos tocados pela experiência de Deus? Nietzsche (1984, p. 145-146) nos responde, com profunda dor nascida na voz do personagem do louco: "Para onde foi Deus? (...) Deus morreu!". O "Deus morreu" do pensamento de Nietzsche e "a fuga dos deuses" da experiência poética de Hölderlin falam do abandono dos divinos da companhia dos mortais e que, desde então, um grande luto desceu sobre a terra. Heidegger não nega a possibilidade da fé em um Deus cristão, diz apenas que, em nossa época, nenhum Deus pode mais reunir, visível e claramente, os homens e as coisas em torno de si. A experiência de Deus não é mais uma experiência viva para um povo, capaz de reuni-lo em torno de Sua divindade. E esse esvaziamento do divino não é fruto do acaso, tampouco da negligência da fé dos fiéis, mas o fruto de uma construção, um dos "subprodutos" do desenvolvimento do paradigma metafísico.

"A vida cristã e evangélica – aquela que não é ainda teologizada – é mais próxima do mundo grego que a doutrina do cristianismo, doutrina da Igreja, sistematizada com a ajuda da filosofia grega, ela mesma não interpretada", diz Heidegger em 1960 a Jean Beaufret (Fédier, 1980, p. 42). Disso se depreende que nos três primeiros séculos da nossa era, que coincide com o cristianismo primitivo, a essência da fé era a pura confiança no "Pai nosso que estais nos céus", e isso era muito próximo da primitiva experiência grega: a confiança naquilo que se desvela do ocultamento. Mas essa atitude de confiança é algo muito diferente daquela calcada sobre o paradigma metafísico, que apenas confia em um modo de pensar que pensa e produz, por si mesmo, os seus próprios enunciados, mediante os quais ele pode determinar a verdade das coisas.

Ora, isso acontecerá com o advento da teologia a partir da Patrística (século IV d.C.). Essa pureza da fé, como confiança no Pai, começa a declinar na tentativa de transformá-la em conhecimento seguro. Com isso, a teologia cristã se apodera da filosofia, colocando-a a seu serviço, e o antigo "Deus Pai" torna-se, agora, *Summum ens*, o Ente supremo, a *Causa sui*, o Motor imóvel, do real. Sem ter sido esta a sua intenção, a teologia torna-se força coadjutora dos fenômenos do niilismo (perda dos valores supremos) e da secularização (perda da experiência de Deus), na medida em que faz parte do processo do esquecimento do ser engendrado pelo pensamento metafísico, como ruptura da experiência da totalidade (como opção exclusiva pelo traço luminoso do real, negando-lhe o da obscuridade).

Tais fenômenos, próprios do período medieval, ganharão, todavia, maior visibilidade a partir da época moderna, com a perda do domínio estatal da Igreja, com o declínio da Escolástica, mas, sobretudo – após dez séculos de teologia preocupada com o conhecimento de Deus –, com a gradativa perda de foco em relação à experiência de Deus. Com o aparecimento do sujeito, como o primado do eu pensante, a questão de Deus fica relegada ao simples fundamento lógico, como aquilo que sustenta os diversos constructos teóricos, presentes no pensamento moderno. Dessa forma, "estaria aberta a saída da religião pela religião para a conduta racional, para a ética leiga, para o conhecimento da natureza e da história e, conseqüentemente, também, para o desencantamento do mundo" (Nunes, 1998, p. 36).

Esse início da secularização – em que o religioso se mistura com o *saeculum*, com o espírito do tempo – coincide com o processo de humanização cristã, por meio do qual o mundo passa a ser interpretado e dirigido não mais pela mensagem da confiança no Pai, mas pelas características e potencialidades do homem, entendidas como expressões do sujeito moderno. Tal humanização cristã, em constante metamorfose, segue paralela aos sistemas filosóficos e às instituições da cultura, com o intuito de contínua adaptação das velhas doutrinas teológicas às diferentes formas e estilos de vida. Assim,

> No lugar da desaparecida autoridade de Deus e do magistério da Igreja aparece a autoridade da consciência, se impõe a autoridade da razão (...) A marcha do mundo em direção ao supra-sensível é substituída pelo progresso histórico. O fim ultraterreno de uma bem-aventurança eterna se transforma na felicidade terrena de todos. O cultivo da religião é suplantado pelo entusiasmo, pela criação de uma cultura ou pela propagação de uma civilização. O criador, outrora próprio do Deus bíblico, se converte no distintivo fazer humano. (Heidegger, 1979, p. 183)

Esses novos ideais de progresso, felicidade, cultura e fazer humano, como substitutivos da antiga relação com Deus, caem, no entanto, no vazio. Deus, agora, não passa de uma imagem fugidia daquela experiência, um simples conceito do conhecimento que não mais comporta nenhum significado, nenhum assombro ou encantamento, isso porque no "lugar dessa adesão fáctica, [surge] a indecisão pelo distanciamento reflexivo, o não-envolvimento pela objetividade teórica" (Nunes, 1998, p. 37). Longe estamos hoje do sentido atribuído ao divino tal como o foi para os tempos antigos e medievais, em que seu nome era sinônimo de sentido da vida. Para os homens daqueles tempos, seria inimaginável um mundo sem a sua presença, de tal forma que o aparecimento de alguma espécie de dúvida ou descrença na divindade era para eles o sinal inequívoco da possessão demoníaca. Hoje, enquanto expressa o espírito do nosso tempo, a questão do divino, acreditar ou não em Deus, pode servir, quando muito, para manter por algum tempo uma conversa animada, seja no âmbito da academia, seja no da taverna.

Por esse caráter racionalizante, a teologia se fecha à dimensão da obscuridade do real em que o mistério e o sagrado se manifestam. Estes não se mostram por meio de algum aspecto positivo, tal como acontece com os entes, porque eles não são entes. Sua manifestação é de tal modo que aquilo que é revelado é o próprio ocultamento, ou melhor, trata-se da experiência que o próprio processo de retração do mistério imprime em nós: uma potência estranha, estados de ânimo inexplicáveis por alguma doutrina moral ou teoria científica, medo ou assombro diante do inominável "totalmente outro" que nos excede e nos atemoriza, tamanha a sua capacidade de nos maravilhar ou de nos aniquilar por seu poder e majestade.

Todos esses traços da experiência do sagrado são irredutíveis a enunciados racionais, pois eles não cabem dentro do princípio lógico da não-contradição e toda tentativa de apreendê-los metafisicamente tende ao fracasso. Por conseguinte, sem essa proximidade com o mistério, o Deus da teologia "passa ao estado de imagem, de idéia sem eficácia, lembrança sem reverência" (*ibidem*). O que Heidegger chama, nesse nosso tempo de acabamento da metafísica, de secularização e "desdivinização" (*Entgötterung*) é a nossa perda da experiência originária do sagrado. Desse modo, a pobreza,

> a penúria material, econômica, que daí derivam é tão grande quanto a indigência moral e espiritual do homem. Está seguro do real imediato onde põe os pés e, no entanto, miserável, afunda no abandono – e tão abandonado se encontra que não se apercebe de sua indigência. Falta-lhe a dor, da qual foge, e que o retiraria da indiferença a que o esquecimento do ser o conduziu, expondo-o ao máximo perigo, isto é, à ameaça de que, esquecido o ser, esqueça-se de si mesmo (...). (Nunes, 1998, p. 37-38)

O retorno do divino, portanto, não depende exclusivamente do homem, mas também de acontecimentos gerados pelo advento do pensamento do ser. Todavia, ele só virá se o homem for sensível à escuta desses acontecimentos, abrir-se à dimensão obscura e misteriosa do ser, resgatando, assim, a sua experiência esquecida da totalidade do real. Essa atitude possibilitará que ele ponha os pés a caminho de volta para a casa, para o lugar de sua origem e de sua futura habitação.

Retorno da experiência do sagrado

O caminho para um possível renascimento espiritual do Ocidente deve, necessariamente, passar pela superação do velho paradigma da tradição. Só assim estaremos em condições de voltar para a nossa casa ontológica. E isso não significa o retorno do homem a uma espécie de familiaridade utópica – como um esforço para trazer de volta alguma segurança, felicidade e proteção, para esses nossos tempos sombrios –, mas uma volta a uma condição mais originária do seu ser. Estar em casa, então, significa ser sensível aos acontecimentos do ser, habitar na proximidade do ser. Antes de essa possibilidade tornar-se real, há, todavia, um longo caminho que visa à sua preparação. A seguir, apontaremos três passos preparatórios do regresso do homem à sua casa: superar o pensamento metafísico, recuperar a essência do homem e do mundo e resgatar o âmbito originário do sagrado.

Superar o pensamento metafísico

A caracterização que Heidegger faz da nossa época como a última etapa da História do pensamento metafísico pode ser interpretada por alguns como pessimismo ou até mesmo como alarmismo. No entanto, palavras como pessimismo ou alarmismo, diante do que podemos testemunhar em nossa época e por todo o planeta, são "categorias tão pueris que há muito se tornaram ridículas" (Heidegger, 1978, p. 65). Quais são as saídas possíveis? Concretas e imediatas, nenhuma. Não só a Filosofia não tem saída, como qualquer outra organização política, econômica, social, religiosa, militar, ou seja, "nenhuma organização puramente humana está em condições de tomar nas mãos o governo da nossa época" (Heidegger, 1966b, p. 175).

Essas palavras parecem nos chocar. Elas vão de encontro ao paradigma incrustado em nosso caldo cultural ocidental tão solidificado no nosso modo de pensar, esperar, julgar, decidir, e todos eles estão reunidos em torno da presunção do domínio da razão: ter nas mãos o próprio ser, controlar a própria realidade. Em última instância, essa presunção é questionada em sua onipotência, sobretudo em nossa época em que temos a impressão de que a tecnologia não só controla a realidade "real", mas até cria outra mais nova, mais interessante e mais sedutora que é a realidade "virtual". Portanto, querer mudar diretamente o atual estado sombrio de nossa época não passa de mais uma presunção da razão. Não podemos superar diretamente o nosso período histórico, porque ele é fruto de uma construção que se consolidou ao longo de muitos séculos.

Sabemos que é difícil pensar fora dos esquemas da representação e do cálculo metafísicos nesses nossos tempos dominados pela razão técnica e instrumental. Pensar o sentido das coisas, abrir os ouvidos ao inaudito e os olhos ao invisível parece flutuar fora da realidade. Todavia, se com esse último pensamento nada podemos fazer, resta-nos perguntar se ele não faz algo com a gente, se ele não nos faz entrar em contato com o vazio de nossa época, despertando em nós dor e angústia, até então anestesiadas pelo pensamento ufanista e onipotente do cálculo.

Uma das formas de enfraquecer a onipotência desse pensamento e, ao mesmo tempo, exercitar a nossa serenidade é a de estarmos atentos à essência da técnica (*Gestell*). E isso significa: não deixar que a engenhosidade da técnica nos fascine nem nos tiranize; recusar o otimismo ingênuo do progresso tecnológico; dissolver as ilusões do maquinismo de produção e consumo que não conhece limites. Por fim, após esse contínuo exercício, nossos ouvidos talvez se sensibilizem para o inaudito e os nossos olhos se abram para o invisível, e passemos a compreender pela primeira vez o sentido do fenômeno originário do mundo e da essência primordial do homem.

Recuperar a essência do homem e do mundo

Uma das descobertas mais fundamentais do pensamento existencial heideggeriano é a sua abordagem das clássicas questões do mundo e do homem em uma perspectiva inteiramente nova, isto é, como fenômenos originários. Mas, para compreendermos a dimensão dessa descoberta, é preciso que entendamos corretamente o que a palavra fenômeno significa. Essa palavra grega vem do verbo *phainesthai* que significa "mostrar-se". E a raiz desse verbo (*phaino/pha*) significa "trazer algo para a luz do dia, pôr no claro, trazer à claridade". Fenômeno, portanto, entendido de modo grego, significaria "o que se revela, o que se mostra em si mesmo" (Heidegger, 1988-1989, parte I, § 7, p. 58).

Assim, a perspectiva inteiramente nova estaria no fato de tomar o mundo e o homem não mais como meras noções teóricas tal como sempre fez a tradição metafísica, mas como fenômenos, ou seja, como dotados de um sentido próprio, capazes de revelarem, por si mesmos, o seu próprio ser. Mas como compreender esses dois acontecimentos tomando-os agora como fenômenos? A primeira forma de compreendê-los não é por meio de uma noção ou um conceito, mas enquanto estão imersos no cotidiano, tal como vemos a seguir.

- *Ser-homem*: ser homem é estar mergulhado neste mundo concreto, "de carne e osso", efetivo, do dia-a-dia. Ser homem é ser *humus*, enraizado, imerso, implantado, na concretude da terra. Heidegger chamou essa nova essência do homem de *Dasein*[1] que significa o lugar (*Da*) onde o ser (*sein*) do homem e o das coisas se encontram, se reúnem. Ser-homem, como *Dasein*, não é mais ser um ente substantivado (animal racional, sujeito, pessoa), mas a experiência desse encontro. Em cada um desses encontros, o homem refaz constantemente os seus esquemas prévios de sentido com a presença das coisas, ao mesmo tempo que projeta suas próprias possibilidades em direção ao futuro, aos próximos encontros.

- *Ser-mundo*: mundo não é mais aquele espaço geométrico fora de nós e onde coisas e objetos acham-se distribuídos, mas aquela matriz de significação. Essa matriz é o que nos permite ter acesso imediato ao sentido das coisas, e imediato quer dizer: nosso acesso direto, espontâneo, íntimo, instantâneo, ao sentido das coisas. O sistema de referências, portanto, é a condição de as coisas aparecerem, porque mediatiza, faz a ponte, para as coisas se darem, se revelarem. Mundo, agora, em sua acepção mais originária, ou seja, como fenômeno, é o que produz a "imediata mediação" entre as coisas e o homem.
- *A constituição ser-no-mundo*: não há mais homem sem mundo nem mundo sem homem. O que acabamos de afirmar apresenta mais uma ruptura com o pensamento metafísico, pois o homem e o mundo não são mais entidades tratadas separadamente, como realidades encapsuladas em si mesmas, mas acontecimentos interdependentes, de tal forma que para falar de homem é preciso aproximá-lo do mundo, e este só é compreensível se estiver ligado ao homem; ambos pertencem a uma totalidade significativa e experiencial.

Resgatar o âmbito originário do sagrado

Outro aspecto fundamental da experiência originária do mundo diz respeito ao fato de que, apesar de tratar-se do aberto em que as coisas se revelam, ele mesmo, todavia, permanece oculto e ausente. Essas palavras, entretanto, não devem ser tomadas em seu simples caráter negativo, mas apontam para aquela dimensão do real que se retrai, permanecendo invisível e inacessível. A dimensão escondida do real também pertence ao ser. A essa dimensão escondida podemos nos referir por meio de palavras como: o nada, o não-ser, o vazio, o inefável, o estranho, o oculto, o mistério.

---

[1] Essa palavra alemã, a exemplo de muitos intérpretes de Heidegger que a mantêm no original, será aqui sempre empregada para indicar a essência originária do homem.

- *Mistério*: mistério, portanto, em sua acepção geral, significa o oculto e secreto, aquilo que não se concebe, nem se explica, porque está além de nossa compreensão, sai inteiramente do âmbito do costumeiro, do público, do familiar, do conhecido. E que por isso imprime em nós: uma potência estranha, estados de ânimo inexplicáveis por alguma doutrina moral ou teoria científica, medo ou assombro diante do inominável "totalmente outro" que nos excede e nos atemoriza, tamanha a sua capacidade de nos maravilhar ou de nos aniquilar por seu poder e majestade. Todos esses traços da experiência do sagrado são irredutíveis a enunciados racionais, pois eles não cabem dentro do princípio lógico da não-contradição, e toda tentativa de apreendê-los metafisicamente tende ao fracasso. Todavia, só poderemos nos aproximar do fenômeno originário do sagrado à medida que nos abrirmos à experiência do mistério. Mas mistério só se desvela para o pensamento do ser, aquele que apreende a presença das coisas, que se situa na proximidade que aproxima tudo, aquilo que clareia e faz as coisas presentes aparecerem e ganharem visibilidade. O mistério se mostra apenas para o pensamento que apreende o fenômeno originário do mundo, como aquela rede de presenças que produz a "imediata mediação" entre o homem e as coisas presentes.
- *Perda da experiência do mistério*: por isso que, hoje, para nós, ocidentais e modernos, pertencentes à época do extremo desenvolvimento da metafísica, o homem não consegue experimentar mais nenhuma necessidade que vá para além dos entes, das coisas materiais, dos objetos e das mercadorias produzidos e consumidos. E isso não é simples fruto de sua incapacidade ou incompetência, mas do esquecimento de sua origem, do seu lugar onde seu ser mais propriamente pertence: o mundo, como a imediata mediação, por meio da qual as coisas podem ser iluminadas e ganhar sua presença. Os fenômenos modernos vistos anteriormente – como a técnica planetária, a conquista e tiranização do real, o saque à natureza, mas, sobretudo, a derrocada geral dos valores, a falência das instituições, o ocaso de Deus – não seriam senão manifestações tardias de um processo lento e gradativo de desenraizamento deste lugar de origem, fazendo do *Dasein* um exilado, um apátrida. A conseqüência parece clara: falar hoje em mistério parece sem sentido porque nos distanciamos da presença luminosa das coisas e perdemos a experiência originária do mundo.

Um possível retorno de um senso religioso em um novo paradigma deve, portanto, necessariamente fazer o caminho de volta para esse lugar de origem, por meio dos passos aqui apresentados: superação do modelo metafísico, recuperar a essência do homem e do mundo, e resgatando, assim, em nós uma experiência do real em sua totalidade misteriosa, como expressão de um novo ser-no-mundo do homem. É do que falaremos em nossa última parte.

Totalidade e sagrado e dois modos de ser-no-mundo

Todas as referências feitas nos tópicos anteriores são elementos, aspectos, ingredientes, do fenômeno originário do sagrado. Originário, aqui, deve ser interpretado como aquilo que é básico, primordial e que fornece as condições prévias para toda e qualquer interpretação posterior. Nesse sentido, o sagrado é um fenômeno anterior ao aparecimento de qualquer religião, que, por meio de suas doutrinas, dogmas e ritos, procura interpretar e veicular, posteriormente, tal fenômeno. Portanto, essa dimensão do sagrado só aparece para um pensamento que a apreende no caráter abismático e misterioso do real que vimos anteriormente, ao mesmo tempo que se empenha para, com esse caráter, fixar a sua morada. Fazendo isso, o pensamento aproxima, protege e guarda o sagrado.

Totalidade e sagrado

Para Heidegger, o traço central do sagrado é aquele caráter inicial do real, reunido em sua permanente totalidade intacta e salva. Essa totalidade reúne em si tudo o que é, e "o originalmente salvo dá, por sua onipresença, a cada real o lugar de sua habitação" (Heidegger, 1966a, p. 81). Todavia, "salvo" aqui deve ser entendido como uma experiência originária e, como vimos, anterior a qualquer interpretação religiosa. Nesse sentido, ser salvo significa estar de acordo com aquilo que foi estabelecido, desde os tempos iniciais, a cada um dos entes do real, isto é, o seu lugar e o seu destino. Essa proximidade entre o sagrado (*das Heilige*) e o salvo (*das Heil*) é possibilitada, de modo privilegiado, pela língua alemã por meio do verbo *heilen* no seu sentido antigo de deixar são e intacto, íntegro e inteiro, ou seja, curar, salvar, indenizar. Esta última, em especial, muito usada no sentido jurídico ou previdenciário, tem um significado originário que fundamenta os ritos religiosos, como um

> (...) processo de compensação e restituição, por vezes sacrificial, que reconstitui a pureza intacta, a integridade sã e salva, uma limpeza e uma propriedade não-lesadas. É exatamente o que diz, em suma, a palavra "indene": o puro, o não contaminado, o intocado, o santo, antes de qualquer profanação, ferida ofensa, lesão. (Derrida, 2000, n. 12, p. 36)

Ser salvo, portanto, nesse sentido mais primordial, é se experimentar pertencente e integrado ao todo inicial e intacto, se sentir curado e regenerado porque reencontrou sua habitação e o seu destino originários. Este é o horizonte mais amplo e recuado do mundo, aquela dimensão de imediata mediação em que nossa existência encontra-se mergulhada, dentro da qual nós nos sentimos, juntamente com os demais entes, reunidos e integrados no âmbito do sagrado, como totalidade que cura e salva. A seguir, faremos breves incursões em torno de dois modos de ser-no-mundo como forma de explicitação de dois modos possíveis de o homem experienciar essa totalidade sagrada.

Dois modos de ser-no-mundo

O primeiro desses dois modos é aquele que pertenceu ao nosso passado pré-metafísico (existência mítica) e o outro poderá ser aquele que pertencerá ao nosso futuro pós-metafísico (existência poética).

- *Ser-no-mundo e existência mítica*: é muito difícil para nós que pertencemos ao pensamento moderno entender essa constituição totalizante de ser-no-mundo. A título de compreendermos melhor todos esses traços constitutivos que compõem o existir humano, tomemos um modo de ser-no-mundo que pertenceu a uma época anterior à nossa. Essa nossa dificuldade de compreensão, na verdade, reside, pois, no fato de nós termos perdido a experiência originária de mundo, à medida que temos sido há muito conduzidos pelo pensamento representativo-conceitual e por isso não somos mais tocados pela intensidade da presença das coisas, tal como o era a existência dos povos primitivos, na qual a essência do homem (*Dasein*) em conexão constitutiva com o mundo falava "(...) mais diretamente a partir de uma imersão originária nos próprios fenômenos" (Heidegger, 1988-1989, parte I, § 11, p. 88). Para melhor compreendermos essa noção de conexão constitutiva, é preciso nos aproximar da noção de "mana".

Trata-se de uma descoberta da etnologia que nos sugere o modo de ser-no-mundo do homem primitivo. Mana significa o poder avassalador ao qual o homem achava-se entregue. Nesse horizonte da existência primitiva, a experiência de mundo como imediata mediação fica inteiramente caracterizada à medida que as coisas do cotidiano possuem uma extraordinária força, pois estão repletos do "poder-mana" e aí "presença significa precisamente o excesso de potência. E é nisso que reside o caráter do extraordinário, do incomparável, em relação ao cotidiano" (Heidegger, 1972, p. 88). O dia-a-dia desses homens, portanto, era igualmente intenso, fosse ele a expressão de uma alegria ingênua ou de um medo atroz, de um ódio feroz diante do inimigo ou o dobrar dos joelhos trêmulos diante da ira do divino. Tudo era vívido, brilhante, encantador, dado o grau de proximidade com que experimentavam a presença das coisas. E pelo fato de pertencerem a um modo de pensar pré-lógico, podia esse modo de ser-no-mundo extremamente rico mergulhar em uma compreensão mística da totalidade do real que lhes possibilitava reunir, algo para nós impossível, coisas aparentemente desconexas como o aparecimento de determinado pássaro e acontecimentos ligados à vida da tribo.

Para o mundo primitivo, o universo regido por mana "(...) é apenas o reflexo subjetivo da existência de uma totalidade não percebida (...) uma totalidade de significação em que o primitivo está inteiramente envolvido (...)" (Levi-Strauss *apud* Hart e Maraldo, 1976, p. 122). A noção de mana, portanto, tal como trazida pela etnologia, não seria outra coisa senão "a compreensão do ser, própria a cada existência em geral que, a cada vez, segundo o modo de ser fundamental, [é] relativo a cada existência (...)" (Heidegger, 1972, p. 97), e aqui, à existência mítica. Esse horizonte do homem primitivo nos ensina que a "experiência-mana" é outro modo de falar do encontro constitutivo *Dasein*-mundo: "um excesso de significação ligado a uma estrutura de coisas (...) afirmando uma unidade original entre esta superabundância (*Dasein*) e as coisas (mundo)" (Hart e Maraldo, 1976, p. 122).

- *Ser-no-mundo e existência poética*: esse modo de existir não pertenceu ao passado da humanidade, nem pertence ao seu presente. Ele é uma possibilidade futura que pertence à outra maneira de pensar, o pensamento pós-metafísico, que poderá fazer aparecer outro mundo. Somente esse modo de pensar – que deixou para trás todo o caráter teórico, objetivante e dominador, presente na filosofia e nas ciências – pode ter acesso ao pensamento do ser. E para Heidegger, esse pensar é o poético. Mas poético aqui não tem o sentido corrente de comunicação humana, nem de manifestação literária. Seu sentido é o de ser aquela linguagem que, por ser despretensiosa, não conceitual e pré-lógica, é a mais preparada para acolher o sentido do ser das coisas e dos acontecimentos de nossa existência.
- *O mítico e o poético*: desse modo, o dizer poético se aproximaria do dizer mítico – não no sentido de narrativa de histórias exemplares que falam da origem de um povo ou do aparecimento dos deuses, nem mesmo um esforço de criar outros novos –, mas no de recuperar a intensidade da presença das coisas, de sermos afetados pela sua proximidade. Tanto um quanto outro abrem o "ser-no-mundo", como o espaço de totalidade de onde brota aquele "excesso de significação" (mana) que faz "homens e coisas" se darem em um encontro intenso, feliz ou triste, embriagador ou demoníaco.

Por conseguinte, o dizer do poeta abre o mundo tal como mana, revelando a presença das coisas com aquele brilho que as torna ainda mais reais, acima dos clichês do cotidiano. Com sua palavra originária, o poeta destaca as coisas de seu contexto objetivo, cristalizado, como moeda fácil e corrente do cotidiano para reunir nelas, algo muito além delas mesmas, um sentido mais pleno de mundo. Tal como acontecia para os primitivos em que as coisas repletas do poder-mana como a pedra ou o rio, a árvore ou o pão, eram sagrados por serem mais do que eles mesmos, por eles refletirem uma oculta totalidade da existência, um excesso de significação afirmando uma unidade original entre o homem (*Dasein*) e as coisas (mundo). Vejamos, a seguir, dois aspectos essenciais desse caráter mítico-poético.

A quadrindade e a falta que os divinos fazem

Para falar dessa dimensão mítico-poética, Heidegger se refere ao ser-no-mundo do homem como uma totalidade composta de quatro regiões, uma espécie de quadrindade (*Geviert*), simbolizando, assim, os quatro cantos do mundo: os céus e os entes a eles vinculados (o curso do sol, as fases da lua, o brilho dos astros, as estações do ano, a luz e o ocaso do dia etc.); a terra e os entes que ela gera e alimenta (a água, a rocha, a planta, o animal etc.); os mortais, seus semelhantes (os entes que podem morrer, os capazes da morte como morte) e, finalmente, os divinos, os entes celestes (são os que nos fazem sinal, os mensageiros da divindade).

Nas suas diversas formas de relação e nas diversas épocas históricas, o homem, entretanto, sempre se relacionou, de modo mais visível, com as três primeiras regiões – céus, terra e mortais –, por serem elas mais patentes e presentes em sua existência cotidiana. Os divinos, todavia, não têm a mesma visibilidade dos outros entes, uma vez eles só se manifestam na perspectiva da estranheza, como aquele fundo insondável e misterioso da nossa existência e do real como um todo. Esse fundo, com vimos, está sempre em um movimento de retirada que se recusa a qualquer forma de apreensão, seja ela visual seja conceitual. Essa retração, por sua vez, pode ser considerada também outro modo possível de presença, pois no seu rastro deixa sempre algum acontecimento, alguma forma de experiência. Contudo, em nossa época nós não só perdemos o contato com o estranho e o misterioso, mas até o seu movimento de retração, dado o grau da nossa indigência. Daí surgir em nós uma certa surpresa, até mesmo certa perplexidade, ao falarmos do nosso possível "ser-com-os-deuses".

Essa proximidade com os divinos, todavia, nos pertence e é pela constituição fundamental do homem, como "ser-com", que eles podem nos faltar, mas essa falta – que inclui tanto aquela dos deuses gregos, do Deus dos judeus e do próprio Cristo, para referir-se apenas àqueles que pertencem à nossa tradição ocidental – não é uma simples negação, mas uma experiência viva e positiva. Ela é tanto uma plenitude escondida que pertence ao passado quanto o "ainda-não" de um possível retorno deles que pertence ao futuro. E mesmo não estando na sua posse, o homem pode invocar os divinos como providência ou como suprema sabedoria, dobrando os joelhos e dirigindo-lhes súplicas para que eles sustentem as suas esperanças nas horas difíceis ou dançando e cantando como forma de agradecer-lhes por suas horas felizes.

Fica, entretanto, ainda a questão: como nós, ocidentais, que pertencemos a este atual tempo histórico que se caracteriza pela extrema penúria da experiência do sagrado podemos "ser-com-o-deus" ou "com-os-deuses"? A nossa experiência com os divinos, hoje, só nos é acessível pelo viés da sua ausência. Esta, contudo, não deve ser entendida como um simples vazio, mas como espera. Esta pode ser traduzida por uma constante sintonia com a falta que os divinos nos fazem, e um tal sentimento pode nos ajudar fazendo com que, primeiro, reconheçamos o abismo em que nos encontramos em nosso tempo e, segundo, preparando a vinda do divino em nós, por meio de outro modo de pensar que seja capaz de cuidar do ser.

As coisas como reunião da quadrindade

As coisas que cercam o nosso cotidiano e com as quais nos sentimos ligados em nosso convívio com eles – um banco, uma árvore, uma roupa, um riacho, uma caneta etc. –, vistas na perspectiva do ser que sempre faz transcender as coisas para além de si mesmas, nos permitem tomá-las como aquilo que reúne a quadrindade, que integra os quatro cantos do mundo: céus-terra, divinos-mortais. Heidegger dá o exemplo do vinho que é um produto da videira que é gerada pelos nutrientes da terra, mas também é fruto do calor, da umidade, dos dias e das noites fornecidos pelos céus. Para a uva se transformar em vinho, há a necessidade das mãos, do conhecimento, dos instrumentos, das misturas, da espera, o que é proporcionado pelos mortais que podem saboreá-lo em suas festas ou oferecê-lo aos divinos em agradecimento pela boa colheita. Cuidar do ser das coisas (do velho saxão *Thing/Dinc* = assembléia, reunião) – naquilo que elas vão além de si mesmas, ou seja, como fios invisíveis que reúnem e tecem a teia da totalidade do real – não é cuidar delas apenas, mas de nós mesmos, cuidar de nossa própria habitação humana. Eis aqui uma grande e difícil tarefa de nossa vida diante do sagrado, cuidarmos do ser das coisas enquanto esperamos pelo retorno dos divinos que um dia hão de voltar.

Conclusão: da existência indigente à existência poética

Ainda não habitamos, todavia, uma existência poética, ela é só uma promessa do futuro. A indigência de nossa existência moderna atual, ao contrário, é um reflexo da "doença" do mundo (*Cháos*) – tal como apontavam Hillman e Ventura (1995) no início de nossa reflexão. Essa doença, na opinião de Heidegger, tem sua origem, em última instância, no esquecimento do ser (*Seinsvergessenheit*), em seu grau extremo. Tal esquecimento se apresenta por meio daqueles fenômenos, como manifestações da época do acabamento da metafísica, vistos anteriormente: razão técnica e instrumental como tiranização do real, niilismo como derrocada geral dos valores e das instituições, obsolescência e vazio da vida consumista, massificação do homem, perda da experiência da transcendência. Quais são as possíveis saídas? Como superar essas doenças "paradigmáticas" e acessar uma habitação poética do mundo?

Para Heidegger, saídas concretas e imediatas, nenhuma. Não só a Filosofia não tem saídas, como nenhuma outra organização política, econômica, social, religiosa, militar, ou seja, qualquer empenho ou empreendimento puramente humano. Não podemos superar diretamente o nosso período histórico, porque ele é fruto de uma construção que se consolidou ao longo de muitos séculos, por isso ele é uma destinação. Não se muda de paradigma como se muda de roupa. Para Heidegger (1977, p. 84), "(...) hoje a grandeza do que se deve pensar é grande demais. Talvez o que possamos fazer seja nos empenhar em construir pontões estreitos e curtos para uma passagem".

E como construir esses "pontões estreitos e curtos"? Inicialmente despertando o homem para o fato de que vivemos em uma época indigente e de penúria – e muitas de nossas dores e sofrimentos são o reflexo da alma do mundo anunciando sua doença e o seu desespero em nós. Manter o homem consciente dessas dores e sofrimentos como uma forma de manter em nós a possibilidade de pensar e poetar.

Quem nos ensinará isso? O pensador e o poeta nos despertarão dois tipos de atitudes. Uma negativa (antídoto à onipotência): não deixar que a sua engenhosidade do pensamento técnico e instrumental não nos fascine, nem nos tiranize; recusar o otimismo ingênuo do progresso tecnológico; dissolver as ilusões do maquinismo de produção e consumo que não conhece limites. Outra positiva (atitude poética): cultivar em nós a noção de medida (moderação, equilíbrio), assim como o valor do simples, do pequeno, tal como eles mesmos se mostram nas coisas do nosso cotidiano.

É preciso, contudo, ouvir nestas últimas palavras não um sinal de fraqueza, mas uma atitude indispensável para o acesso ao sentido das coisas, dos acontecimentos. Por essas palavras, damo-nos conta de que por trás da banalidade do nosso cotidiano encontramos uma dimensão enigmática e misteriosa de nossa existência. Se cultivarmos em nós este "pequeno e modesto" que tem verdadeiramente o poder de ser, então seremos tomados por outra descoberta: a de que a vocação originária do homem não é a de "subjugar as coisas, mas deixá-las se manifestarem enquanto tais – e não enquanto objetos, cujo valor reside em como podem servir a algum objetivo humano" (Unger, 1991, p. 48).

Todos esses pontões estreitos e curtos, porém, são exercícios preparatórios, pois eles criarão as condições para enfraquecer o paradigma metafísico, a fim de que tenhamos um novo olhar para o homem e o mundo, resgatando, assim, a experiência da totalidade misteriosa do real. Há, entretanto, um último pontão mais fundamental e difícil: "aprender a esperar o inesperado", e isso significa "(...) o esforço de renunciar a toda pretensão de já saber o futuro" (Leão, 1993, p. 68).

Isso nos remete a três perguntas de Heidegger (1969, p. 70-1) que aparecem nos últimos parágrafos de sua pequena obra autobiográfica intitulada *O caminho do campo*, quando ele narra:

> Galgando a última colina, sua estreita faixa (do caminho do campo) transpõe uma depressão e chega às muralhas da cidade. Uma vaga luminosidade desce das estrelas e se espraia sobre as coisas. Atrás do castelo alteia-se a torre da igreja de São Martinho. Vagarosamente, quase hesitantes, soam as badaladas das onze horas, desfazendo-se no ar noturno. (...) Após a última batida, o silêncio ainda mais se aprofunda. (...) É a alma que fala? Fala o mundo? Ou fala Deus?

O silêncio profundo que segue à última batida faz brotar essas três perguntas finais no coração do pensador. E elas apontam para três tipos de ausência: de alma, de mundo e de Deus. De nossa época indigente. Todos nos falam da falta que esses elementos nos fazem. Mas essa ausência não é um simples vazio. Ela é o sinal da presença deles oculta em nós e que o silêncio profundo, após a última badalada do relógio, nos ensina a esperar pela sua volta no tempo propício.

Talvez essa tarefa seja hoje muito difícil pela apresentação de mil caminhos e atalhos sedutores que levam a um retorno rápido ao antigo Deus religioso e metafísico, que procuram adorná-Lo com novas teorias e doutrinas, ante a urgência de respostas para preencher o seu lugar vacante. Por um tal caminho tem seguido a obra de Heidegger que, por sua fidelidade rigorosa à espera do inesperado, tem sido constantemente mal interpretada por seus contemporâneos como ateísta, até mesmo quando ele afirma: "Eu não nego Deus. Eu afirmo a Sua ausência. Minha filosofia é uma espera de Deus. Nisso [isto é, na espera de Deus] consiste o problema do nosso mundo. Não na melancolia [da sua ausência]".[2]

Que sejamos, juntamente com o filósofo, pacientes e serenos nessa difícil espera do Deus ausente.

Referências

DERRIDA, J. Fé e saber. In: DERRIDA, J.; VATTIMO, G. (Org.) *A religião*: o seminário de Capri. São Paulo: Estação Liberdade, 2000.

FÉDIER, F. HEIDEGGER. In: _____. *Heidegger et la question de Dieu*. Paris: Bernard Grasset, 1980.

HART, J.; MARALDO, J. *The piety of thinking*. London: Indiana University Press, 1976.

HEIDEGGER, M. *Approche de Hölderlin*. Paris: Gallimard, 1966a.

_____. "Sérénité". In: _____. *Questions III*. Paris: Gallimard, 1966b.

_____. *O caminho do campo*. São Paulo: Duas Cidades, 1969.

_____. "L'éternel retour du même et la volonté de puissance." In: _____. *Nietzsche*. Paris: Gallimard, 1971. v.II.

_____. "Recencion de Ernst Cassirer: Das mythiche denken." In: HEIDEGGER, M.; CASSIRER, E. *Débat sur le kantisme et la philosophie*. Paris: Beauchesne, 1972.

_____. Entrevista à Der Spiegel. *Tempo Brasileiro*, n. 50, 1977.

_____. "Introdução à metafísica." *Tempo Brasileiro*, 1978.

_____. *Sendas perdidas*. Buenos Aires: Editorial Losada, 1979.

_____. *Ser e tempo*. Petrópolis: Vozes, 1989.

HILLMAN, J.; VENTURA, M. *Cem anos de psicoterapia... e o mundo está cada vez pior*. São Paulo: Summus, 1995.

LEÃO, E. C. Desafio da ética hoje em dia. *Reflexão* (Instituto de Filosofia, PUC/Campinas), n. 55/56, 1993.

NIETZSCHE, F. *A gaia ciência*. Lisboa: Guimarães Editores, 1984.

NUNES, B. *O crivo de papel*. São Paulo: Ática, 1998.

UNGER, N. M. *O encantamento do humano*: ecologia e espiritualidade. São Paulo: Loyola, 1991.

VATTIMO, G. *O vestígio do vestígio*. In: DERRIDA, J.; VATTINO, G. (Org.) *A religião*: o seminário de Capri. São Paulo: Estação Liberdade, 2000.

---

[2] Afirmação atribuída a Heidegger por ocasião de uma entrevista (cf. HART; MARALDO, 1976, p. 194).

O manto sagrado de Maria

Valdemar Augusto Angerami

Para Maria Olívia

Ouvi dizer que o teu manto sagrado é proteção dos desvalidos...
Dos combalidos e humilhados pela vida...
E que tua proteção se estende a todos
que se sentem desamparados e desesperançados...
E que também tua proteção é luz diante
das trevas dos desatinos do caminho...
Então tentam me fazer crer
que a tua proteção basta
para nos proteger dos infortúnios...
O que ainda não nos ensinaram
é que, para sermos instrumentos da tua paz
e servirmos de proteção aos
desesperançados, mais do que
evocar teu manto protetor
é necessário compreendermos as razões
de implorar pela tua ajuda
nos momentos de desespero
e dor...
Trouxeste esperança e luz com o
teu martírio... mas igualmente é fato que
tua dor é única e que nunca poderemos
sequer dimensioná-la... e que também ao
tentarmos seguir-te como modelo
esbarramos inicialmente
em nossa própria humanidade...
Mas o que é então que procuramos em
tua guarida se nem compreendemos as
razões dos nossos próprios martírios?!
E que sentido damos à nossa própria vida
se negamos teus caminhos de doçura e
bondade para procurá-los apenas quando o

coração está sangrando em dor?!
E se nossa vida apresenta chagas abertas
em feridas como dimensioná-las para
buscar tua proteção e amparo?!
Uma oração que aprendi em criança dizia:
"Mãezinha do céu, eu não sei rezar, eu só
sei dizer quero te amar... azul é teu manto,
branco é teu véu, mãezinha, eu quero te
ver lá no céu...".
Continuo sem saber rezar
e sem entender o que significa o teu
manto de proteção... apenas sinto que o
meu caminho busca sentido em tua luz...
E que minha alma encontra guarida
em tua dor... dimensiono teu sofrimento
e tento atenuar minhas mazelas...

Mãe,
Acima de tudo, o que posso te pedir
é compreensão para poder superar
meus desalentos e a dúvida que
me lança sem piedade
na descrença que nos cerca o
espírito em alguns momentos...
E superar também a desesperança que
nos invade a alma diante de tantos
desatinos que são cometidos ora
pelos nossos governantes, ora
por aqueles que dependem
diretamente de nós,
e até mesmo pelos nossos
próprios atos e
destrambelhos emocionais...
Aprendi contemplando o
teu olhar que a vida pode nos
mostrar diferentes constitutivos
de paz e amor... basta apenas que
não nos deixemos esmorecer diante
dos obstáculos do caminho... e também
diante daquilo que consideramos dificuldades
e que nada mais são do que pequenas

provações que simplesmente nos são
lançadas para a nossa própria evolução...

Mãe,
Ensina-nos a compreender esses desígnios
de amor para que possamos transformar a
dor do caminho em flores brancas e vermelhas,
para te presentear no fim da jornada...
E que também possamos te ofertar
nossas dádivas de amor representadas
pelas lágrimas dos que sofrem
e que por nós foram
enxugadas em nossa
caminhada... e assim
poderemos evocá-la como
manto protetor para que nos
protejas não dos nossos sofrimentos,
mas para que sejamos escudos
protetores em nossa
luta diária na defesa daqueles
que estão combalidos e humilhados
pela vida... e que a nossa batalha
seja sempre a de levar paz e amor
aos desesperançados...
E que assim seja por todos os
séculos dos séculos...
Amém...

    Serra da Cantareira, em uma manhã azul do outono de 2007.

3

Religião na constituição da subjetividade: psicólogos e seus clientes

Marília Ancona-Lopez

Márcia é psicóloga clínica. Ela cresceu em uma família católica. Seu batizado foi uma festa. A foto de sua mãe, jovem e esbelta, segurando-a, bebê, com uma longa veste branca, rodeada por avós e tios sorridentes, assegurava o quanto era amada por sua família e por Deus. O retrato de sua primeira comunhão, com um crucifixo brilhante por detrás, mostrava que esse amor não se perdera com o tempo.

Márcia estudou em colégio de freira. Nas aulas de religião aprendeu que o Deus de seus pais aparecera a Moisés, muitos anos antes de Cristo, muitos anos antes que o catolicismo surgisse e muitos, muitos anos antes que seu bisavô nascesse. Ela sabia que sua linhagem vinha dos confins do tempo e iniciava-se com Adão e Eva. Mas Deus existia antes mesmo deles, pois não tinha começo e não teria fim. Deus sabia tudo, traçara o destino de seu povo, e, após o pecado original, garantira a vinda de Seu filho para salvar os homens. As almas das gerações que haviam morrido antes de sua chegada ao mundo haviam sido resgatadas por Cristo, quando desceu "à mansão dos mortos". Quando morresse, Márcia não ficaria nessa espera, mas, talvez, precisasse passar muitíssimo tempo no purgatório, pois, certamente, não era uma santa. Esperava que, após a purificação, pudesse entrar no céu, onde ficaria por toda a eternidade. Eternidade com alguns eventos. Por exemplo, quando o mundo acabasse, ela ressuscitaria e, então, não seria apenas a sua alma que estaria no céu, mas também o seu corpo luminoso.

Tudo isso que aprendia com seus pais e em suas aulas de religião encantava Márcia que entendia a sua vida como uma passagem pelo mundo, no qual ela tinha a felicidade de viver e esperava seguir o modelo de Cristo, protegida pelo seu Anjo da Guarda. Ele a protegia das tentações do demônio, dos seus repentes agressivos, da preguiça, pois, se cedesse a essas tentações, a eternidade no inferno seria cheia de dores, das quais não poderia se livrar.

Márcia cresceu com essas certezas e delas não duvidava. Era a verdade que imperava em sua casa e em sua escola. Viu muitas vezes seus pais, avós e professores ajoelharem-se diante do altar e repetiu com eles o mesmo gesto, assistindo aos mesmos rituais. Em algumas dessas ocasiões, Márcia sentia-se infinitamente pequena. Vivência que se repetiria mais tarde quando, tentando compreender Deus, reconhecia que sua mente, por mais inteligente que ela fosse, não podia abarcar o mistério divino. Um sentimento simultâneo de temor e confiança, impotência e entrega diante do que a ultrapassava sobrevinha, muitas vezes acompanhado de imenso prazer e apaziguamento. E, assim, Márcia vivenciou o sagrado de inúmeros maneiras, e ele passou a fazer parte de sua vida. Foram essas fortes experiências subjetivas que a impulsionaram a estudar Psicologia. Queria saber mais sobre o homem, seu destino, seu modo de existir e suas vivências.

Os primeiros anos do curso de Psicologia foram uma desilusão. Márcia sabia pouco sobre o curso, mas pensava que psicologia fosse a "ciência da alma" e que no curso aprenderia mais sobre o funcionamento do homem, partindo da mesma concepção e crenças adquiridas em sua infância. Espantou-se ao ver que existiam inúmeros outros conceitos de homem, sua origem, estrutura e desenvolvimento. Mesmo um pouco assustada, abriu-se a outras formas de compreender o ser humano e o mundo, e, no curso, cumpriu seriamente suas obrigações, assimilando os conteúdos das várias disciplinas que o compunham.

As diferentes teorias da personalidade de início pareciam-lhe frágeis, e as discussões sobre o que constitui ou não uma teoria, do ponto de vista heurístico, minavam ainda mais a sua confiança nelas. Nenhuma das teorias psicológicas que lhe eram apresentadas suplantava as explicações oriundas da visão do homem como um ser de origem divina cuja subjetividade tinha por finalidade caminhar na direção do crescimento espiritual. Durante sua vida, Márcia refletira sobre si mesma e sobre seus comportamentos a partir de alguns referenciais cristãos que orientavam seu esforço para se desenvolver e se tornar uma pessoa melhor: virtudes a serem cultivadas, defeitos a serem combatidos, erros a serem evitados, princípios que dirigiam o seu comportamento. Suas reflexões baseavam-se em conceitos religiosos: virtudes, pecados, mandamentos etc. E ela não via como relacionar esses termos e conteúdos às teorias que aprendia na faculdade.

Em seu curso de Psicologia, Márcia, no entanto, não podia falar sobre isso. As afirmações religiosas não faziam parte do ambiente acadêmico. Nele, a palavra de Deus ou o seu próprio conceito não tinham garantia científica, e as afirmações religiosas eram vistas como meras crenças sem fundamento. Logo, Márcia sentiu vergonha da medalhinha que trazia no peito e deixou de usá-la. Suas práticas religiosas continuaram por algum tempo, mas à parte de sua vida de estudante.

Na universidade, a vida se oferecia sem limites: o pensamento seguia livre, o amor também. As explicações valiam apenas se Márcia acreditasse nelas. Às emoções religiosas sucedeu-se o prazer pelos vôos intelectuais, o estímulo do processo investigativo, a busca pelo conhecimento das leis que regem o mundo e o comportamento humano, e a ousadia de romper com os parâmetros que até então definiam os seus horizontes. Márcia já não estava preocupada com o destino das almas. O desenvolvimento psíquico do homem, a influência do seu contexto social, suas interações, comportamentos: era o que queria conhecer. Com Nietzsche, aprendeu que "Deus morreu", e, embora repetisse essa frase com certo temor, apoiava-se nela para mudar seus hábitos e ultrapassar os limites fixados pela família.

Ao terminar seu curso de Psicologia, ela se inscreveu em um programa de especialização de base humanista e iniciou seu trabalho em consultório. Desenvolvia a atividade profissional cuidadosamente, buscando compreender o que se passava com base em sua teoria de apoio e procurando agir dentro dos princípios éticos de sua profissão. Márcia observava com atenção os atravessamentos de sua própria subjetividade no atendimento, as associações com experiências anteriores, a influência dos conhecimentos tácitos etc. Nessa observação, notava que as associações entre o que os clientes diziam e os temas religiosos eram recorrentes e surgiam espontaneamente. Percebia que, muitas vezes, tendia a compreender o que se passava com seus clientes com base em suas crenças, e estas lhe pareciam mais convincentes do que as explicações teóricas. Isso acontecia, principalmente, quando os clientes traziam temas religiosos para a sessão. Márcia notou, também, que ficava tensa quando o assunto da sessão dirigia-se para questões de religião. Nessas ocasiões, ela tratava do tema como faria com qualquer outro assunto, mas, internamente, ficava apreensiva. Ao saber da possibilidade de refletir academicamente sobre a relação entre Psicologia e Religião, e querendo estabelecer um diálogo rigoroso a partir da problemática gerada por suas experiências, Márcia procurou-me interessada em desenvolver uma dissertação de mestrado nessa área e solicitou que eu acompanhasse o seu trabalho.

A orientação na área da Psicologia e da Religião tem as suas especificidades. Em um trabalho específico a esse respeito, mostrei que os estudos de Psicologia e Religião, por se desenvolverem em um campo que estimula a aproximação dos alunos a suas questões existenciais básicas, facilitam o surgimento de aspectos relacionados às histórias pessoais e instigam o exame das posições primeiras, tacitamente aceitas pelo psicólogo, ao mesmo tempo que exigem o desenvolvimento de uma investigação científica. Esses estudos constituem um espaço que requer do orientador atenção simultânea tanto aos aspectos metodológicos e de conteúdo do tema estudado quanto aos aspectos pessoais do orientando. Ao lado das tarefas educacionais, usuais nos processos de orientação de pesquisas, é preciso ajudar o orientando a aproximar-se das tensões que acompanham sua motivação, a examinar pressupostos incongruentes, a reavaliar suas posições pessoais diante dos dois domínios, a discriminar conteúdos e a defrontar-se com indefinições e angústias para conseguir articulá-las. Essas ações dão ao trabalho de orientação nessa área características singulares, situando-o na interface da ação educacional e da ação clínica. É esse duplo caráter que possibilita, ao fim do trajeto, resultados nos dois campos, da produção científica e do crescimento pessoal. Na verdade, quando o trabalho termina, os orientandos permitem-se falar de um efeito terapêutico associado à sua produção, o que provoca mudanças positivas do ponto de vista do aumento do autoconhecimento e da maior segurança em sua inserção no mundo como pessoa e como profissional (Ancona-Lopez, 2000).

Conseqüentemente, no início do contato com Márcia, conversávamos sobre as motivações que a tinham levado a escolher o tema, e foi assim, nessas conversas, que ela me contou a história de sua formação religiosa e as transformações sofridas durante o curso de Psicologia.

O assunto principal de nossas interlocuções dizia respeito aos efeitos da sua formação religiosa na prática clínica. De fato, trabalhando em uma abordagem fenomenológica, considero importante que os alunos escolham como tema de suas investigações questões ligadas às suas vivências concretas na clínica psicológica. Com vistas a ajudar Márcia a problematizar a sua questão de forma a torná-la passível de uma investigação científica, discuti com ela a proposta de Donald Stern sobre as condições para o surgimento de um conhecimento novo.

De acordo com Stern (1990), um novo conhecimento pode ser provocado quando se examinam tensões e incômodos presentes no cotidiano. A análise desses incômodos permite esclarecer quais as expectativas em relação ao fenômeno que não foram atendidas e, em seguida, quais os pressupostos que sustentam tais expectativas. É a revisão dos pressupostos que propicia o surgimento do novo. Em outras palavras, Stern parte do princípio que a tensão ou o incômodo decorrem de uma expectativa não realizada; conseqüentemente, a análise da tensão faz conhecer quais as afirmações que, tomadas como certas, garantiam a expectativa. São essas afirmações ou pressupostos que precisam ser examinados e modificados, para que se crie um novo modo de compreender o fenômeno em pauta. Para Stern, no momento em que se muda o pressuposto, o fenômeno ganha outra configuração e passa a ser visto de uma forma nova. A expectativa já não é a mesma e a compreensão reformulada dá outro sentido à experiência, propiciando reconfigurações de significados que desmancham o mal-estar, ou o modificam. Segundo o autor, muitas vezes chamamos de *insight* o momento em que a nossa compreensão adquire nova configuração, e a expressão dessa compreensão já constitui um novo conhecimento ou, pelo menos, oferece-se como a base para o seu desenvolvimento.

Esse modo de compreender a formulação de novos conhecimentos sempre me pareceu particularmente interessante para trabalhar com os alunos interessados no tema Psicologia e Religião. Isso porque o incômodo em relação a esse tema é freqüentemente citado pelos psicólogos clínicos, tanto no Brasil quanto em outros países (Shafranske, 1996). E, no caso, era exatamente essa a tensão expressa por Márcia. Considerei assim que, se ela pudesse examinar suas dificuldades em relação ao tema e expressar quais as afirmações a serem revistas, estaria diante de um problema que, inicialmente expresso em termos usuais, poderia, posteriormente, ser colocado em linguagem psicológica, transformando-se na problemática que definiria o objetivo de sua investigação acadêmica.

Com base nessas considerações, solicitei a Márcia que examinasse melhor o que sentia ao atender os seus clientes quando eles traziam para a sessão temas relacionados a suas vivências religiosas. Márcia começou a lembrar-se de vários casos que atendera e a localizar o mal-estar que sentia no olhar de seus pacientes. Ela se referia a casos em geral e não apenas aos pacientes que falavam de assuntos de religião. Dizia da ansiedade que surgia quando eles a olhavam ao cumprimentá-la, ao entrar, e quando se despediam dela, olhos nos olhos, ao término da sessão. Falava das diferenças dos olhares: do olhar de uma mulher angustiada com a situação de seu casamento, de uma jovem muito desprotegida, de outra que estava apaixonada, de um jovem intelectual e de um senhor deprimido. Eu havia perguntado sobre as dificuldades em relação ao tema da religião, mas Márcia começou a falar de olhos tristes, alegres, com maior ou menor brilho, olhares fugidios ou intensos, envolventes, frios, assustados, acusadores, ternos e amorosos e, principalmente, de como esses olhares a atingiam e afetavam.

Ela contava que atendia tranqüilamente os seus clientes quando "esquecia" os seus olhares. Outros olhares, fora das sessões, não a incomodavam. Podia olhar seus familiares e seus amigos, olhar-me também. Mas, quando os seus olhos encontravam os dos pacientes ou quando ela se lembrava deles, era tomada pela ansiedade e sentia uma certa culpa. Ela se sentia culpada embora fosse muito cuidadosa nos atendimentos e os acompanhasse com supervisões regulares e estudos constantes. Não conseguia localizar as razões de sua culpa, mas, dizia, era "como se os estivesse enganando". Para Márcia, no início das sessões, os olhos de seus pacientes traziam perguntas, via olhares de interrogação, mas, no fim das sessões, eles a faziam pensar em engano, decepção. Mesmo que as sessões tivessem sido proveitosas para os pacientes, seus olhares diziam que não era isso o que tinham ido buscar. E, falava Márcia, a ansiedade que sentia voltava-se a experiências tidas em sua vida espiritual, que não sabia explicitar, mas estavam, dizia ela, ligadas à religião.

Considerei importante refletirmos juntas sobre essa sua vivência. Na perspectiva da abordagem fenomenológica em psicologia, entendemos que estamos sempre envolvidos no que percebemos, orientados para o que é percebido, pois, na nossa percepção, está implícita a nossa subjetividade. Isso significa que tudo o que é percebido por nós é percebido de uma dada maneira exatamente porque somos nós que percebemos. Percepção que ocorre por nosso corpo humano, cultura, linguagem, de uma determinada organização tempoespacial, de certa história. Da mesma maneira, o que se oferece à percepção determina o modo como é percebido. E, como diz Ales Bello (2004), essas percepções se dão por meio de tomadas de consciência espontâneas, não controláveis. Da mesma forma como não controlamos algumas operações do nosso corpo, também não controlamos nossa subjetividade. Nossa percepção não é um reflexo objetivo do real, ela é sempre intencional. Assim, os fenômenos psíquicos são percebidos como processos fluidos e em movimento, e, quando atribuímos significados, expressamos e organizamos compreensivamente as vivências, podemos, então, falar de nossas experiências.

Com Márcia, começamos a explorar as associações relacionadas aos olhares de seus clientes. De início, ela via neles um reflexo da vida pessoal de cada um, as situações e os sentimentos que tinham trazido para as sessões psicoterápicas. Os olhares dirigidos a ela expressavam uma espécie de resumo da vida de seus clientes, com os fatos relatados e as diferentes situações que tinham vivido. Eram olhares que confirmavam a interação estabelecida no consultório, a intimidade que se estabelecera entre terapeuta e cliente e que permitia que compartilhassem suas experiências. Olhares de quem conseguiu se expor e se ver através do outro. Márcia considerava que o olhar que devolvia nessas ocasiões a seus pacientes era de confirmação, de sustento e de esperança. Essa troca era como uma afirmação de que o trabalho que faziam juntos valia a pena. Márcia não conseguia compreender por que, apesar da positividade desses significados, eles vinham sempre acompanhados de certo desencanto, de algo que escapava, que levantava angústia e fazia que ela se sentisse culpada.

Sugeri a Márcia que pensasse nos sentidos que seu próprio olhar tinha quando se aproximava do olhar dos pacientes. Márcia dizia que o seu olhar queria ir além do enquadre terapêutico e foi se aproximando de novas possíveis significações quando começou a lembrar-se dos olhares em seqüência. Eles surgiam sucessivamente, um depois do outro. Márcia deixou que essa seqüência de olhares passasse e passasse, como um filme a que assistia deixando-se atingir por ele. Com essa imersão, novas significações começaram a despontar. Os olhares da senhora ou da jovem já não tinham apenas significados ligados aos problemas vividos no casamento, à dor pela falta de proteção dos pais ou às dificuldades de orientação na vida profissional. Márcia começou a ver neles a passagem pela vida, histórias de nascimentos e mortes que se referiam não mais a cada cliente em particular, mas a toda a humanidade. Eles evocavam o passar do tempo. Traziam em si tudo o que as pessoas já tinham visto e vivido. Representavam o que elas haviam sentido e o que ainda veriam. Os olhos de seus clientes traziam o mutável, o cambiante, o passageiro. O que eles viam hoje não se repetiria nunca. Eles haviam se aberto um dia, e em um dia futuro se fechariam para sempre, e, enquanto isso, eram veículos de imagens do mundo e transmissores de pensamentos, sentimentos, sentidos e significâncias.

No decorrer de nossos encontros, deixei de lado, ainda, a definição do problema a ser trabalhado na dissertação de Márcia. Considerei que precisávamos esclarecer melhor o que era vivido na sua clínica, nos seus atendimentos, para explicitar melhor o trabalho a ser realizado academicamente. Pedi a ela que selecionasse um caso específico de um cliente cujo olhar a incomodasse, para pensarmos sobre o que se passava.

Márcia falou de Luís, um jovem cujo olhar de fato a angustiava. Ele estava diante de algumas possibilidades de escolha em sua vida profissional e delas decorriam perspectivas de vida muito diferentes. Uma das escolhas propunha uma vida de viagens e movimento, relações e representações sociais, outra apontava para uma atuação mais solitária e sistemática, com produções mais definidas, e ele tinha ainda a possibilidade de iniciar um trabalho em uma área completamente nova, para o qual precisaria desenvolver novas competências. Aceitando esta última proposta, Luís correria maiores riscos por ter de enfrentar uma situação com menor garantia de sucesso. Luís tinha dificuldade em escolher e por essa razão a tinha procurado para psicoterapia. Ele era assíduo nas sessões, considerava suas possibilidades, analisava prós e contras e apresentava boa capacidade de elaboração de suas ansiedades. Márcia acompanhava as suas associações, observava suas emoções e seus sentimentos, clarificava os sentidos que surgiam, acolhia seu sofrimento, enfim, considerava que exercia as funções terapêuticas a contento. Luís falava da melhora que sentia na forma de encarar seu problema de escolha de trabalho. Conseguia lidar melhor com o conflito e dizia que a psicoterapia "tirava a venda de seus olhos". Dizia isso ao sair, olhando para Márcia, mas, apesar da observação positiva, ela considerava que no olhar de Luís havia uma ponta de desilusão, desilusão que ressoava nela mesma.

Márcia sentia que, de início, Luís queria uma garantia de como seria o seu futuro, contar com algo certo que lhe permitisse uma escolha segura. Com o correr do atendimento, suas reflexões mostravam que começava a considerar que o futuro não podia ser aprisionado em certezas. Apesar disso, Luís sentia-se pressionado por uma data, quando deveria definir a sua escolha profissional respondendo às empresas. Ao sentir-se olhada por Luís, Márcia pensava que o tempo do atendimento se escoava e a data-limite para que ela de fato pudesse ajudá-lo também se aproximava.

Perguntei à Márcia por que associava o olhar dos pacientes à religião e se isso acontecia no caso de Luís. Ela se lembrou da parábola das virgens que esperavam o esposo segurando lamparinas de óleo. As virgens previdentes, que tinham reservas de óleo para suas lamparinas, estavam lá com as luzes acesas quando o esposo chegou e entraram com ele na sala de núpcias. As jovens imprevidentes, porém, não tinham levado óleo consigo e tiveram de sair para comprar o azeite. Assim, não estavam lá quando o esposo chegou. Ao voltarem, encontraram a porta da sala de núpcias fechadas. Márcia lembrava-se da fala final da parábola: "Vigiai, pois, porque não sabeis nem o dia nem a hora" (Mateus 25: 1-13).

Luís defrontava-se com a insegurança das escolhas, com o desconhecimento do futuro, com a imprevisibilidade da vida humana, com o trajeto que seria desenhado a partir de suas definições e com a morte das possibilidades deixadas de lado e que não seriam nunca realizadas. Márcia considerava que, como terapeuta, cabia a ela vigiar, mas que "não sabia nem o dia nem a hora", e não sabia se tinha "óleo" suficiente para iluminar a escolha de Luís. Seu problema era o tempo.

Passamos a conversar sobre a forma de Márcia "viver o tempo" da sessão de atendimento. Ela controlava a duração da sessão com um relógio colocado em um aparador à sua vista. Via o tempo passar, os minutos e os segundos. Respeitava os cinqüenta minutos previstos para o atendimento e sentia algumas vezes que precisava "aproveitá-los". No entanto, o olhar de Luís, ao sair da sessão, dizia que o tempo não havia sido suficiente e a duração da sessão lhe parecia, então, "estreita", "pequena", "era pouco tempo", o que a deixava levemente deprimida. Já havia se surpreendido, algumas vezes, pensando que cuidaria de usar melhor o tempo do próximo encontro.

Trabalhando com as associações, Márcia começou a contrastar a sua forma de viver o tempo da sessão ao modo como experimentava o tempo quando vivia o que chamava de suas vivências espirituais, principalmente na infância, e ocasionalmente ainda agora. Nelas, o tempo se "alargava, ele se tornava muito maior, mais amplo, quase sem início nem fim, não linear, como se fosse parado, sem tempo".

Ao viver o tempo da sessão terapêutica, Márcia sentia-se presente, atuante, desempenhando um papel definido, o que lhe dava controle e segurança. Esses sentimentos se esvaíam quando olhava para Luís e ela sentia que havia perdido a possibilidade de estar com ele diante da disponibilidade maior de um tempo de abertura e espera. Modo de viver o tempo que ela conhecia, que havia experimentado, vivido desde criança. Márcia recuperava lembranças desse modo de viver o tempo. Falava de orações meditativas nas quais o tempo "parava". Relatava a sensação de continuidade ao longo dos séculos que se apresentava a ela nas histórias bíblicas, na memória dessas histórias propiciada pela repetição dos rituais. Dizia do sentimento de abertura e ampliação do tempo que vivia ao ouvir as músicas sacras, ou quando, quieta, olhava para uma imagem ou para alguns objetos da arte sacra. Lembrava-se do tempo vivido em algumas procissões, do ritmo de alguns terços e ladainhas, que pareciam repetir-se infinitamente, mesmo quando a reza acabava.

Essas associações me permitiram definir um tema de estudo para Márcia e pude indicar-lhe leituras sobre o tempo, principalmente Merleau-Ponty (1971), Ricoeur (1994), Ales Bello (2004) e Forghieri (1993). Esses autores se tornaram interlocutores de Márcia na abordagem fenomenológica. Ela expressou que vivia uma cisão no tempo: o tempo da sessão, com seu início e fim limitados, que representava também o tempo dos assuntos trabalhados no atendimento, o tempo do cotidiano, do dia-a-dia de seus clientes com suas dores e seus prazeres, o tempo limitado do relacionamento que estabelecia com eles, o tempo dos entraves, das dificuldades, da revisão dos seus projetos. E a sua vivência religiosa fazia-se sempre presente, superando esse tempo e disponibilizando outro modo de viver o tempo, o tempo da eternidade, em que todo o cotidiano se desfazia. Tempo que, para Márcia, era pressentido no olhar de seus clientes. Era essa a amplitude que faltava às suas sessões. Márcia sentia-se aprisionada a minutos e parecia aprisionar os seus clientes nessa medida. Por conhecer e ter vivido intensamente, em suas experiências religiosas, outro tempo, sentia-se culpada. Presa em suas teorias, em suas técnicas, sentia-se mal por não saber como oferecer a eles a possibilidade de viver um tempo maior.

Para Ricoeur (1994), a experiência religiosa coloca-se no horizonte de uma eternidade, e a meditação sobre ela propõe três incidências principais referentes às reflexões sobre o tempo.

A primeira é "colocar toda a especulação sobre o tempo no horizonte de uma idéia-limite que força a pensar simultaneamente o tempo e o diverso do tempo" (*idem*). A segunda é intensificar a própria experiência do tempo no plano existencial, e a terceira é chamar essa experiência "a se superar, em direção à eternidade, e, pois, a se hierarquizar interiormente, contra o fascínio pela representação de um tempo retilíneo".

Para explicar essas incidências, Ricoeur recorre a Agostinho que, ao contrastar a eternidade e o tempo, faz um percurso de "negatividades". Agostinho coloca a criação do tempo com a do Universo, apoiando-se na idéia de que este foi criado a partir do nada. Diz que Deus não criou o mundo como um artesão cria os seus produtos com base em alguma coisa, pois o mundo "não era", portanto não havia nada a partir do qual Deus pudesse criá-lo. E a própria criação do mundo, *ex-nihilo*, cria também o tempo. Ao criar o Universo, para Agostinho, o Verbo divino atribui às coisas criadas "começar a ser e deixar de ser" e assim surge o tempo, em contraste com a eternidade. O tempo marca, assim, "a diferença ontológica radical que separa a criatura do criador".

Ricoeur lembra Minkovski, que mostra a ressonância dessa reflexão sobre a experiência viva da temporalidade: "a falta de eternidade não é somente um limite pensado, mas uma carência sentida no centro da experiência temporal. A idéia-limite torna-se então a tristeza do negativo". A diferença entre a eternidade e o tempo não diz mais respeito apenas à inteligência que faz uma comparação especulativa, ela é vivida existencialmente, e a "sua ressonância abala o sentir na sua extensão e sua profundidade" (*idem*, p. 49).

Esse é o abalo provocado em Márcia pelos olhares de seus pacientes. Eles significam para ela o atravessamento de uma eternidade que questiona os sentidos atribuídos ao tempo vivido. Daí a sua sensação de "engano". Engano diante do encadeamento de significados que cria histórias individuais que se dissolvem no desenrolar do próprio processo de interpretação. O tempo da sessão surge como um tempo de agonia, em que as histórias estão sujeitas ao desaparecimento, os encadeamentos causais ali estabelecidos tendem à dispersão, os sentidos vão sendo alterados. O olhar do cliente é o olhar que aponta a vulnerabilidade, a errança, a obscuridade do trabalho ali realizado. Esse sentido surge como oposto ao tempo por ela vivido nas vivências religiosas, um tempo de recolhimento, acolhimento, plenitude, luz e, paradoxalmente, um tempo que desfaz o próprio tempo.

Ricoeur (1994) mostra ainda que Agostinho apresenta a dialética interna ao próprio tempo em termos da falha entre a expectativa voltada para o futuro e a memória voltada para o passado, e o presente "que faz passar o futuro ao passado". E apresenta como exemplar a seguinte citação de Agostinho:

> Eu me preparo para cantar um canto que conheço. Antes de começar, minha expectativa estende-se (*tenditur*) ao conjunto desse canto, mas, quando comecei, à medida que os elementos antecipados de minha expectativa tornam-se passado, minha memória estende-se (*tenditur*) por sua vez em direção a eles; e as forças vivas de minha atividade (*actionis*) são

distendidas (*distenditur*) em direção à memória por causa do que eu disse, e em direção à expectativa por causa do que vou dizer. Contudo, minha atenção (*attentio*) está aí, presente; e é por ela que transita (*traicitur*) o que era futuro, para tornar-se passado. Quanto mais essa ação avança (*agitur et afitur*), mais se abrevia a espera e alonga-se a memória, até que seja inteiramente esgotada a espera, quando a ação inteira acabou e passou para a memória.

O tempo que transcorre, não o futuro que não é, nem o passado que já foi, nem mesmo o presente que não tem extensão, mas é na própria passagem, no trânsito, que se dão "os tempos que passam".

Para Ricoeur (1994), essa afirmação não é apenas teórica, mas exprime modos diversos de o homem viver o tempo. Na errança que compõe a multiplicidade do presente e o seu dilaceramento, transitam em nós o futuro e o passado, e a intenção nos coloca ante a esperança das coisas últimas. Assim, ao mesmo tempo que nos lembramos de um passado e nos voltamos para um futuro em um presente passageiro e transitório, intencionalmente prosseguimos e avançamos para a eternidade. Para Agostinho, vivemos, assim, a dialética da queixa e do louvor, ou, como diz Ricoeur, vivemos "a tristeza do finito e a celebração do absoluto".

Márcia reconhecia viver "a tristeza do finito" e dizia ser essa exatamente a sensação que a tomava quando seus clientes a olhavam. Ela se sentia presa ao finito em sua atuação e, por essa razão, sabia que esta, para ela, sempre seria insuficiente. Buscava estruturar seu trabalho clínico dentro de sua "medida", e, por conceber sua atividade como medida e não como abertura, o próprio trabalho ficava diminuído, perdendo assim a sua possível amplitude. O excesso de empenho em seu cotidiano e a extrema aderência à justeza da atuação levavam-na ao esquecimento de algo maior, e o olhar dos clientes acusava-a exatamente de ter "esquecido". Ela intuía a necessidade de transcender a sua prática e referir-se a experiências de outra vivência de tempo. Agora, essa percepção estava mais clara para ela, já podia ser expressa, mas Márcia não via como poderia alargar o modo de viver o tempo no seu campo terapêutico, não sabia como fazê-lo. Não encontrando o "como", mantinha ainda o seu trabalho em um enquadre que ela mesma considerava empobrecido. Como diz Mendonça (2004) "o tempo é o como", sem o "como" o tempo das sessões de Márcia encontrava-se prejudicado.

Em outras palavras, a possibilidade de traduzir parte de suas experiências em termos psicológicos, pela reflexão sobre o tempo proporcionada por suas associações, reflexões, elaborações e diálogo com autores como Ricoeur, valendo-se de Agostinho, já permitia a Márcia avançar na análise de suas vivências. Se, inicialmente, o problema surgia como uma sensação de mal-estar, ele agora podia ser compreendido como o reconhecimento de formas paradoxais de viver o tempo, e a sensação de restrição, insuficiência e culpa atinha-se ao fato de que apenas uma dessas formas mostrava-se possível no espaço terapêutico.

O avanço nessa questão deu-se pelo exame da compreensão dialética da queixa e do louvor apresentada por Agostinho.

Por meio da experiência da queixa e do louvor, Agostinho repropõe a compreensão do contraste eternidade e tempo, situando-a em suas aproximações mais do que em suas diferenças. Para ele, essa dialética suscita "no próprio centro da experiência temporal, uma hierarquia de níveis de temporalização, segundo essa experiência afasta-se ou se aproxima de seu pólo de eternidade" (Ricoeur, 1994).

A tristeza do infinito, para Agostinho, manifesta-se na queixa, no gemido, e o louvor no reconhecimento do eterno e do absoluto. Ambos, no entanto, manifestam uma possibilidade de comunicação entre o tempo do homem e a eternidade pela comunicação com o Verbo. Entre o Verbo eterno e a voz humana, "não há somente diferença e distância, mas instrução e comunicação" (*idem*). Nela, a primeira relação com a eternidade não se dá na fala, mas no lamento e na escuta. É a instrução, pela escuta, do reconhecimento e do retorno, que "eleva o tempo em direção à eternidade" (*idem*), embora ele continue a ser pensado como transitório e plenamente vivido como transição.

É na comunicação entre Verbo e voz que, para Agostinho, se aproximam os modos de viver a temporalidade: por um lado, o contar o tempo, compreendê-lo como uma seqüência de momentos disponíveis, e nisso buscar segurança, e, por outro, viver o tempo como espera, tempo da fé que nada tem a ver com uma seqüência de agoras datáveis, mas que é tendido e desestabiliza o próprio tempo e a temporalidade da existência (Mendonça, 2004).

Márcia compreendia o "tempo de fé", expresso por Agostinho em seus escritos. O fato de que a sua própria experiência de tempo "ampliada" estivesse ligada às suas vivências religiosas ajudava-a a compreender a sua dificuldade em lidar com o mal-estar transmitido pelo olhar de seus pacientes. Tempo "ampliado" significava para Márcia aproximar-se da vivência da eternidade como apresentada pela religião católica. Ou seja, a experiência do tempo não se limitava ao tempo "contado", mas a aproximação a outro tempo, tendo como limite a eternidade, dava-se pela via religiosa, pela meditação, pelas orações, pelo louvor. Mas a introdução do "tempo da religião", como Márcia o via, na clínica psicológica, em sua função de psicoterapeuta implicava, para ela, uma transgressão teórica, técnica e ética. Significava guiar-se por sua religião e não pelos referenciais da sua profissão, e, portanto, deslocava-a de seu papel.

Expressa dessa forma a questão trazida por Márcia ganhou sentido para ela e para mim. Tínhamos compreendido melhor a sua escolha da área da Psicologia e Religião para o desenvolvimento de sua dissertação de mestrado e, então, continuamos nosso trabalho.

O pressuposto de Márcia a ser examinado podia ser assim expresso: a vivência ampliada de tempo dá-se por meio das vivências religiosas. Era a sua experiência, e foi no exame dessa afirmação que Márcia encontrou a possibilidade de reformulá-la.

Começou inicialmente a lembrar-se de suas experiências religiosas: a magia dos ritos, o cheiro do incenso, a beleza dos altares. O encantamento, a poesia, apareciam em suas falas. Elas ganhavam conotações de alegria e sua respiração tornava-se mais profunda, sua voz mais suave, seus gestos mais leves, eu não podia deixar de pensar em enamoramento. Foi essa associação que fez Márcia lembrar-se de como Luís falava de sua companheira, e, ao discutir as propostas de trabalho, dizia das paisagens que encontrava em suas viagens a negócio e de como muitas vezes se sentia "entre o céu e a terra", "o grande e o pequeno" quando estava em um avião. Contava também das experiências de total deslocamento quando se via imerso em outras culturas que não conseguia apreender e da estranheza que o acometia diante de algumas obras de arte ao visitar os museus em países estrangeiros, em seus momentos de lazer.

Márcia pôde compreender o quanto as vivências de Luís se aproximavam das suas e o colocavam diante de idéias-limite, sem, porém, adquirir uma conotação religiosa como acontecia com ela. Esse reconhecimento abriu-lhe novas perspectivas de atuação profissional. No caso de Luís, puderam explorar juntos as experiências de ele estar diante de obras de arte que traziam o infinito, embora fossem criadas na finitude de uma vida provisória, e puderam falar dos sentimentos de eterno que cortavam a seqüência das horas.

Para Márcia, as experiências de tempo descolaram-se de seu conteúdo unicamente religioso e tornaram-se passíveis de ser trabalhadas na clínica psicológica.

No andamento de seu trabalho acadêmico, os assuntos pessoais foram adquirindo um segundo plano, mas, muitas vezes, Márcia contava como o tempo da sessão no atendimento a seus clientes tinha se tornado mais largo, propiciando novas compreensões. Márcia vivia alterações no seu modo de temporalizar e percebia como a excessiva adesão às técnicas e uma compreensão estreita das teorias haviam, até então, prejudicado a amplitude de sua atuação.

Simultaneamente percebia que o mesmo tempo de suas experiências religiosas tinha sido e era vivido na temporalidade. Como apontado por Ricoeur: "a atração da experiência temporal pela eternidade do Verbo não é tão grande a ponto de abolir a narração ainda temporal numa contemplação subtraída das coerções do tempo". Só podemos falar e refletir sobre a eternidade se imersos no tempo. Ou, ainda, lembrando Merleau-Ponty (1971, p. 418)): "se devemos encontrar uma espécie de eternidade, será no cerne de nossa experiência do tempo".

Mais adiante, entre as diversas formas de temporalizar, Márcia pôde distinguir, ainda, as que vivia como experiências místicas, entendidas como expressas por Ales Bello (2004), experiências descentradas em relação ao eu, "acompanhadas pelas sensações interiores de felicidade ou de pungente nostalgia", nas quais "o intelecto e a vontade, 'ficam olhando', não são ativos, são exatamente, tomados". Experiências desse tipo, porém, dizia Márcia, não haviam sido citadas pelos seus clientes em sua clínica.

O trajeto de Márcia em nada modificou as suas crenças pessoais ou o seu modo de viver o tempo da fé. A experiência do tempo vivido em sua infância, constituinte de sua subjetividade, foi propiciada pela formação religiosa; porém, quando traduzida e elaborada em termos psicológicos, modificou e ampliou o seu modo de trabalho, ajudando-a a reconhecer e nomear de novas formas as experiências de transcendência do tempo cotidiano.

Para Aletti,

> a psicologia da religião é, essencialmente, o estudo, com método e instrumentos psicológicos, daquilo que há de psíquico na religião. Interessada na vivência religiosa, mais do que na religião como tal, ela estuda a conduta religiosa, individualizando, por exemplo, os fatores que condicionam o seu surgimento e estruturação, os aspectos perceptivos, intelectivos, emotivos, afetivos, sociais que a caracterizam, os conflitos que atravessam o seu desenvolvimento, o dinamismo e os processos, conscientes e inconscientes, por meio dos quais o homem atinge um posicionamento pessoal (não apenas no sentido de adesão à fé, mas também, eventualmente, de negação e recusa) no confronto com o sistema simbólico religioso que encontra na sua cultura.

Para mim, como orientadora de dissertações e teses na área da Psicologia e da Religião, em Psicologia Clínica, em uma abordagem fenomenológica, meu trabalho inicial é este: ajudar os orientandos a explorarem as experiências religiosas e profissionais que deram origem aos seus questionamentos pessoais, para que possam expressá-los em linguagem psicológica e transformá-los em objeto de pesquisa.

Referências

ALES BELLO, A. *Fenomenologia e ciências humanas*. São Paulo: Edusc, 2004.

ALETTI, M. Per una "buona" Psicologia della Religione. *Psicologia della Religione*, v. 6, n.1, jan./abr. 2001.

ANCONA-LOPEZ, M. Supervising Researches in Psychology of Religion Conducted by Clinical Psychologists: an educational and clinical action. In: 8TH SYMPOSIUM FOR PSYCHOLOGISTS OF RELIGION, Sigtuna, July 28-31 2000. Sigtuna: Uppsala University, 2000.

BÍBLIA. Evangelho segundo São Mateus. São Paulo: Loyola, 1993.

FORGHIERI, Y. C. *Psicologia fenomenológica*: fundamentos, método e pesquisa. São Paulo: Pioneira, 1993.

MENDONÇA, A. G. A experiência religiosa e a institucionalização da religião. *Estudos Avançados*, v. 18, n. 52, set./dez. 2004.

MERLEAU-PONTY, M. *Fenomenologia da percepção*. São Paulo: Livraria Freitas Bastos, 1971.

RICOEUR, P. *Tempo e narrativa*. Campinas: Papirus, 1994. t.I.

SHAFRANSKE, E. P. *Religion and the clinical practice of psychology*. USA: APA, 1996.

STERN, D. B. Courting surprise: unbidden perceptions in clinical practice. *Journal of Contemporary Psychoanalysis*, v. 26, n. 3, 1990.

TEOLOGIA NEGATIVA, MÍSTICA, HILÉTICA FENOMENOLÓGICA: a propósito de Edith Stein. In: *Memorandum*, 3, p. 98-111. Disponível em: <http://www.fafich.ufmg.br/~memorandum/artigos03/alesbello01.htm>. Acesso em: 1º nov. 2002.

4

Religião: a ontologia pessoal

André Roberto Ribeiro Torres

Ao Camon e ao Michelazzo, dois mestres que não me deixam parar de pensar...

Introdução

Assim como a Filosofia vem buscando por séculos (talvez milênios) uma explicação do mundo, no âmbito pessoal ocorre exatamente o mesmo. Obviamente, sem o rigor técnico dos profissionais dos livros: a própria pele das pessoas é colocada à prova. Elas vivem e estruturam toda sua vida em conseqüência da crença que julgam mais pertinente, mesmo que se deparem com regras excessivamente rígidas e até mesmo contraditórias dentro dos ditames religiosos.

A Filosofia acadêmica apenas profissionaliza a questão tão pessoal, que é a de olhar para todo esse gigantismo mundano e se perguntar: "Mas o que será isso?!? O que faço agora? Para onde vou? Com quem?".

Como um fenômeno histórico e mundial, a religião torna-se o principal guia a ser assumido pelo pequeno ser humano a andarilhar pela vastidão assustadora. É preciso acreditar que haja uma trilha para poder segui-la. A meu ver, essa trilha é uma crença que possa fortalecer o Homem. No nosso mundo atual, essa trilha, geralmente, caracteriza-se pela própria religião, e os sacerdotes são os guias.

Buscamos, com o presente texto, compreender a necessidade de uma crença religiosa no nível pessoal, quando há o encontro ao mesmo tempo maravilhoso e assustador com o mundo.

Vastidão do mundo

> "Mundo mundo vasto mundo,
> se eu me chamasse Raimundo
> seria uma rima, não seria uma solução.
> Mundo mundo vasto mundo,
> Mais vasto é meu coração."
> (Andrade, 1930)

Diz-se, amiúde, que "Quem não tem religião está perdido no mundo!". De uso corrente pelas pessoas religiosas, mesmo sem muita explicação, essa frase expõe uma situação muito presente na vida de todos e costuma fazer um sentido imediato aos ouvidos que a recebem. Mesmo aqueles que não se declaram religiosos, quando abertos ao diálogo, parecem refletir sobre ela.

Pensemos a respeito dessa afirmação popular: se devemos acreditar que "Quem não tem religião está perdido no mundo", existe o pressuposto de que o mundo é um lugar em que seja possível perder-se. Não podemos, porém, entender esse "perder-se" no sentido literal, ou melhor, geográfico. A religião não se dispõe ao serviço de localização espacial. Que "perder-se" seria este então?

A frase parece referir-se a uma compreensão de mundo semelhante à que propõe os grandes pensadores da Filosofia Existencial, ou seja, um mundo cheio de escolhas onde é possível ser completamente livre, conforme poderia nos afirmar Jean-Paul Sartre (1997); um mundo a ser explorado mesmo nas práticas mais simples da vida cotidiana, como sugere Martin Heidegger (2002, v.II); enfim, um mundo que é "inesgotável" na concepção de Maurice Merleau-Ponty (1999)...

Em princípio, tal compreensão parece muito bonita e otimista. No entanto – e sobre tal questão já alertava o pensamento existencial –, ao mesmo tempo que surgem toda essa riqueza e liberdade, surge também uma inevitável angústia ante tantas possibilidades, além de um grande "susto" diante da grandiosidade do mundo, possibilidades e grandeza estas que se misturam e confundem os humanos, principalmente por buscarmos tudo sempre muito explicado e determinado. Quando atentamos à complexidade dos fenômenos da vida, estranhamos a nós mesmos, constatando a impossibilidade de entender essa "magia" a partir do pensamento tradicional. Creio que esse sentimento possa ser mais bem compreendido se expresso por meio de um grande gênio na compreensão deste "algo mais" mundano. Não me canso de utilizar textos da prodigiosa contribuição que fez à literatura brasileira e universal o escritor João Guimarães

Rosa, que consegue expressar com o devido refinamento a percepção de todas essas questões. No trecho que segue, presenciamos a mais elaborada descrição do sentimento de confusão diante do mundo e a necessidade de compreendê-lo:

> Que isso foi o que sempre me invocou, o senhor sabe: eu careço de que o bom, seja bom e o ruim ruim, que dum lado esteja o preto e do outro o branco, que o feio fique bem apartado do bonito e a alegria longe da tristeza! Quero-os todos pastos demarcados... Como é que posso com este mundo? A vida é ingrata no macio de si; mas transtraz a esperança mesmo do meio do fel do desespero. Ao que, este mundo é muito misturado... (Rosa, 1968, p. 220)

Diante dos comentários da personagem Riobaldo, como fazer as pazes com um mundo natural se a natureza mostra-se traiçoeira e prejudica as pessoas, trazendo ondas gigantes, terremotos e estiagens? Como caminhar livremente se não temos como saber o que é "bom" e o que é "ruim"?

Podemos ver, na "mistura" apontada por Guimarães Rosa, o mesmo paradoxo mostrado pelos autores anteriormente citados, ao mostrar que a esperança vem "do meio do fel do desespero". Com esta bem colocada observação, podemos imaginar que os adeptos da afirmação "Quem não tem religião está perdido no mundo", antes de optarem pela sua religião, passaram pelo mesmo sentimento de confusão e de "perder-se" diante da vastidão do mundo, até escolherem um caminho que, de uma forma ou de outra, foi-lhes mostrado como o melhor a ser seguido.

Crenças prontas

> "Homem? É coisa que treme."
> (Rosa, 1968, p. 118)

Acompanhamos freqüentemente casos de artistas que se tornam religiosos ao testemunharem as "sujeiras" do mundo por trás do palco: sexo desenfreado, bebidas, drogas... Quando cai a máscara do *show business*, surgem a exploração e a degradação humanas.

Não é novidade nenhuma o sucesso de igrejas que adentram as grades das prisões e exercem forte influência sobre criminosos de todos os tipos e que se encontram expostos às péssimas condições do sistema carcerário brasileiro.

Acompanho semanalmente o relato de moradores da favela onde trabalho, que, vivendo em condições de miséria e violência, aderem com facilidade às mais variadas igrejas presentes na região.

As pessoas que vivem situações precárias ou presenciam episódios de degradação como as situações citadas e, por causa disso, procuram por uma religião afirmam buscar por um caminho que chamam de "reto e justo". Se entendermos "reto" como, literalmente, não fazendo curvas, vemos que esse caminho não demonstra ter tantas possibilidades quanto às presentes no "vasto mundo" anteriormente analisado. Diminuem-se as possibilidades, mas, com isso, aparentemente se reduzem também o sofrimento e a angústia diante da vastidão e do sentimento de confusão. Quanto ao "justo", compreendemos que a importância dada à justiça surge exatamente pela constatação da falta dela nas condições que levaram essas pessoas a procurarem pela religião. É preciso, portanto, que essas religiões buscadas mostrem a vinda da "justiça divina" que um dia virá e "consertará" este mundo confuso, organizando em pastos demarcados, segundo o desejo de Riobaldo, o bom do mau, o preto do branco, o feio do bonito e o alegre do triste, para que se possa compreender, finalmente, o mundo sem nenhuma confusão, possibilitando que os "bons" sejam exaltados e os "maus" punidos.

Diante desse panorama, compreendemos que a religião, ao propor um caminho "reto e justo", não busca estreitar os horizontes da existência. A proposta religiosa é evitar os "perigos" do mundo, reais ou imaginários. No entanto, evitar os "perigos" é evitar também as maravilhas, pois ambos mostram-se sempre "misturados".

Detalhemos um pouco mais a questão dos perigos. É fato que o mundo está repleto de acontecimentos fatídicos e agressivos que atentam contra a própria existência. Chamemos de *perigo real* os acontecimentos aos quais estamos sujeitos e que vêm a nos prejudicar, às vezes, até de maneira fatal. Entre os perigos reais, estariam a violência generalizada, os vícios que degeneram o próprio corpo, as catástrofes naturais, os acidentes e outros congêneres que visivelmente afetam a própria vida. Para compreender a ligação entre os perigos reais e a busca religiosa, basta observarmos a proliferação de orações, rezas e procuras por líderes religiosos diante de situações de violência. Recentemente acompanhei o desenrolar de um rapto que, infelizmente, terminou com a morte da vítima. Enquanto se desenvolviam as investigações, paralelamente se criavam grupos de oração, organizavam-se terços com a intenção de orar pela vítima, o padre da região tornou-se um dos únicos autorizados pela família a visitá-los, mesmo não sendo católicos. A demanda por uma crença esperançosa é inegável diante de uma situação de perigo. No caso de um mau resultado, como ocorreu, a busca pela crença está relacionada à possibilidade de conforto diante dos dilacerantes estragos provocados por essas situações. Nesse momento, surgem idéias como "Deus quis assim", "Era o destino", "Faz parte do *karma*" etc.

Podemos ainda identificar outro tipo de perigo, o *imaginário*, que apresenta duas vertentes: *pessoal* e *social*. Um perigo imaginário pessoal englobaria as situações que uma pessoa considera perigosas, mas que não trazem nenhuma relação de perigo real, já que estão ligadas ao imaginário. A mídia mostrou, há algum tempo, o caso de uma mulher com histórico psiquiátrico que tinha o hábito de juntar, no quintal de sua casa, sacos de lixo recolhidos nas ruas. No decorrer dos anos, ela havia acumulado nada menos que treze toneladas de puro lixo!!! A vigilância sanitária e a defesa civil, comunicadas, entraram em ação e transportaram o material da casa para o aterro sanitário adequado. No entanto, a moradora responsável pela coleção, ao saber do ocorrido, entrou em colapso e precisou ser internada. Creio que outros exemplos desse tipo devem ocorrer com certa freqüência. Vejo, nessa situação, um exemplo de perigo imaginário pessoal, pois certamente havia a crença de que "algo terrível aconteceria" se aquele lixo fosse recolhido. Não se trata de divagação do nosso texto, pois ela comprovadamente necessitou de cuidados médicos e psiquiátricos quando notificada da retirada do lixo. Para essa mulher, o perigo imaginário estava, inclusive, acima do perigo real, que era o fato de o quintal haver se tornado um criadouro de animais nocivos à saúde pública, como ratos, baratas e escorpiões, sem contar o insuportável odor impregnado por toda a vizinhança. Conforme explanação realizada por Angerami (2003a) a respeito do imaginário, não podemos diminuir sua importância, tomando o perigo inofensivo por ser imaginário.

O que podemos chamar de perigo imaginário social são os acontecimentos que costumam ser vistos como "errados", mas que, na verdade, não trazem nenhum prejuízo que não seja o de contrariar a moral tradicional. Em tais situações, podemos citar as práticas sexuais diferenciadas ou o contato com pessoas de outros níveis socioeconômicos. Cria-se uma atmosfera social que ameaça com o "algo terrível acontecerá" caso uma pessoa mantenha relações homossexuais ou com prostitutas e garotos de programa. O mesmo percebo quando presencio certo mal-estar nas pessoas que conversam pela primeira vez com moradores de favela. É como se pairasse o pensamento de que "algo terrível acontecerá" se alguém se dispuser a dialogar com um favelado.

Neste último tipo de perigo, podemos incluir uma característica religiosa, que, ao se propor a abrigar as pessoas dos perigos reais, acaba por determinar grandes limites sociais, impondo, por um motivo ou outro, por meio de sua moral, alguns perigos imaginários sociais. Ao proteger o Homem dos perigos reais, há um preço a ser pago: a adoção do modelo moral. Torna-se, com tantos perigos existentes no mundo, um preço "justo", pois as pessoas que se tornam "corretas" não facilitam a chegada dos perigos. A idéia que acaba se tornando vigente é a de que não há nada mais natural que os mandamentos religiosos, nada mais necessário que a moral para nos afastar dos perigos, mesmo que imaginários.

A perda do sentido tradicional

Em sua excelente obra *Os irmãos Karamazov*, Dostoievski (1970) esmiúça a questão da necessidade moral da existência de Deus, tomando-a fundamental para que o mundo não se torne uma catástrofe recheada de homicídios, saques, estupros e demais atrocidades. Críticos do cenário social costumam apontar a oportunidade de uso político por parte dos representantes das religiões e autoridades em geral, em tais situações. Em Dostoievski (1970, p. 190), lemos: "Os povos forjaram deuses e desconfiaram uns dos outros:'Abandonai vossos deuses, adorai os nossos, senão, ai de vós e de vossos deuses!'".

E damo-nos conta do quanto ainda se faz presente o uso político das religiões por toda a história da humanidade, inclusive nos supostamente tão avançados tempos atuais, envolvendo disputas políticas, ideologias e até guerras.

Com o desenvolvimento deste raciocínio, imediatamente me remeto a um amigo que, tendo decidido ingressar no seminário para seguir a vida religiosa, confessou estar temeroso quanto ao aprendizado da Filosofia, pois conhecia essa disciplina como questionadora e ateísta, não podendo conceber a união das duas coisas: entrar para a vida religiosa e estudar Filosofia. É fácil constatar a visão de religião que se mostra nesse momento: a de um sistema que não deve ser contestado, de uma ordem que não deve ser questionada, apenas obedecida. Está presente a idéia moralista de que deve haver uma resignação diante da crença religiosa e não uma conversão verdadeira. Ainda se prega esse tipo de crença que ignora as particularidades humanas e busca realmente transformar pessoas em pequenas ovelhas obedientes.

Tal concepção contrasta com a própria vida, que mostra o pensamento como uma característica inerente à condição humana. É inevitável que a religião que propaga essa idéia seja opressora. O Brasil, porém, historicamente destaca líderes religiosos altamente engajados em questões políticas, que chegam a sofrer sérias conseqüências por causa disso, seja por incompreensão da Igreja, como é o caso do então frei Leonardo Boff, desautorizado pelo próprio papa por supostamente contrariar os ditames do catolicismo, seja no caso da freira Dorothy Stang, morta por defender os mais necessitados na polêmica e rentável questão da terra. Na época ditatorial, havia os conhecidos "padres comunistas" que protegiam os rebeldes do governo militar, justamente por não concordarem com o regime. Há inúmeros casos de figuras religiosas e, simultaneamente, políticas. Mesmo que esses religiosos também estejam se utilizando da compreensão religiosa para atuar politicamente, eles revelam estreitas ligações com a vida concreta e demonstram um tipo de religião viva, diferente daquilo a que estão acostumados os religiosos altamente tradicionalistas. Religiosos que conseguem ver claramente a ligação de sua crença espiritual com o mundo real e a natureza remetem à ilustre figura de São Francisco de Assis, o santo conhecido por sua ligação com os animais e (o que mais incomoda a tradição) o resgate do sentido da vida religiosa, levando a sério questões como o voto de pobreza, sem tentar mascará-lo com artimanhas para se ter uma vida aparentemente sacrificante, mas de extremo conforto.

Com os pés no chão, é possível um tipo de religião muito mais próxima da vida. Como ocidentais, temos de admitir que as religiões orientais são muito mais coerentes nesse ponto. Mahatma Gandhi (um espírito bastante político) chegou a afirmar que jamais poderia ser cristão, pois tomava como característica dessa doutrina o fato de os ocidentais nunca viverem verdadeiramente a crença que pregam.

No VII Congresso Brasileiro de Psicologia Hospitalar, ocorrido em São Paulo de 9 a 12 de outubro de 2004, tomei contato com o trabalho de Ronilda Iyakemi Ribeiro por meio de sua vivência *Finitude, mutação e gozo: o sentido da morte na tradição de Orixás (Iorubas)*. Naquele momento, pude admirar a proximidade das religiões africanas e de raízes africanas com a natureza diante dos mais belos exemplos apresentados pela palestrante.

A respeito desse assunto, chego a pensar que, quanto aos aspectos históricos, um dos maiores embates na invasão da América pelos europeus, a partir dos séculos XIV e XV, tenha sido a evangelização dos índios. Na luta entre pajés e jesuítas, no caso do Brasil, a ligação natural entre Homem e Terra era desfeita com a destruição da cultura nativa e com a promessa de um mundo imaginário, que pode ser perfeito e maravilhoso justamente por ser imaginário. Pessoas mais ligadas à terra que os índios não conhecemos. Vêem na própria água um deus, e ela, portanto, é sagrada! As árvores são espíritos de seus antepassados: como se destruiria uma floresta seguindo tal pensamento? Impossível. Apenas quando exaltamos um mundo superior, rebaixando automaticamente este que vivemos, é que passa a existir essa possibilidade, permitindo que o capitalismo se encarregue de localizar o dinheiro no espaço vazio entre céu e terra.

No auge da crítica a essa dessacralização do mundo por parte da cultura ocidental, está o famoso e polêmico anúncio da morte de Deus pela personagem de Nietzsche (2001, p. 147-8): "Deus está morto!", afirma o "louco", demonstrando que, na época em que foi escrito o texto, e ainda nos dias atuais, a moral já havia desgastado todo o sentido sagrado de uma possível divindade. Dedicando-se ao estudo específico desse aforismo nietzschiano, Christoph Türcke (1993) demonstra a especialidade do citado pensador em criticar o excesso de racionalismo no ocidente, fator este que contribui imensamente para a perda do sentimento sacro em relação ao mundo, pois as categorias de julgamento passam a ser a lógica e a razão, colocando a emoção e os sentimentos como coisas inferiores e indignas de serem levadas a sério. O poder econômico certamente se apodera desse pensamento e muda o critério para o que dá lucro e o que não dá lucro, sendo a primeira categoria seu valor maior. A dessacralização do mundo possibilita sua mercantilização, ou seja, a natureza se transforma em moeda. Aquilo que os índios tinham como um deus, hoje é uma cifra a mais ou a menos nas planilhas financeiras dos *laptops* dos executivos.

Diante dessa situação, vemos que um religioso que pretenda encontrar o sagrado nas coisas do mundo sem se transformar em um mantenedor do *status quo* precisará "redescobrir" ou "reinventar" as crenças da religião que escolheu, atentando-se ao fenômeno da vida e encontrando ali sua religião. A devoção deve ser clara, inclusive em relação às conseqüências e obrigações que assumirá ao fazer sua escolha. Caso contrário, se mirar apenas um paraíso maravilhoso futuro e distante sem considerar a situação presente e terrena, só seguirá e repetirá idéias prontas, mantendo tudo como sempre foi.

Ser-no-mundo

Seguindo ainda as críticas de Nietzsche (2000), outra de suas obras nos dá a possibilidade de pensar sobre a "salvação" que traz a conseqüência de não se misturar com o mundo. Quando o li pela primeira vez e tive o impacto comum aos leitores iniciais de Nietzsche, desenvolvi várias questões: é preciso ser "salvo"? "Salvo" de quê? Por que só as religiões podem "salvar"? Não seria mais rico o "não-salvo" que mergulha no mundo? Não é mais forte aquele que não é "salvo"? O "salvo" é protegido e poupado dos perigos... O forte não enfrentaria os perigos sem precisar ser "salvo"?...

Enfim, quando trabalhamos com a ótica fenomenológico-existencial, temos uma noção básica de Homem a ser compreendida: a de *ser-no-mundo*. O termo coroado por Heidegger (2002, v.I) em sua mais conhecida obra, *Ser e tempo*, demonstra a inseparável ligação entre Homem e Mundo, sendo necessário que sejam pensados sempre de maneira conjunta, evitando que se separe, conforme sugeriu Descartes, *res cogitans* (pensamento, mente) e *res extensa* (corpo).

Em seu minucioso estudo sobre as obras de Heidegger, José Carlos Michelazzo (1999, p. 129) nos oferece uma belíssima definição:

Ele (homem) somente "existe", enquanto "é" esse vínculo com aquilo que lhe é significativo (mundo), de tal forma que fora dessa unidade não existiria nem homem, nem mundo. Um e outro estão entregues reciprocamente na diferença de sua pertinência e distinção.

A partir do momento em que aderimos a uma crença pronta que subestima o valor do mundo e, portanto, sua ligação com o Homem, rompemos o contato direto com o mundo, transformando-o em uma relação indireta, passamos da relação imediata a uma relação mediada. Mediada por símbolos concebidos antes da experiência do mundo, experiência esta bastante exaltada por Merleau-Ponty (1999) como base de todo o conhecimento que se pode formar, partindo este da própria percepção como primeiro requisito. Quando a experiência consegue falar mais alto, porém, os símbolos já não são tão necessários, pois o mundo todo, os entes, os outros seres, estão já ali presentes e dispostos a trocar, a jogar, a brincar, a brigar, a questionar, a divertir... enfim, a se relacionar!

É como se não pudéssemos conceber o fenômeno sem nos reportar a uma crença preestabelecida para poder explicá-lo. Por qual motivo não poderíamos ter a própria crença direta e concreta no fenômeno? Por que devemos dividi-lo e substituí-lo? Porque, crendo nisso, temos de aceitar nossa imensa fragilidade e impotência diante da vastidão do mundo. Dessa forma, envolve-nos a sensação de que somos muito pequenos, frágeis e limitados. Nada mais que seres estranhos em um ambiente estranho. As conseqüências de aderirmos à proposta do ser-no-mundo ampliam assustadoramente os horizontes da existência e, justamente por isso, diminuem o predomínio do indivíduo como um ser extremamente poderoso que determina o mundo de modo a não necessitar do grande mistério que origina os questionamentos místicos a respeito de um "algo mais" além de um simples ente vazio de significado e sentido.

Por qual motivo, entretanto, consideramos pouco e até mesmo ruim um fenômeno sem simbologia imposta? Também não compreendo... Sei, contudo, que não consigo manter meus próprios pensamentos quando me prostro diante de coisas tão miseráveis quanto às já citadas. Parece realmente não ser possível lidar com o mundo sem um mínimo de sentido pessoal que permeie a relação entre mim e o mundo. Afinal de contas, há todo um processo sócio-histórico envolvido nessa relação. O mundo está aí muito antes do meu tardio nascimento. Vivo conseqüências de fatos históricos dos quais não tenho como ter consciência, mas que, de qualquer forma, estão presentes no mais íntimo da minha vida. O dar-se conta da responsabilidade sobre a própria existência e da vastidão do mundo é realmente amedrontador! Não podemos julgar os suicidas sem ao menos admirar-lhes a sinceridade ao parecerem dizer: "Ei! Eu não dou conta disso tudo, não!". Nietzsche afirmava que ninguém agüenta tanta verdade.

Os grandes mártires possivelmente acreditavam ser responsáveis pelo mundo todo e sofreram imensamente com isso, tendendo a se desgastar e morrer diante de tão pesado fardo sobre os ombros.

Atingir a dimensão do mundo implica englobar todos os perigos reais e imaginários. Três anos de trabalho voluntário em uma favela foi o tempo suficiente para que, ao escrever o presente texto, sinta os ombros rígidos e latejantes por ouvir as piores histórias de vida, incluindo estupros, assassinatos, suicídios, violência. Fui conduzido a um sofrimento pessoal que me levou a abandonar tal serviço graças a um imenso desgaste oriundo do contato direto com a intimidade desses relatos. Minha busca agora será por uma tentativa de ajuda de maneira indireta e política. De qualquer forma, os sinais da "mistura" são evidentes.

O Homem está lançado ao mundo sem proteção, sem explicações, sem garantias e cheio de medos. O cenário parece terrível. É esse medo, esse terror que reivindica a busca por uma crença que ofereça um mínimo de segurança. Mesmo que não se atinja uma segurança real, ela existe na compreensão do mundo, que, de caótico e absurdo, passa a ser entendido dentro de parâmetros estabelecidos pela crença. Tudo tem uma explicação. Desde a origem do mundo e da vida até o seu final, a possibilidade da vida após a morte, as regras morais a serem exercidas etc.

Como já dissemos, para que ocorra esse reencontro com um possível sentido religioso independente da imposição cultural, é preciso que haja uma quebra da "crença pronta" da mesma maneira que a fenomenologia e o existencialismo propuseram-se a repensar o paradigma tradicional. Como estamos analisando a crença religiosa pessoal de acordo com o desenrolar da existência ante a grandiosidade do mundo, ouso afirmar que só a partir de uma condição seja possível uma fé verdadeira: a sensação de vazio existencial, ainda que exteriormente imperceptível.

Fé e vazio existencial

"O senhor sabe o que o silêncio é? É a gente mesmo, demais."
(Rosa, 1968, p. 319)

Toda a vida se desenrola a partir de uma fé primordial. Merleau-Ponty (2000) aponta-nos a fé perceptiva, mostrando que até a própria ciência apóia-se nessa idéia de que é preciso que se acredite naquilo que é percebido. Se necessitamos de fé para a nossa própria percepção, não há dúvida de que tudo o mais que se mistura com ela, ou seja, nossa própria identidade e localização no mundo, também precisa de uma fé, nesse caso, ontológica e moral, tratando o mundo percebido por bom ou mau, verdadeiro ou ilusório. Tudo passa pelo crivo da atmosfera da crença em questão.

O tema da fé e sua relação com a subjetividade também são desenvolvidos, entre outros nomes, por dois conhecidos teóricos da fenomenologia existencial – Valdemar Augusto Angerami (2003b) e José Paulo Giovanetti.[1] Mesmo tendo cada qual visões sabidamente diferentes, demonstram o fenômeno que desejamos apontar: não há subjetividade sem fé.

Conforme desenvolvemos anteriormente, porém, sugeri que há uma necessidade de reencontro com uma fé legítima, livre de imposições culturais e morais. Uma possibilidade de compreensão desse fenômeno de substituição de valores é proposta por Nietzsche (2005, p. 35-36) no que ele costumava chamar de niilismo, ou seja, a destruição de valores antigos para a criação de novos. A figura utilizada para exemplificar esse constante movimento é a das três transformações do espírito: torna-se primeiro um camelo, podendo carregar, assim, todo o peso da cultura imposta; no entanto, quando se encontra em meio a um deserto perante o dragão do "Tu Deves" (esse é o nome do dragão), é preciso que o espírito se transforme em um leão para que possa enfrentar a fera, destruindo simbolicamente as obrigações da tradição cultural; depois de mortas essas obrigações, o espírito transforma-se pela última vez: vira uma criança livre de todo o peso e das obrigações, para que possa, enfim, criar novos valores como se nunca tivesse visto nada deste mundo anteriormente.

Também Merleau-Ponty (1999, p. 376) nos faz refletir: "(...) enquanto vivemos permanecemos engajados, se não em um ambiente humano, pelo menos em um ambiente físico (...)".

É preciso construir uma nova compreensão se estamos dispostos a abandonar as antigas. Em *O visível e o invisível*, Merleau-Ponty (2000) também parece apontar para esse caminho.

Buscando o sentido da palavra "ontologia", tomamos a definição de José Ferrater Mora (2001, p. 530-531): "(...) toda investigação (...) relativa aos modos mais gerais de entender o mundo, isto é, às realidades deste mundo".

O que estamos compreendendo por religião até o presente momento no texto senão exatamente uma "investigação relativa aos modos mais gerais de entender o mundo" e "às realidades deste mundo"? Cada crença fundamental, cada religião, misturada à fé perceptiva, torna-se um tipo de "ontologia pessoal", que traz

---

[1] GIOVANETTI, J. P. "Religião e subjetividade. In: Angerami, V. A. (Org.) *Espiritualidade e prática clínica*. São Paulo: Thomson Pioneira, 2004.

explicações completas sobre o mundo, desde a sua criação até o futuro, determinando como devem ser todas as minúcias das relações interpessoais: a família, a amizade, o namoro, o sexo, o casamento, os rituais, a vida toda e, finalmente, a morte. Não há erro, não há dúvidas. Basta que se tenha fé na religião, mesmo que envolva sofrimento, pois há uma renúncia por não ser permitido viver as relações com as coisas e com as pessoas sem grandes mediações simbólicas.

Essa posição nos permite procurar compreender envolvimentos da crença com os menores detalhes existenciais, como por que motivo o fato de estar só pode ser tão pesaroso a alguém, enquanto para outro não; por que uma separação pode levar ao suicídio; por que perder o emprego ou aposentar-se pode ser o início do cronômetro da morte; por que a preferência em manter-se em um relacionamento violento e fugir dos mais tranqüilos. Sendo a religião uma ontologia pessoal, mistura-se intimamente com os temas existenciais indispensáveis da condição de ser-no-mundo (solidão, angústia, amor, liberdade, morte, sentido de vida, transcendência...) (Angerami, 2002).

É por essas reflexões expostas que compreendo a reconstrução de uma fé legítima e verdadeira. Do mesmo modo, vejo o trabalho clínico do psicólogo, tendo como característica a destruição das preconceituações e obrigações aplicadas pelos outros na pessoa que nos procura. Retirados esses fatores – lembremos que o camelo estava em um deserto –, surge um imenso vazio, pois eles é que preenchiam a vida dessa pessoa. Por esse simples motivo, não se pode deixar de aguçar o lado "criança", possibilitando que, ao se deparar com o vazio, o cliente possa desenvolver em nome próprio uma verdadeira relação pessoal com o mundo, baseando-se nas próprias experiências. O religioso também precisa aprender a "esvaziar-se" dos vícios que lhe são impostos para que possa construir sua fé diante de sua própria existência ante o mundo. Amatuzzi (1989) destaca o mesmo processo de esvaziamento da "tagarelice" para o encontro com a fala autêntica, baseando-se na afirmação de Merleau-Ponty de que é necessário encontrar o silêncio para que possa brotar a fala.

Admira-me a força desta realidade, pois, em todo o panorama trágico traçado (mortes, desesperanças, assassinatos, violência em geral...), as pessoas, incrivelmente, ainda estão vivas! Não chegaram a se matar, embora várias já o tenham efetivamente tentado de forma direta ou indireta. Para que permaneçam em pé e continuem vivendo, é preciso que elas tenham uma crença muito forte. Para os que mais sofrem, é mais que fundamental a crença em outra vida melhor. Muito melhor, por sinal, pois há a sensação de que esta vida realmente não seja para eles, pois está completamente recheada de sofrimento; mesmo os prazeres e as belezas mais simples parecem desaparecer freqüentemente. A crença religiosa se torna uma ferramenta, muitas vezes mais importante que a própria comida na luta diária pela sobrevivência.

Trágica conversão

Traçada a existência de uma relação entre subjetividade e religião, analisemos uma das conseqüências desse fenômeno. Podemos verificá-lo ao testemunhar o caso de uma mulher que muda de religião pelos motivos pessoais mais legítimos possíveis. Não há nenhum problema nisso. Trata-se, no entanto, de uma religião de moral extremamente rígida. Também podemos considerar que se trata de uma escolha dela e não encarar o fato com maiores questões. Porém, descobrimos que essa mulher tem uma filha de nove anos. Só aí é que veremos o efeito devastador da conversão. A mãe certamente (com raríssimas exceções) espera criar sua filha dentro da moral recentemente escolhida para a sua própria vida. Notando a série de restrições que começam a surgir em sua vida, a menina esconde suas bonecas para poder continuar brincando com elas escondida da mãe, sem saber exatamente o tamanho da conseqüência, caso seja "flagrada" executando o agora tão terrível ato. Suas roupas não podem mais acompanhar as das colegas. De repente, não se pode mais assistir à televisão... Lembremos que a criança não acompanha o mesmo processo de desenvolvimento da mãe, que toma esse erro como uma certeza cega. Se a criança não acompanhar a conversão da mãe, a possibilidade que vemos nessa situação é que seu mundo se torne cinza e a religião vire uma cadeia.

Pude presenciar a inacreditável ingenuidade de um garoto de 13 anos cuja mãe aderiu a uma religião de tamanha rigidez. Ele, durante as sessões, me perguntava sobre coisas a que assistira na televisão da casa da tia sem o conhecimento da mãe. Sua primeira dúvida foi se o Super-Homem do filme realmente voava e como ele podia fazer isso. Expliquei-lhe que, na verdade, ninguém podia voar sem nenhuma máquina, que se tratava de um efeito especial e que o Super-Homem, na verdade, era apenas um ator. Pasmo com minha resposta, ele perguntou o que era um ator. Tive de esclarecer-lhe novamente, dizendo que toda aquela história era um fingimento, uma "mentirinha" para a diversão dos espectadores. Inquieto com as grandes descobertas ali feitas, sua última pergunta foi se o ator morre de verdade quando aparece alguém matando-o na televisão. Novamente expliquei sobre a "mentirinha" e os efeitos especiais.

Fiquei realmente impressionado com questões de tamanha obviedade vindas de um garoto pré-adolescente. A maioria dos meninos dessa idade já assistiu a milhares de efeitos especiais e teve acesso à internet, alguns inclusive tornaram-se especialistas em novidades do mercado tecnológico digital.

É visível a apartação do mundo realizada pela mãe desse menino a respeito de sua educação! Não estou querendo elogiar aqueles que criam seus filhos frente à televisão ou ao computador. No entanto, um mínimo de noção de realidade se faz necessário. No caso desse garoto, pelo que presenciei em outras sessões, havia o sério risco de ele se atirar pela janela de um prédio caso tivesse acesso a uma, pensando que poderia voar como o Super-Homem!

É preciso muito cuidado ao constatarmos conversões trágicas como essas, pois, ainda que consideremos a importância da religião escolhida para a segurança, a formação e o embasamento da subjetividade, não podemos apoiar que o que é válido para uma pessoa seja regra para todas, principalmente quando se trata de crianças que nada compreendem a respeito de tais atitudes, mas sofrem as severas conseqüências.

Einstein já anunciava que as religiões do futuro tenderiam a uma certa individualidade. Giovanetti (2005), com a ajuda da citação de Antoniazzi, esclarece-nos que:

> Essa religiosidade pós-moderna pode ser resumida dizendo que "não é a busca de Deus ou da verdade que anima essas experiências religiosas; é a satisfação de necessidades pessoais". O centramento sobre o eu, propagado e desenvolvido pela sociedade atual, é o motor primeiro de toda justificativa da religiosidade contemporânea.

Religião tomada apenas no âmbito pessoal, sem noção da vastidão do mundo, acarreta esse "centramento sobre o eu" citado pelo estudioso, e as atitudes tomadas podem levar a tragédias lamentáveis, como em relação aos filhos. O grande problema passa a ser a tentativa de convencer todos de que a moral escolhida por determinada pessoa é a única possível e deve ser adotada por todos. Há o perigo de uma "falsa conversão" que não foi reconstituída pelo religioso, servindo apenas de socorro. O novo religioso, crente que seu remédio serve para todos, quer aplicá-lo de qualquer modo.

Essa visão se distancia de uma busca pela harmonia e aproxima-se da possibilidade de uma disputa religiosa. É exatamente esse o ponto em que as religiões se mostram frágeis e abertas à manipulação política, convencendo com pouquíssimas palavras os seus fiéis seguidores daquilo que os dirigentes acharem por bem, por mais absurdas que sejam suas idéias. Para sabermos da força de persuasão das religiões, basta atentarmos aos já históricos suicídios coletivos e vermos que até a existência pessoal sofre perigo e pode ser controlada quando não é ela a base de sua própria conversão.

Ópio?

Gostaria de refletir a respeito da famosa frase de Karl Marx ao tratar das questões políticas e econômicas de sua época, o que veio a revolucionar historicamente o pensamento político mundial. Marx afirmou que a religião é o ópio do povo.

Concordamos com essa afirmação, sem necessidade de grandes elucubrações, se tivermos nossa atenção voltada para o uso político das religiões. Fica clara e certa a comparação com uma droga que aliena o povo.

Vamos, no entanto, retomar o significado da própria palavra "religião" em sua origem latina. Acompanhemos a definição com base nos estudos de Silveira Bueno (1968, p. 3452): "Religião – (...) Lat. *Religio, religionis,* do tema de *religare,* ligar outra vez, ou melhor: ligar fortemente (...)".

Como apontado até o momento, um encontro verdadeiramente religioso é aquele que promove uma ligação. De acordo com alguns estudiosos, trata-se da ligação entre o Homem e o mítico Reino dos Céus. No entanto, segundo nossa compreensão existencial de mundo, esse suposto céu não estaria apartado do próprio mundo, assim como o Homem não pode se desvencilhar do mundo. A necessidade que identificamos no decorrer desta análise, portanto, implica religar Homem e Mundo, prática que deve estar sempre presente no consultório existencial no qual os clientes buscam ontologias para poderem viver sua existência com alguma segurança. O mesmo ocorre quando buscam pela auto-ajuda, por conhecimentos mágicos alternativos ou por algo em que acreditar.

Quando uma cliente apontou uma grande similaridade entre nossas sessões psicoterápicas e as de um guia espiritual que passara a visitar recentemente, senti uma particular satisfação. Ela descrevia palavras do guia que eram riquíssimas e dotadas de grande sensibilidade, mostrando que, mais do que alguns profissionais, ele estava aberto a perceber aquela pessoa como se mostrava e a analisar sua existência a partir da crença religiosa com grande perspicácia, o que a tornava muito próxima aos temas abordados no consultório. Ela chegou a confundir algumas frases, julgando tê-las ouvido na sessão, mas que, na verdade, havia escutado do seu guia religioso.

Todas as questões desenvolvidas neste trabalho demonstram tratar-se, sempre, de uma forma ou de outra, de fruto de uma relação, seja com o mundo, com as coisas do mundo, seja com as outras pessoas presentes neste mundo. Conseguiremos retomar o sagrado no dia-a-dia como faziam os índios, que respeitavam profundamente uma árvore por ela ter visto seu avô nascer, por pensarem na sétima geração antes de tomar qualquer atitude, por tomarem a floresta como a morada dos espíritos dos seus antepassados?... Parece que esse será o nosso próximo (e já antigo) grande desafio. De acordo com Michelazzo (1999), a perda do sagrado no dia-a-dia poderá levar à devastação da Terra, pois, se não temos respeito pelo mundo, não há razão que possa impedir que ele se acabe para servir aos nossos luxos e vontades. Infelizmente esse perigo é real!... Nietzsche (2000, p. 72) também advertiu: "(...) o homem também não soube divertir-se com os animais, reinou sobre eles (...)".

A religião, portanto (assim como a mídia ou a ideologia), pode até ser o ópio do povo, mas também pode ser ópio a falta da própria religião, pois essa falta permite o esvaziamento de um mínimo de respeito que poderia haver pela natureza.

Conclusão

A conclusão a que podemos chegar após tão dramática análise talvez seja a tomada de consciência da responsabilidade que temos diante da nossa própria existência e de todo o mundo vivido por nós. Creio que, dentro dos nossos limites, podemos viver aquilo que temos de mais singelo, cuidar de coisas pequenas, conscientes de que não podemos nos prejudicar nem prejudicar os outros e o mundo em geral. O poeta português Fernando Pessoa, em uma de suas pessoas, afirma que pensar é estar doente dos olhos, dando a entender que basta prestarmos atenção nas maravilhas do mundo e logo teremos uma compreensão imediata de toda a harmonia do universo com a nossa existência. Digo isso porque a tendência, ao nos darmos conta de tantas tragédias, misérias e o perigo real de uma devastação do planeta, pode ser a revolta seguida de radicalização, pondo a própria vida em risco ao nos engajarmos em questões políticas extremamente polêmicas e até em lutas armadas para defendermos nosso ponto de vista. Tal posição não deixa de ser um contra-senso se estivermos nos referindo à vida como algo que deve ser exaltado.

Um espírito rebelde que tenha em vista a vastidão do mundo tende a crer e assumir a total responsabilidade de mudar aquela também vasta realidade. Tal responsabilidade atinge níveis inalcançáveis a um único ser humano! É claro que defendo a ação política e conjunta para a transformação dessa realidade, mas, ao me deparar com meus próprios limites em muitas situações, compreendi que, para atingir o "vasto mundo", devo ter como base o "mundo próximo", ou seja, meu mundo, envolvendo aqueles que me são próximos. Este é o passo inicial demonstrado por Plínio Marcos em debate realizado após a apresentação de uma de suas polêmicas peças teatrais. Ao ser questionado sobre o amor ao povo, Plínio acusou aqueles que afirmam "amar o povo" de amar uma coisa abstrata que, realmente, não existe. Ele devolve a questão, inquirindo quem dera a procuração para que se pudesse falar em nome do povo, pois povo, na verdade, são os nossos próximos. Devemos tratá-los com respeito se defendemos o respeito ao mundo (Marcos, 1981)[2]. Eis uma grande lição de um grande dramaturgo!

---

[2] MARCOS, P. *Jesus homem*. São Paulo: Grêmio Politécnico, 1981.

Está envolta nesse pensamento uma profunda noção de religião, no sentido de *religare* ao mundo. O mais simples dos mundos torna-se, ao mesmo tempo, misterioso e grandioso, adquirindo o necessário para que sintamos por ele um grande e verdadeiro respeito. Uma religiosidade que deixa de ser aquela cobrança pesada imposta pela tradição pode fazer as pazes com os questionadores cheios de vida, o que pode ser expresso por outra famosa frase de Nietzsche (2005, p. 46): "Eu só poderia crer num Deus que soubesse dançar".

Ou seja, só há um *religare* verdadeiro quando é aceita uma grande leveza demonstrada na própria crença, na própria fé que embasa tal sentido religioso. Dançar simboliza não só a leveza, mas também a diversão, a alegria, o aproveitar o momento de estar ligado a este planeta cheio de possibilidades e que, para que a vida se mantenha, deve ser, simultaneamente, desfrutado e respeitado.

Referências

AMATUZZI, M. M. *O resgate da fala autêntica*. Campinas: Papirus, 1989.

ANDRADE, C. D. de. Poema de sete faces. In: _____. *Alguma poesia*. Belo Horizonte: Edições Pindorama, 1930.

ANGERAMI, V. A. *Psicoterapia existencial*. São Paulo: Pioneira Thomson Learning, 2002.

_____. A. *Psicoterapia e subjetivação*. São Paulo: Pioneira Thomson Learning, 2003a.

_____. *Temas existenciais em psicoterapia*. São Paulo: Pioneira Thomson Learning, 2003b.

BUENO, F. S. *Grande dicionário etimológico-prosódico da língua portuguesa*. São Paulo: Saraiva, 1968.

DOSTOIEVSKI, F. M. *Os irmãos Karamazov*. São Paulo: Abril Cultural, 1970.

GIOVANETTI, J. P. *A consciência religiosa do homem (pós) moderno*. XI Encontro Goiano da Abordagem Gestáltica, 2005.

HEIDEGGER, M. *Ser e tempo*. Petrópolis: Vozes, 2002. v.I e II.

MARCOS, P. *Jesus homem*. São Paulo: Grêmio Politécnico, 1981.

MERLEAU-PONTY, M. *Fenomenologia da percepção*. São Paulo: Martins Fontes, 1999.

_____. *O visível e o invisível*. São Paulo: Perspectiva, 2000.

MICHELAZZO, J. C. *Do um como princípio ao dois como unidade*. São Paulo: Fapesp, Annablume, 1999.

MORA, J. F. *Dicionário de filosofia*. São Paulo: Martins Fontes, 2001.

NIETZSCHE, F. W. *O anticristo*. São Paulo: Centauro, 2000.

_____. *A gaia ciência*. São Paulo: Companhia das Letras, 2001.
_____. *Assim falou Zaratustra*. São Paulo: Martin Claret, 2005.
ROSA, J. G. *Grande sertão*: veredas. Rio de Janeiro: José Olympio, 1968.
SARTRE, J. P. *O ser e o nada*. Petrópolis: Vozes, 1997.
TÜRCKE, C. *O louco*. Petrópolis: Vozes, 1993.

Mãe

Valdemar Augusto Angerami

Mãe, mainha, minha – mãe.
Essas eram as maneiras como
eu te chamava... e você nos momentos em
que a minha peraltice exigia simplesmente dizia:
"... diacho de menino..."
Depois de muito sofrimento
Você se foi...
Restou um grande vazio e uma dor
inconsolável... tampouco era possível saber
A dimensão desse vazio...
Mãe,
Hoje senti tua presença junto a mim...
Não estou mais só... meu coração ficou banhado
de luz e tranqüilidade como nos tempos da
meninice... o coração pulsou de alegria como
naqueles dias em que pegávamos, na estação de trem,
a charrete que nos levava ao hospital para visitar a
Vó Elvira... a tua energia de vida, teus valores de
probidade e dignidade estão incrustados em meu ser...
você continuará comigo eu não mais caminharei sozinho...
Mainha,
Hoje o principal ensinamento que você me deu e
que torna minha alma muito rica novamente resplandeceu:
o respeito pelos humildes e o amor caritativo aos
humilhados e combalidos pela vida...
Você me ensinou
na prática um dos maiores ensinamentos universais
dados por Gandhi: "... se Deus tiver que aparecer a um
faminto ele se configura em um prato de comida..."
A tua generosidade com quem pedia um prato de
comida sempre foi comovente... inefável...inesquecível...
E assim é: tua morte nos separou, a minha nos unirá...
Mainha,
Esta noite meu coração exultará de alegria como nos
tempos da primeira infância quando adormecia nos

teus braços ouvindo as historinhas que você nos contava...
Hoje quero que você novamente me conte a história da
Festa da Dona Onça, que sempre foi a minha favorita...
A bênção, Minha Mãe.

        Serra da Cantareira, em uma noite de outono de 2007.

5

A visão sartriana de Deus

Tereza Cristina S. Erthal

Este artigo é dedicado ao meu professor e amigo Gerd A. Bornheim, que me ensinou tudo que sei sobre Sartre. Os diálogos que mantivemos durantes nossos estudos são os responsáveis pelo desenvolvimento das idéias aqui apresentadas. O respeito por nossas diferentes posições me fez ver a possibilidade de defender minhas idéias publicamente.
Obrigada, amigo, onde você estiver.

Introdução

Leitores da minha obra, ou assistentes assíduos das minhas palestras, têm se surpreendido com os meus últimos escritos. Alguém que se dispõe a desenvolver uma psicoterapia baseada em Sartre, que se apóia na premissa da liberdade de autocriação, não poderia estar escrevendo sobre energia ou sobre algo transcendente ao homem (idéias expressas no livro *Espiritualidade e prática clínica*, de Angerami (2004)). Embora me apóie em Sartre, nunca me apresentei como atéia, apesar de defender não uma postura passiva diante de Deus, mas a construção do destino pelas mãos do próprio homem, e não vejo contradição nisso. Isso porque nada muda, com ou sem a crença em Deus, quanto à responsabilidade que lhe cabe.

Muitos alegam ser espiritual a própria busca por um sentido na vida, embora outros digam ser isso uma ilusão, para essa a vida em si não tem sentido. O espiritual significa a crença em duas substâncias radicalmente diversas: o espírito, cujas características essenciais são o pensamento e a liberdade, e a matéria, expressão física da realidade. Psicologicamente falando, significa que as representações, as operações intelectuais e os atos volitivos não podem ser explicados totalmente pelo mecanismo fisiológico. Sua exata explicação exige algo superior. A crença em um sentido superior na vida seria o que se chama de espiritualidade.

O que se requer da pessoa não é aquilo que alguns filósofos existenciais ensinam, ou seja, suportar a falta de sentido na vida, mas talvez suportar a incapacidade de compreender racionalmente o fato de que a vida tem um sentido incondicional. Muitos psicólogos se vêem embaraçados quando vão além do conceito do supra-sentido. É como se lhes retirassem o chão, tendo em vista sua forma rígida de conceituação com que enquadram toda a realidade. O sofrimento e a morte são para eles algo que retira o sentido da vida humana. Porém, a transitoriedade da nossa existência não lhe tira o sentido, mas constitui nossa responsabilidade, ou seja, depende da forma como nos conscientizamos das possibilidades essencialmente transitórias. Precisamos decidir a cada momento qual será o movimento de nossa existência.

Tentando interpretar a mente como simples mecanismo, alguns psicólogos esboçam os contornos de uma medicina psicológica, esquecendo-se de fazer uma psicologia humanizada. O ser humano não é uma coisa; coisas não se determinam. O ser humano se determina a si mesmo. A pessoa humana cria possibilidades por meio das escolhas que faz e as transforma em potencialidades que podem ser concretizadas ou não, dependendo mais das decisões do que das condições.

E o que dizer quando o sentido por parte da pessoa tiver sido em vão? A percepção do sentido e o sentido mesmo não se encontram flutuando no ar; podem ser encontrados no trabalho, no amor e na transcendência de si mesmo. Cada pessoa é indagada pela vida; à vida ela somente pode responder sendo responsável. A resposta é a essência da existência humana. É por aí que dizemos que o homem vive à procura de um sentido. Constituída e dirigida para algo que não é simplesmente ela própria, a pessoa busca um sentido a ser realizado. Ser homem necessariamente implica uma ultrapassagem. Transcender a si próprio constitui a essência mesma do existir humano. Jaspers (1966) nos diz: "O que o homem é, ele se torna através da causa que ele faz sua própria". E nessa busca de sentido, o homem é orientado pela consciência. Tal busca pode ser negada pelo niilismo, cuja essência, ao contrário do que costuma ser dito, não consiste em negar a existência, mas afirma que a realidade não é mais do que isto ou aquilo. A concepção de mundo niilista deixa de lado o tipo de existência em que pode aparecer algo como a intencionalidade, ou seja, a existência espiritual. Nela a existência humana carece de sentido. O niilismo não pode levar ao humano. Não nos cabe responder a isso, mas levantar questões sobre como Sartre, brilhante filósofo preocupado com a existência humana concreta e única, responde a elas; o que existe de espiritual nele ou no sentido de sua existência: sua obra literária. É sobre isso que nos ocuparemos agora.

Existencialismo cristão e ateu

Com o fim da Segunda Guerra Mundial, as peças teatrais e novelas de Sartre, assim como as de Camus, tornaram-se uma espécie de versão popular da expressão de ânimo e forma de pensamento que já havia sido tocada por filósofos anteriores, mas que com as condições do século XX suscitaram uma resposta de envergadura. No século XIX, Kierkegaard (1972) elaborava temas que apareceriam nas obras de Schelling e Marx. Escritores tão diversos, identificados como existencialistas, vêm nos mostrar que essa corrente apresenta muitas formas. William James, Bergson, Nietzsche, Bohme e Pascal contribuíram para o conteúdo do existencialismo, e entendemos que sempre o ponto comum é a preocupação com a existência, com a existência humana, as condições e a qualidade de vida. Uma análise orientada para a existência humana e não abstrações sobre a existência humana, já que a existência não é analisável ou sintetizável.

Durante séculos, o sistema de pensamento filosófico deixou o indivíduo em segundo plano. Devemos fazer jus a Sócrates que centralizou seu pensamento no estudo e na ação orientada até o significado da existência humana. Também Santo Agostinho dedicou-se a análises introspectivas para descobrir a origem da ansiedade humana. Mas o interesse geral parecia ser os problemas técnicos da metafísica, da ética e da teoria do conhecimento em sua forma objetiva, não se importando muito com o destino do homem. Embora a tecnologia tenha surgido para ajudar o homem, perdeu-o de vista com sua ênfase nos maquinários. O homem estava perdendo suas qualidades humanas. Esse homem desumanizado estava evidenciando as marcas de uma desumanização. A existência humana gritava para expressar-se. A tecnologia privava-o de sua dimensão existencial, diminuindo a sua oportunidade em expressar sua existência como pessoa. Também a religião, tida como fonte de significado e orientação moral do homem, sofreu um grande impacto dessa visão racional e científica. Dostoievski logo se preocupou com esse homem carente de religião, indagando que talvez sem ela tudo seria permitido. Nietzsche, ao contrário, apoiado nessa derrota da fé religiosa, proclamava um Deus morto. O ateísmo foi uma causa importante que propiciou o nascimento do existencialismo. As tradições religiosas européias sofreram uma enorme ruptura, agravando o crescente sentido de falta de significado da vida.

Na luta contra isso, surgiram existencialistas ateus e cristãos. Os primeiros ousaram chegar até as últimas conseqüências na tentativa de formular um enfoque vital, enquanto os outros retornaram à religião na tentativa de descobrir o que os pensadores racionais perderam. Mais precisamente, o existencialismo se separa em duas correntes: uma ligada ao cristianismo que atesta uma referência à natureza, a imagem de Deus evocada pelo Cristo encarnado, e a outra que proclama a falência divina confrontando-se com a solidão fundamental do homem. Os existencialistas cristãos, representados por Pascal e Kierkegaard, Jaspers e Marcel, propõem uma resposta às questões da existência que se apresenta mais como um testemunho do que pela razão. Kierkegaard é considerado o iniciador do existencialismo, embora à distância de quase um século.

O existencialismo, então, nasceu cristão. O existencialista que mais se aproxima das origens kierkegaardianas é, sem dúvida, Gabriel Marcel. Da ortodoxia à independência, muitos representantes dessa direção não se apresentam seguros na apresentação de suas doutrinas. É o caso de Scheler e Jaspers. Este apresentou um critério de existência humana inacabado, mas demonstrou um pensamento cristão, embora não no seu último movimento. Também Bergson (1949), opondo-se à objetivação do homem no positivismo, acentuou o chamamento existencial em sua forma lírica. Gabriel Marcel é o destaque no existencialismo cristão francês. É nele que o princípio característico do existencialismo, "a existência precede a essência", assume o sentido preciso que lhe foi dado. O homem está sempre por se fazer, é artífice de si mesmo e de sua essência. Contudo, a existência, que nada mais é do que o "impulso" para o crescimento e para o desenvolvimento, foi recebida de Deus. Nessa perspectiva, a mais alta realização de si efetuada pelo homem é o reconhecimento do presente da existência, e assim tornar-se o que é na relação com Deus. Esse entendimento também estava presente em Kierkegaard (1972). Sartre, no entanto, quando afirma que, somente em uma visão puramente ateísta, esse princípio assume coerência, converte a proposição original do existencialismo em sua contraditória. Mas ambos os grupos são igualmente importantes e causam influência grandiosa no pensamento humano. Ambos criticavam a filosofia tradicional como muito acadêmica e distante das preocupações autênticas de um indivíduo. Cheia de generalidades abstratas, carecia de aplicação no ser humano mesmo.

Ora, o primeiro ato da filosofia é o chamamento "Conhece-te a ti mesmo". Kierkegaard (1972) aponta para a interioridade ou subjetividade como formas de definir a intensidade e a resposta do ser vivente. O homem volta-se para o seu interior para se descobrir, porque, caso contrário, aliena-se na ausência de interioridade. Sem uma atitude interior, o conhecimento parece inútil. Kierkegaard (1972, p. 56) afirmou tal situação se opondo ao maior pensador filosófico da Alemanha, Hegel: "Se Hegel tivesse escrito toda a sua lógica e logo afirmado... que era um simples experimento mental, poderia ter sido o maior pensador que jamais existiu".

Na tentativa de captar toda a realidade em um sistema de pensamento, Hegel perdeu seu elemento mais importante, a existência, que para Kierkegaard significava o ser humano individual. O desvio da atenção de Hegel do indivíduo concreto para o conceito de universais dava foco ao pensamento, e o homem era colocado na condição de espectador. Kierkegaard chamava a atenção para o fato de que somente o ator se vê enredado na existência. Uma pessoa existe quando exerce seu poder consciente de vontade e escolha. Os momentos mais difíceis que um indivíduo experiencia são pessoais e não podem ser examinados por meio de generalidades, de acordo com Kierkegaard. Considerando apenas as características humanas objetivas, o pensamento racional parece obscurecer o elemento subjetivo, levando-nos à conclusão de que a objetividade não nos pode conduzir a toda verdade sobre o eu individual.

Kierkegaard tem em conta a maneira cristã de entender o homem. A natureza essencial do homem implica sua relação com Deus, o infinito. E para ele, a alienação de Deus é a principal responsável pela condição da existência. Se o homem não realiza em Deus o seu ser essencial, sua vida se permeia de ansiedade. Deus não pode ser atingido na forma objetiva, mas só existe para a subjetividade, na interioridade. É pela fé que o indivíduo se aproxima dessa interioridade e estabelece uma relação pessoal com Deus. A ponte entre o homem e Deus, a "distinção qualitativa infinita entre o tempo e a eternidade", não é uma questão de razão e sim de fé. Nos seus pensamentos, lê-se que toda pessoa possui um ser essencial que deve ser atualizado. Isso só pode acontecer em relação com Deus. Não se chega a uma existência autêntica via intelecto, já que é um assunto de fé e compromisso, um contínuo processo de escolha quando se encontra na presença de "isto-ou-aquilo".

Husserl (2006), pai da fenomenologia, traz em sua filosofia uma profunda preocupação com a cultura ocidental que havia perdido de vista sua verdadeira direção e propósito. Em *A filosofia e a crise do homem europeu*, Husserl ressalta que tal crise é uma resultante do afastamento da verdadeira meta: trazer as melhores respostas às preocupações humanas e humanitárias do homem, estudar a busca de seus valores mais elevados. Não critica a ciência, mas suas premissas e métodos, baseados que estão no fato de que a natureza é fundamentalmente física. Diz ele ser um sistema ingênuo, pois sustenta que o espiritual é entendido segundo a metodologia das ciências físicas. O êxito das ciências exatas naturais consistiu em um repúdio científico do espírito. A ênfase residia no mundo circundante e na conseqüente atitude objetiva em relação a ele. Tudo parecia ser físico e derivado do físico. Sócrates foi um que rechaçou tal sistema. Defendia ele que o homem tem de assumir sua vida espiritual no contexto da sociedade.

Platão e Aristóteles também adotavam essa dimensão espiritual, alegando que, embora o homem pertença ao mundo dos fatos objetivos, ele é uma pessoa com fins e propósitos.

Husserl (1965, p. 33) nos diz:

> Não pode existir uma investigação independente em busca de uma explicação do espiritual, não pode haver uma psicologia orientada exclusivamente até o interno, nem uma teoria do espírito que comece com o eu em uma experiência psíquica de si mesmo que logo se estenda ao psiquismo dos demais. O caminho que deve seguir-se é um caminho externo, o da física e da química.

A contemplação ingênua do mundo, contemplando o espírito da mesma forma com que contempla os objetos do mundo, isto é, com a mesma metodologia, foi o que o levou a pesquisar um novo método de captação da natureza essencial do espírito, diferente do objetivismo naturalista: a fenomenologia transcendental.

Os trabalhos de Kierkegaard influenciaram o filósofo Jaspers. Compartilhava este o fato de a condição humana ter se deteriorado por causa do desenvolvimento da tecnologia e do enfraquecimento dos laços religiosos. Também para ele não pode existir uma ciência universal do Ser. A ciência tem suas limitações, pois cada uma delas se ocupa de dados objetivos. O conteúdo do ser não se limita a tais dados. O indivíduo é toda a sua complexidade; toda a subjetividade é parte da Existência. A tarefa da ciência não se assemelha àquela da filosofia, já que esta se ocupa da Existência que se baseia na experiência pessoal interna e imediata do pensador existencial: "O decisivo é a atitude interior do homem, a maneira como contempla seu mundo e se faz consciente dele, o valor essencial de suas satisfações: essas coisas originam o que faz" (Jaspers, 1966, p. 86).

Jaspers nos leva a pensar que talvez a função da filosofia fosse tornar a mente receptiva ao que chama de Transcendente. Caminhando inicialmente no mundo para obter conhecimento dos objetos, o homem evolui para uma postura de autoconhecimento e se reconhece como o fundamento da existência. Na luta para alcançar o verdadeiro eu, vai aos poucos descobrindo sua então finitude, suas situações-limite e, quando isto ocorre, vê-se diante da condição oposta, qual seja, do Ser como Transcendente. Trata-se de uma experiência pessoal impossível de se enquadrar em normas gerais. Este Transcendente, ou Deus, infinito em sua característica, leva à consciência de que tudo se fundamenta aí. A captação do Transcendente aparece à consciência da própria liberdade. O homem é livre para afirmar ou negar sua relação com o Transcendente. Jaspers, no entanto, nos diz que a existência autêntica o reafirma. Jaspers vai mais fundo quando diz que o ser se revela de três modos: como objeto (para os outros), como eu (nos sujeitos) e como em si (em sua transcendência), querendo dizer que é preciso que nos apoiemos no mundo objetivo para podermos existir contra os ataques deste mundo objetivo. Devemos nos voltar para o Transcendente que deve nos atrair e afastar ao mesmo tempo, tal é a ambigüidade. Para ele, o conhecimento possível só pode ser compreendido na forma de exterioridade, embora em seu fundo só possa ser iluminado. O termo iluminado é definido como uma luz projetada, ou recebida, como uma espécie de intuição, sem inteligibilidade de explicação. Heidegger também nos diz que o indivíduo é o único existente que tem a facilidade de se interrogar.

Kierkegaard e Jaspers são exemplos de filosofia existencialista de distintas formas, mas que possuem em comum um fundamento religioso em seu pensamento. Sartre se separa deles ao assumir seu franco ateísmo como base para a sua filosofia.

O problema de Deus está ligado ao tema da contingência. As freqüentes perguntas "O que fazemos aqui?", "Por que estamos aqui?" e "Para onde vamos?" pairam nas cabeças pensantes. Para os existencialistas cristãos, a contingência tem sua origem na contingência original. Uns acentuam mais que outros a dependência absoluta do homem ao Criador. No Existencialismo ateu, a contingência toma o caráter de irracionalidade, de absurdo brutal. O homem está aí sem razão nenhuma. Desperto em sua consciência para a vida, já está aí, como que à deriva, sem esperança. Para Heidegger e Jaspers, o homem é um poder ser, uma transcendência, embora Jaspers vá mais além da existência humana.

O existente humano é sempre mais do que é, ainda o que não seja o que ele será. Como diz Sartre (1953, p. 85), "O ser que não é o que é e que é o que não é". Não é um decreto eterno de uma essência que lhe impõe ser, mas o que resulta ser: autodeterminação. É o que se faz.

As escolhas, para a corrente cristã, são geradoras de angústia e fragilidade, embora não sendo sinal de debilidade, ao contrário, trata-se do movimento privilegiado da existência. Ao escolhermos, colocamos todos os recursos da personalidade em ação; trata-se de um ato gerador da personalidade. Jaspers (1968) nos diz que a existência é uma eterna conquista, e seu ritmo próprio é a crise (movimento contínuo de fracasso e vitória). Kierkegaard (1972) atesta que é pela liberdade que a angústia manifesta a perfeição da natureza humana. Para Heidegger, a angústia é o sinal do sentimento autêntico da condição humana.

A visão de Sartre

Sartre ressalta o papel ativo do homem no seu próprio destino. Preocupa-se exclusivamente com a existência do indivíduo e a expressão básica da "existência precede a essência", oposta a toda metafísica tradicional que, a partir de Platão, sempre sustentou que a essência precedia a existência. Segundo Platão, quando pensamos na natureza humana, logo nos referimos a um Deus criador, uma espécie de artesão supremo. Nesse sentido, o indivíduo seria nada mais do que a realização da concepção definida contida na mente de Deus. Sartre repugna tal idéia reafirmando a condição do homem criador. O foco na responsabilidade de o homem se fazer a si mesmo foi um dos pontos fortes em Sartre, já que não cabe ao indivíduo culpar ninguém pelos seus atos. Contudo, Sartre nos diz que o processo de construir a si mesmo leva o homem a eleger não apenas para si, mas também para todos os homens. Assegura a responsabilidade pela sua individualidade, mas também por toda a humanidade. É como se antes de escolher uma forma de ação o homem pensasse se todos atuariam de igual forma, o que significa uma essência humana geral. Se vivemos em um mundo de intersubjetividade, esta seria a razão pela qual um indivíduo, ao escolher, elege para outros. Significa que todos os seres humanos podem estar lutando da mesma maneira para enfrentar as mesmas limitações. Sua forma de atuar como ser humano parece pertencer a todos os homens. Ele nos diz que ao escolhermos, afirmamos um valor, e que nada pode ser melhor, a menos que seja melhor para todos (algo semelhante ao imperativo categórico de Kant). Opta por afastar Deus de seu pensamento filosófico, eliminando a possibilidade de encontrar valores em alguma classe de selo inteligível. Não há nenhuma consciência infinita que possa pensar pelo homem e fazer as suas eleições. Parece que a solidão é o resultado da falta de apoio interno e externo ao eu. Ao homem não cabem desculpas. De acordo com Heidegger (1988), Sartre reafirma que o princípio último do Ser é a vontade; só existe realidade na ação.

O ponto de partida de Sartre é o mesmo que o de Descartes, a experiência típica do homem burguês. No burguês não há um sentido radical. Constrói-se a realidade toda. A realidade precisa ser contestada: "Nosso ponto de partida é a subjetividade do indivíduo, e isso por razões estritamente filosóficas" (Sartre, 1954, p. 63). A verdade é o *cogito* "Penso, logo eu sou". Para que haja uma verdade qualquer, é preciso que haja uma verdade absoluta e esta só pode existir na subjetividade. Essa exigência já aponta para a presença da Metafísica moderna em seu pensamento. Um segundo ponto também a inclui, a dicotomia sujeito-objeto, que se apresenta de imediato com uma dimensão metafísica. Sua primeira conseqüência da afirmação da consciência é a negação do materialismo. A forma com que o materialismo trata tudo e todos como objeto é recusada. O repúdio de uma pretensão metafísica do materialismo é acarretada pela afirmação da subjetividade. Ao mesmo tempo, a dicotomia é instaurada e todo o seu pensamento obedece a ela. O *cogito* é em Sartre o fundamento, assim como o é para Descartes. Este recorre à dúvida metódica, que primeiro aplica ao conhecimento sensível, depois ao intelectual, para atingir as verdades. Pensando ter alcançado a verdade mais fundamental quando proferiu tal máxima, Descartes cometeu um erro básico ao equiparar o pensar ao ser e a identidade ao pensamento. Em Sartre, a dúvida levantada não repousa no conhecimento, como na visão cartesiana, mas na existência mesma. Tal horizonte se apresenta claro no livro intitulado *A náusea* (Sartre, 1956).

A existência constitui a experiência da náusea: não é só subjetiva; invade todos os horizontes. Sou o sujeito que sente a náusea; sou esta contingência radical (absurdo). No fim da obra, Sartre sugere um "talvez". No mundo filosófico de Descartes não cabe a náusea, já que o *cogito* é puro pensamento auto-suficiente. Este exclusivismo de pensamento, aliado ao fato de que esta seria uma maneira ilhada de se ver o homem, levou Sartre a se apoiar no conceito de ser-no-mundo proposto por Heidegger. A idéia de mundo (ser-no-mundo) dá ao *cogito* uma dimensão mais existencial ausente em Descartes, pois não tem sentido definir o homem excluindo o seu mundo. O ponto de partida é a consciência que não se fecha em si mesma, apoiado que Sartre está no homem como este ser-no-mundo.

O homem em Sartre é negatividade, isto é, a existência humana é pura gratuidade, um absurdo sem sentido. Pela náusea a realidade perde a razão de ser. As coisas são o que aparecem à visão do homem, e a pretensa substancialidade das coisas vem das palavras: "O essencial é a contingência. Quero dizer que, por definição, a existência não é necessidade. Existir é estar aí, simplesmente..." (Sartre, 1956, p. 166). A raiz da náusea é colocada nesta gratuidade. Mas aponta alguns caminhos para superá-la. Quando o homem se dirige para Deus, o Absoluto, tenta se livrar dela, mas, para ele, o caminho da transcendência divina mostra seu caráter de autodefesa por meio do auto-esquecimento. Seria necessário abandonar a imanência ou mesmo divinizá-la. A busca por Deus não seria a garantia do seu término. Outra saída poderia ser o ocupar-se com outros do passado ou do presente. É a história e a intersubjetividade fazendo o seu papel. Mais duas formas se apresentam na superação da náusea: a arte e a literatura. Na música, por exemplo, no momento em que se a escuta, suspende-se esse mal-estar, mas logo depois há o retorno. A impossibilidade de salvação é um tema que persegue Sartre em todas as suas obras. O mito sartriano, por exemplo, aponta para a nossa conduta em relação ao fim supremo. A salvação passa pela gravidade do ato.

O tema exclusivo e absoluto na obra de Sartre é a liberdade. O homem em seu ser é liberdade que é indeterminação absoluta: "O homem é o ser pelo qual o nada vem ao mundo" (Sartre, 1953, p. 60). O Nada não está fora do ser, mas está nele. Não há continuidade psíquica. O nada não consegue motivar o nada, daí se conclui que é a origem absoluta de si mesmo. O divino não vigora como resposta e o homem é devolvido ao seu próprio nada. Para entendermos o homem, segundo essa perspectiva, devemos ir fundo neste outro que não o ser, ou no outro que não Deus. Os dualismos são uma presença constante na obra de Sartre. A consciência, por exemplo, é intencional, é um nada: se tenho consciência, sou um ser consciente de algo, mas se não tenho consciência de algo, não tenho consciência. Por isso, ele afirma que a consciência é o que não é. É a consciência da coisa, embora não seja a coisa de que tem consciência. A síntese constituiria o ser perfeito. Mas o indivíduo é esta divina ausência: não pode ser todo objeto, nem ser de todo consciência.

A consciência é um duplo instante que acompanha o indivíduo sempre. Ele é invadido pelo nada. Quer ser perfeição que jamais consegue atingir. A consciência nada tem de substancial e, portanto, não pode ser fundamento de nada, ao contrário, é busca de fundamento. O fenômeno é o que aparece indicando, com isso, que há o que aparece para aquele a quem o fenômeno aparece. A partir de onde se torna possível o fenômeno? Fundamenta-se na natureza humana ou em algo que transcende o homem? Sartre rejeita a tese idealista que assegura que o conhecimento descobre o seu princípio na subjetividade humana. Não concorda com a cisão entre o ser e o fenômeno, presente em Kant (*apud* Walker, 1999). Recusando a idéia de que o objeto tem um ser, afirma que o objeto é. Quando se parte da idéia de que Deus está presente no pensamento humano, há um apelo para a existência de Deus. Usa o mesmo raciocínio em relação ao fenômeno quando diz que ele é um apelo de ser. Partindo então da subjetividade, quer salvar o ser das amarras do subjetivismo absoluto.

Em Sartre, o homem se constrói como busca de fundamento. Porque o para-si habita em sua raiz o nada, não pode ser e permanece condenado a se fazer. O próprio em-si, fechado em si mesmo pela imanência, é totalmente passivo, não havendo nele nenhum fundamento, à maneira de Deus metafísico. A realidade humana é uma constante busca de uma coincidência consigo mesma que nunca é alcançada. O nada explica a busca por um Deus fundante. Se Deus fosse possível, o homem seria mais feliz, de acordo com essa perspectiva.

Sartre tentou proporcionar o fundamento metafísico da libertação do homem na liberdade entendida como autodeterminada, e o fundamento, percebido como certeza de si mesmo, coube ao *cogito*. O enfoque do sujeito como fundamento e o dualismo ontológico sujeito-objeto levam a crer que a determinação da essência da liberdade é histórica, ou seja, se a liberdade é o fazer, este fazer é necessariamente histórico. A determinação histórico-metafísica do que supõe seja o homem determina a essência da liberdade. Reside aí um condicionamento que não pode ser negado. Reintroduz, no plano da liberdade, a mesma dicotomia que via no conhecimento (dualismo em-si *versus* para-si). Se o homem compreende a sua liberdade, ele o faz por ser histórico, inserido em sua historicidade. A história assim determina a essência da liberdade. E o condicionamento ontológico da liberdade inaugura outro conceito, a situação. Toda liberdade está em situação. Os obstáculos, não inventados pelo sujeito, só adquirem sentido pela livre escolha, ou seja, a escolha é fundamental, mas a situação aparece tendo como fundo a facticidade: "A liberdade é a apreensão de minha facticidade" (Sartre, 1953, p. 575). Ora, se o homem se faz absolutamente livre e responsável por sua situação, ele só pode ser livre em situação. Mas não existe limite para essa autonomia de escolha? Sartre aponta para situações-limite como a morte e o nascimento, afirmando-os como absurdos por se tratar de fatos contingentes. A idéia que alega ser o homem irresponsável pelo seu nascimento, por exemplo, põe um forte acento na facticidade. Mas, se a facticidade é um determinante do para-si, o homem é visto a partir de um fundamento. No livro *O ser e o nada*, Sartre (1953, p. 641) mesmo afirma: "Eu sou responsável por tudo, salvo de minha própria responsabilidade porque não sou o fundamento de meu ser".

Existe uma dimensão metafísica no existencialismo sartriano não apenas no interior da sua filosofia, como também em sua relação com a tradição metafísica. Seu pensamento apresenta um caráter metafísico, e entendemos que continua fiel à Metafísica ocidental. É disso que iremos tratar agora.

A metafísica e Sartre

A filosofia de Sartre assenta-se no mundo concreto e na vida cotidiana do indivíduo. Descarta ele a ilusão, introduzida por Aristóteles, de que o ser é uma substância oculta por trás daquilo que nos aparece. Seguindo o pensamento de Husserl de que "tudo está em ato", diz-nos que a aparência, ou fenômeno, das coisas já encerra a sua essência. As coisas são exatamente como se mostram ser. Entretanto, isso não significa dizer que o fenômeno se confunde com o ser propriamente dito. O ser do fenômeno não pode se esgotar na série de aparições do fenômeno. O ser existe mesmo que nos escape à percepção. Este livro, por exemplo, existe na minha percepção, mas continuará existindo quando o foco da minha percepção se dirigir para outro objeto. Assim, o ser é regido pelo Princípio de Identidade, isto é, ele é somente aquilo que é; está fechado em si mesmo. Sua existência é pura contingência, o que significa dizer que nada justifica o seu aparecimento. Não temos, segundo Sartre, que encontrar uma causa originária para o ser. Outro ser, Deus, por exemplo, não poderia tê-lo criado, já que, se todo ser devesse ser criado por outro ser, este deveria proceder de outro ser e assim indefinidamente. Da mesma forma, não se poderia dizer que o ser poderia criar a si mesmo, porque, assim, o ser deveria existir de uma certa forma antes de se criar, para criar-se. Essa absurdidade do ser, ou revelação da contingência, está presente na sua obra *A náusea* (Sartre, 1938, p. 160), em que o personagem principal, Roquetin, nos diz: "Ora, nenhum ser necessário pode explicar a existência. A contingência não é uma ilusão de ótica, uma aparência enganadora que se possa desnudar. Tudo é gratuito: esta cidade, este jardim, eu mesmo". Mas, esse Roquetin, como homem, não é exatamente como o ser é. O ser rege-se pela imanência (identidade de si a si); não tem consciência. Não há nele a propriedade de pensar sobre as coisas, de emitir juízos sobre elas. A consciência precisa se afastar do objeto para ser consciente dele; presencia os objetos do mundo a uma certa distância e, por isso, embora atrelada ao ser, não se identifica literalmente com ele. Ao fazer-se consciência, o ser perde o Princípio de Identidade, isto é, tornado consciência, o ser já não se esgota em si, mas é uma distância ou uma relação. A relação mantém uma relação de si para si mesma. Por isso, a expressão Em-si é usada por Sartre para designar o ser, na sua materialidade. Abrange tudo o que existe, exceto a consciência. Chama consciência de Para-si, por tratar-se de uma relação de si para si. Essa expressão, por si só, define as coisas como distância ao ser. Assim, o Em-si não precisa do Para-si para existir, mas precisa do Para-si, como fenômeno, para aparecer, porque é pela consciência que ele se mostra. A consciência traz as indagações; coloca os porquês e, desse modo, não se pode saber por que há o ser, ou por que o Para-si surge a partir do Em-si. Simplesmente, uma vez indagadas, essas perguntas já aparecem com o Para-si.

A distância que a consciência se coloca do objeto é uma distância feita de nada, ou seja, é o nada que a distancia do ser. Entre a consciência e o mundo, existe o nada: "O homem é o ser pelo qual o nada vem ao mundo" (*ibidem*).

Os dois modos de ser (Em-si e Para-si) não podem ser fundidos em um só. O que de fato existe é um trânsito de um para outro, que jamais se opera completamente. A realidade do Para-si é a de ser uma nadificação do ser. O Para-si precisa do Em-si para não ser uma pura abstração. Ao contrário, o Em-si, na sua plenitude, não necessita do Para-si. A afirmação que fazemos sobre um objeto geralmente constitui uma negação externa (este livro que percebo não é um copo), e interna (não sou este livro). Assim, a consciência só pode existir como Para-si, ou seja, como relação interna e fonte que inclui o nada no ser.

Existe uma espécie de separação do Para-si que faz dele um ser inacabado que precisa se completar. Se ele fosse acabado, a consciência seria idêntica a uma coisa. Para que a separação interna seja superada, objetivo inatingível de Sartre, o Para-si precisaria se converter em Em-si. Há uma tentativa constante de completar este "vazio interior", ou distância feita do nada, que o separa de seu ser pleno e acabado. Sartre chega mesmo a dizer que o "mundo interior" da consciência é ilusório, já que o Para-si não possui um conteúdo; é um eterno dirigir-se para algo (intencionalidade).

A conclusão até agora é que o Em-si não possui consciência e sua existência é independente de qualquer consciência que se tenha dele, isto é, não é afetado pelo Para-si. Ao contrário, o Para-si é consciência e só pode existir na dependência da consciência que tenha dele mesmo. Existe com transcendência (fora do mundo, como consciência) e facticidade (dentro do mundo, como ser). Daí, Sartre dizer que a realidade humana é ôntica e ontológica.

Sendo uma falta de ser, um projeto de ser totalizado, o Para-si deseja conquistar estabilidade, uma espécie de densidade, sem deixar de ser consciência. É como se almejasse um estatuto ontológico de um Em-si-Para-si. Como, então, o ser se torna o Para-si? O que Sartre diz é como se o Em-si quisesse ser o seu próprio fundamento, ser responsável pelo que é, e, para isso, fizesse nascer o Para-si que é capaz de se fundamentar como ser, já que tem consciência e poder de escolha. Mas o Para-si carece de um ser pleno que possa vir a fundamentar: eu, Para-si, tenho substância, tenho ser, ainda que não seja um ser pleno. Só Deus é, e por isso o Para-si busca ser Deus. A transformação em Em-si, na busca de fundamentação de si, necessariamente conduz ao projeto de ser Deus: Em-si-Para-si.

Como mencionado anteriormente, o que Sartre queria era estabelecer uma fusão entre o Em-si e o Para-si, uma espécie de ser perfeito sendo, ao mesmo tempo, consciência e objeto. Contudo, a consciência é dualismo, distância, separação, e, dessa forma, tal síntese torna-se inatingível. Sartre chega a mencionar que o Para-si quer converter o nada em seu ser pelo horror de lidar com o nada em seu ser. É esta razão que o leva a inventar um ser, um Deus, um fundamento.

Toda essa relação entre o ser e o nada, em que a obra clássica sartriana se desdobra, é uma questão básica da Metafísica. Esta constitui um conjunto de doutrinas que se situam além da verificação experimental dos fenômenos físicos aparentes. A Ontologia constitui um de seus ramos e é o estudo sistemático e racional dos últimos fundamentos do ser. A constante indagação de se existe algo por trás das mudanças contínuas ou se existe apenas o processo do devir é um ponto ressaltado na Metafísica. O foco é o fundamento, a origem ou o suporte dos fenômenos chamado de substancialismo ontológico e presente em Tales,

Anaximandro, Platão, Aristóteles e Spinoza. Também existe o questionamento sobre se há uma única realidade fundamental (monismo presente em Tales, Platão e Spinoza) ou mais de uma realidade (pluralismo presente em Demócrito, Descartes e Leibnitz). O que a Metafísica busca no fundamento é a síntese. Sartre também procura uma ligação sintética entre essas dualidades, derivada da própria subjetividade do sujeito, como se o Para-si fosse o princípio da reunião.

> O Para-si sugere o que seria uma degeneração, uma "doença" do ser: é o ser que experimenta uma desorganização interna, rompe-se e se desloca de si. O fenômeno metafísico da consciência representa o contrário do princípio da conservação da energia, no plano físico: se um único átomo que constitui o Universo fosse destruído, seguir-se-ia uma catástrofe que se estenderia à destruição da Terra e do Sistema Solar. Quando o Em-si se rompe para converter-se em Para-si, ocorre não uma destruição, mas a aparição mesma no mundo: a consciência faz com que o mundo surja dela como existente. (Perdigão,1995,p. 39)

Se o Para-si toma a sua origem do Em-si, o fundamento do Para-si está no Em-si. Aí aparece a indagação: qual é o fundamento do Para-si?

Se o Para-si é indagação, volta-se para a sua origem e é no nada que encontra o seu fundamento. E de onde vem o nada? Gerd (1984, p. 144) nos esclarece esse ponto:

> Acontece que, de um modo tipicamente metafísico ou platônico, Sartre encobre o problema ao explicar o nada como simples privação singular – e termina dando razão a Bérgson. Se o nada se define como privação de ser, o fundamento do Para-si só pode ser buscado no Em-si; o fundamento do homem se resolve, portanto, no contexto de uma ontologia do ser...

Encontramos em Sartre a tese e a antítese, o Em-si e o Para-si, o Ser e o Nada, mas os dois termos se mantêm exteriores, não atingindo a síntese. Embora o fundamento do Para-si esteja no Em-si, tal fundamento não parece apresentar vigência, uma vez que os termos permanecem exteriores, sem nenhuma possibilidade de junção.

A Metafísica encontra a solução da separação na entificação do ser, ou seja, dizer, no processo no qual um ente determinado é compreendido como medida do real, seja ele absoluto ou não. A separação é ôntica quando afirma a multiplicidade dos entes, mas também é ontológica na medida em que estabelece uma relação entre ente e seu fundamento (existente em Platão, na relação entre Idéias e o mundo das sombras). Sartre se preocupa com a separação entre o Em-si e o Para-si. Afirmando o Em-si como fundamento, Sartre se assemelha à Metafísica. Nesta, no ser entificado, quer como Idéia, Ato Puro ou Espírito, a finitude é esquecida, isto é, pensa-se o real a partir de Deus. Preocupa-se com a presença de Deus no finito. Embora parta da separação, o que quer buscar é a unidade perfeita. Sartre, encontrando tal tentativa impossível, faz o caminho contrário: o monismo volta à separação ou dualidade. Sartre se recusa à Teologia e põe o fundamento no plano "físico", rejeitando a alma dos metafísicos. Mas, usando o Em-si como fundamento, faz dele o mesmo que a teodicéia tradicional, uma vez que o define como perfeito e absoluto. Baseado na impossibilidade da Teologia, permite que seu pensamento se baseie no teológico. De acordo com Gerd (1984), se Platão dissesse que a Idéia era inatingível para o homem, seria ele sartriano. O Deus metafísico continua a pertencer ao pensamento sartriano. Continua metafísico porque seu pensamento se prende ao postulado de entificação do ser, contudo o fundamento é outro. Sartre nos diz:

> Toda realidade humana é uma paixão, porque ela projeta perder-se para fundar o ser e para constituir ao mesmo tempo o Em-si que escapa à contingência sendo seu próprio fundamento, o *ens causa sui* que as religiões chamam Deus. Assim, a paixão do homem é inversa à do Cristo, pois o homem se perde enquanto homem para que Deus nasça. Mas a idéia de Deus é contraditória e nós nos perdemos em vão; o homem é uma paixão inútil. (p. 708)

O problema de Deus

Sartre desenhou um homem absoluto, sem interferências em suas escolhas. A afirmação da independência do homem em seu ser e em seu agir é o que garante a total liberdade diante do seu destino. Em sua obra intitulada *Diários de uma guerra estranha* (1983), Sartre confessa que foi o seu orgulho que o fez se dedicar aos fracos em resposta à opressão dos mais fortes. Não parecia ter lugar para Deus em alguém que, por orgulho ou defesa, sentia-se mais poderoso. Contudo, a perda da fé, em si mesma, já desloca os possíveis laços com a divindade. Um Deus paternal só viria a aumentar o infantilismo das eleições do homem. Contudo, mesmo que, em Sartre, o ser Transcendente seja um ser ausente, ele vê neste ser ausente uma abertura para o infinito, porque o homem não tem mais algo palpável ou sensível ao qual atrelar sua individualidade (1983). Entregue à liberdade e ao seu atuar histórico, o homem se diviniza, ao mesmo tempo que se torna escravo da própria subjetividade. Sartre afirma que o mais importante é compreender a História, participando dos fatos e não ficando na posição do observador passivo. Mas Deus continua presente na História.

O ateísmo sempre esteve ligado ao materialismo, mas em Sartre eles estão dissociados. Além de recusar Deus em toda a sua obra, refuta a tese materialista, um repúdio à hegemonia da matéria. O foco na consciência já pronuncia a rejeição de qualquer teoria que prime pela relação ser-objeto. Se o homem fosse o ser, o materialismo estaria correto. As mesmas razões que o fazem repudiar o materialismo o levam a assumir o ateísmo. Para ele, Deus não resolve nada, ou melhor, o Nada. Assim, a condição do homem é não esquecer o nada que ele mesmo é. Sendo gratuidade fundamental, Deus se torna desnecessário e absurdo. Suas explicações são de caráter psicológico, apostando em descrever algumas experiências que não são alcançadas pelo divino. Por esse lado, seus argumentos são frágeis, mas, se examinados à luz dos pressupostos metafísicos, são bem mais ricos e válidos. Os argumentos seriam a perda da vigência do fundamento, e a dicotomia sujeito-objeto como categorias últimas da realidade. Sartre pretende um conceito de Deus contraditório. Sem abandonar os pressupostos da Metafísica, leva a crise de identidade a seu extremo. O conceito de Deus diz respeito à síntese entre em-si e para-si, à moda hegeliana. Como a síntese se torna impossível, Deus também o é. Se Deus tivesse consciência, segundo esta argumentação, abrigaria o nada, pela intencionalidade. Precisaria de uma relação de alteridade, isto é, de um outro que não Ele, para ter um ser. Não sendo consciência, seria um objeto, um em-si, o que já seria absurdo. Conclui que Deus é um projeto da humanidade. Nega a transcendência ao Deus dos filósofos e O mantém preso no campo da consciência. Por não conviver bem com o seu próprio vazio, o homem idealiza um ser supremo que o conforte. Com a exclusão de Deus, a igualdade dá lugar à diversidade pura; concentra o homem em sua particularidade. O homem se torna a medida de todas as coisas, inclusive de Deus. A resultante disso, a desolação, acaba por fazer o homem procurar por uma nova medida.

Sartre se recusou a admitir um Deus arbitrário que impedisse a individualidade em constante questionamento no ser humano. Exaltando o homem e negando o transcendente, não estaria ele reafirmando o Deus imanente, isto é, o que há de divino no homem? Neste momento, gostaria de expor mais este ponto.

Existem duas correntes na história da espiritualidade: uma espiritualidade de cima e uma espiritualidade de baixo, pegando emprestado os termos de Grun e Dufner (2004). A espiritualidade de baixo foi posta em prática no monaquismo e significa que Deus não nos fala através da Bíblia ou de igrejas, mas através de nós mesmos, daquilo que nós pensamos e sentimos, através de nosso corpo, nossos sonhos, feridas e fraquezas. A frase de Evágrio Pôntico (Bunge, 1986) "Se queres chegar ao conhecimento de Deus, trata de antes conhecer-te a ti mesmo" demonstra bem essa posição. É preciso descer às profundezas da própria realidade. Em momentos dramáticos, experienciados em nossas vidas, mergulhamos na profundidade de nossa realidade e perguntamos o que fazemos neste mundo ou qual o nosso lugar no conjunto de seres. É nesse contexto que colocamos a espiritualidade, uma das fontes, mas não a única, de inspiração e da capacidade de autotranscendência. Dalai Lama define espiritualidade como "aquilo que produz, no ser humano, uma mudança interior" (cf. Boff, 2001, p. 16). O ser humano nunca está pronto, pois está sempre se fazendo, mas há mudanças que não chegam a alterar a sua estrutura de base. A real mudança é uma espécie de transformação alquímica que promove um novo sentido à vida. Assim, no caminho de baixo, precisamos descer até a própria realidade para nos elevar. O que me abre para uma realidade superior é o exame das minhas fraquezas, das minhas incapacidades.

A espiritualidade de cima se inicia pela imposição de ideais. Nasce de um anseio do indivíduo de tornar-se melhor para chegar mais perto de Deus. Esse caminho foi adotado na teologia moral, tal como ensinada a partir da era iluminista. Nela está presente a idéia de um Deus Transcendente, e para que o indivíduo chegue a Ele precisa realizar a ascese e a oração, práticas necessárias de purificação.

Ambos são caminhos abraçados pelo Oriente e Ocidente, paradigmáticos, diferentes, mas complementares. O Deus Transcendente, ou Deus do universo, seria o fundamento de tudo, mas existe o Deus imanente ou Deus da humanidade, a individualidade da Deidade e do Eu. O Deus transcendente tem dominado o pensamento religioso de milhões de pessoas, no decurso do século. A idéia do Deus imanente é mais recente, e a humanidade vai aos poucos despertando para esta expressão ingênita da divindade através dos seres humanos. Deus não pertence às igrejas ou às crenças religiosas, mas aos homens. Um caminho diz respeito à comunhão pessoal com Deus que inclui o todo; o outro, o caminho de comunhão com o todo que inclui Deus. O caminho ocidental marcado pela experiência judaico-cristã é centrado no encontro com Deus que se revela de forma dialogal. É um encontro eu-tu à moda buberiana. Deus se espelha no universo e está presente em tudo. A busca oriental, no entanto, é a construção de um caminho que leve a uma experiência de totalidade; uma experiência de não-dualidade. Há uma busca da interioridade, diferente da exterioridade contida no outro caminho. Passando pelos meandros de nossos desejos e pelas profundezas de nossas intenções, um centro interior é criado funcionando como uma espécie de satélite de toda a realidade ao redor, refazendo a percepção da totalidade.

A Psicologia moderna vê com bastante ceticismo o caminho de cima, acreditando que ele possa criar uma divisão interna no homem. A identificação com os ideais acaba por reprimir a própria realidade, se esta não está coerente com os ideais. O caminho interno é mais aceito pelos psicólogos, pois é uma verdade defendida que só se pode chegar à verdade por meio de um honesto autoconhecimento. Chegando ao fim de nossas possibilidades, podemos estar abertos a uma relação com Deus. É como se descrevessem os passos terapêuticos que o homem precisa dar para chegar ao seu verdadeiro eu, mas também é um caminho religioso que, pela experiência de fracasso, conduz a uma relação profunda com Deus. O caminho oriental está presente em Jung quando diz que o caminho para Deus passa pela descida às próprias trevas, levando-nos ao inconsciente. Para ele, a humildade é a coragem de olhar a própria sombra. Também está presente em Medard Boss ao dizer que, quando seus pacientes querem chegar à experiência do divino, precisam antes ter passado pela experiência do sensível. O criatural antecede o divinal.

Do exposto, podemos voltar a Sartre e tentar entender o que ele fez. De uma certa forma, a espiritualidade de baixo está sutilmente contida na sua filosofia. Ressalta o mergulho na subjetividade para que as escolhas sejam a tecitura do caminho de autoconstrução. Não deixa de ser uma forma de empurrar o homem para essa verdade. Em relação à moral, Sartre (1983) nos diz que é algo específico do ser humano, não tendo sentido para Deus. Este "para Deus" e não "para um Deus" pode ser indicativo da aparição sutil de um Deus pessoal.

A morte é um dos aspectos da finitude humana muito estudado em Sartre.

> (...) segundo ele, a religião cristã encara o Nada ou a possibilidade de fracassar, como a particularização do ser humano, sendo que para ele deve-se reconhecer o Nada porque, como a particularidade supõe a possibilidade de que algo dê errado, é preciso que se valorize a derrota. Este valorizar a derrota não é algo desprovido de todo o sentido, já que tem como objetivo primordial, despertar no homem valores transcendentais, que visem elevar sua condição de mero espectador da vida que passa a agente de seus atos mais fundamentais. (Lima, 2003, p. 620)

A derrota na morte como perspectiva arrefece o desejo de auto-superação, suposto da liberdade. Assumindo a morte, ultrapassa a universalidade do ser através da singularidade individual.

Sartre tem a preocupação de imprimir à natureza humana uma total transformação a ponto de melhorar a sua vida. É a sua moral de salvação não no sentido religioso, mas estóico. A preocupação realmente é com o aperfeiçoamento humano. Ainda que critique a moral cristã, sua meta não se afasta muito daquela do cristianismo. Tentou sua salvação por meio da literatura, o grande sentido em sua vida. Sua concepção da vida como objeto transcendente construído pela realidade humana em busca de um fundamento significou a possibilidade de crescimento e aperfeiçoamento.

Padre Clauber Pereira Lima (2003) aponta para a questão de que a consciência não é causa de si. Já vimos que Sartre negou qualquer fundamento transcendente para a consciência, contudo, de acordo com Clauber, o problema continua quando afirma que ela tem sustentação na gratuidade. Haveria gratuidade sem Transcendente? Também, ao descrever a consciência como transcendente, pois é um ato de saída de si para captar o mundo a sua volta, não poderia estar aí uma abertura para o Transcendente como elo entre a captação da realidade e o real como um todo?

O homem seria sem sentido? Embora confrontado diversas vezes com o inesperado (nascimento, morte, sofrimento...), o homem é uma liberdade que se projeta rumo à vida. Pensemos nessas barreiras como oportunidades para a superação de nós mesmos. A liberdade tem sentido pelo fato de projetar o homem em direção a um projeto maior, qual seja, a felicidade de todos (já presente na afirmação que, quando o homem escolhe para si, escolhe para a humanidade). A busca de algo realizável, ou possível, tira o homem da angústia. Talvez seja por isso que Sartre diz nunca ter experienciado a angústia; criou o seu grande sentido ao realizar o seu possível literário (sua satisfação simbólica).

> Nunca tive angústia. Esta é uma das noções-chave da filosofia de 1930 a 1940. Vinha também de Heidegger; é uma dessas noções que usávamos a toda hora, mas que não correspondia a nada para mim. Sem dúvida eu conhecia a tristeza ou o tédio, a infelicidade, mas... Enfim, eu a conhecia nos outros, eu a via, por assim dizer. Mas a angústia e o desespero, não. (Lévy e Sartre, 1992, p. 18)

Comparado ao que escreveu em sua obra *O ser e o nada*, "É na angústia que o homem toma consciência de sua liberdade" (Sartre, 1953, p. 66), deixa o leitor confuso. Ele mesmo rebate, dizendo-nos: "Penso que minhas contradições importavam pouco, que apesar de tudo sempre me mantive em uma linha contínua" (*idem*, p. 4).

O sentido é visto quando o homem vive em função da liberdade que vai delineando o seu destino, sem olhar para as coisas que ficaram para trás ou com o futuro que ainda não é, porque o sentido realmente está no presente, assumido em toda a sua maturidade. Ele se descobre e se define pelos fins que projeta. Sendo assim, cabe a ele, e somente a ele, se descobrir um criador. A busca de um sentido por meio de qualquer elemento simbólico passa a ser uma saída viável e saudável para o encontro da felicidade. Cabe aí falarmos de esperança, tema inexistente na obra original sartriana, mas questionada em 1980, quando decide falar da esperança agora:

> Convém não esquecer que eu não falava de esperança na época de *O ser e o nada*. Foi mais tarde que me veio, pouco a pouco, a idéia do valor da esperança. Sempre considerei, mesmo quando não falava dela, que era uma maneira de apreender o fim a que eu me propunha como possível de ser realizado. Eu falava de desespero, mas, como disse muitas vezes, ele não era o contrário de esperança. O desespero é a convicção de que meus fins fundamentais não podiam ser alcançados e que, conseqüentemente, havia na realidade humana um malogro

essencial. E, finalmente, no tempo de *O ser e o nada*, eu concebia o desespero apenas como uma visão lúcida do que era a condição humana ... era de fato Kierkegaard que me influenciava muito a esse respeito. (Lévy e Sartre, 1992, p. 16-17).

Mesmo negando Deus, Sartre não deixa de apontar algo positivo na vida do homem. Se Ele é quem dá sentido ao seu destino, cabe a Ele, e somente a Ele, recriar o seu ser. Sua caminhada pode ser refeita a cada momento. Como uma espécie de redenção, pode transformar a sua realidade em outra. Carente da origem do seu ser, precisa tomar posse de si. Isso é realizado por sofrimento e dor e pela dependência dos acontecimentos à sua volta. Encontrando-se consigo mesmo, vai resolvendo os seus conflitos, e a inicial dependência de outros vai dando lugar à partilha que favorece as corretas relações humanas.

> Em primeiro lugar, você sabe, para mim não há essência *a priori*; portanto, o que é um homem ainda não está estabelecido. Não somos homens completos. Somos seres que nos debatemos para chegar a relações humanas e a uma definição do homem. Estamos neste momento em plena batalha, e isso vai durar sem dúvida muitos anos. Mas é preciso definir esta batalha: procuramos viver juntos, como homens, e ser homens. Assim, é pela busca dessa definição e dessa ação que seria propriamente humana, para além de todo humanismo, é claro, que poderemos considerar nosso esforço e nosso fim. Em outras palavras, nosso fim é chegar a um verdadeiro corpo constituído, em que cada pessoa seria um homem e em que as coletividades seriam igualmente humanas. (*idem*, p. 31)

Enfim, todas as questões ligadas a Deus (Transcendente ou imanente) sempre foram vivas em Sartre, mesmo em sua negação. Para alguém que tanto se preocupou com o sentido da existência humana, é natural que essas questões sempre estivessem presentes em seu pensamento.

Conclusão

A palavra Deus tornou-se vazia de significado ao longo de milhares de anos de utilização imprópria. Tal utilização parece-me inapropriada em pessoas que jamais tiveram a menor idéia do reino do sagrado, da infinita imensidão contida nessa palavra, mas que a usam com grande convicção, como se soubessem sobre o que estão falando. Essa ignorância do sentido da palavra também está presente naqueles que questionam o termo. É em tal uso indevido que faz surgir crenças, afirmações e delírios absurdos, tais como "O meu Deus é o único verdadeiro, o seu é falso", ou mesmo a famosa frase de Nietzsche, "Deus está morto". A palavra Deus se tornou um conceito fechado. Ao pronunciá-la, criamos uma espécie de imagem mental, um velhinho de barbas brancas, isto é, uma representação mental de alguém ou de algo externo a nós, e, quase invariavelmente, do sexo masculino. Trata-se de uma palavra difícil de definir ou de explicar a realidade por trás dela. Seria reduzir o invisível infinito a uma entidade finita, já que a mente pensante apresenta sua finitude. Uns preferem, por isso, usar o termo Ser para indicar a eterna e sempre presente Vida Única, que existe além das inúmeras formas de vida sujeitas ao nascimento e à morte. Entretanto, o Ser não está apenas além, mas também dentro de todas as formas, como uma profunda e indestrutível experiência, sob a forma de um eu interior mais profundo. Dificilmente, o Ser será apreendido pela mente concreta, que tenta entendê-lo por meio de análises lógicas. Os budistas nos ensinaram a nos manter alertas, com a nossa atenção voltada para o Agora, para podermos chegar a esta experiência. Chamam de iluminação a capacidade de recuperar a consciência do Ser em uma submissão ao estado de "percepção dos sentidos" ou intuição.

Além do desgaste da palavra, existe o desgaste do que as religiões institucionalizadas fizeram Dele. Falar de Deus parece ser algo fora de moda, ingênuo ou mesmo ignorante. Existem aqueles que crêem, mas que o negam para não ficarem expostos a críticas. Interessante, porém, tem sido a quantidade de interesse por assuntos esotéricos ultimamente. Livros que remontam ao sagrado, como o *Código Da Vinci*, por exemplo, têm se esgotado nas livrarias. As desculpas são racionais, evidentemente. "Estou lendo um *best-seller*" ou "Fui ver tal filme porque trata-se de uma inteligente ficção". O que parece importar é que existe uma normal curiosidade por trás desta atitude covarde que impede de assumi-la. É a mente concreta ditando suas normas, fazendo o homem temer cair em contradições. Não é minha intenção defender uma crença ou impor uma convicção baseada em minha visão de Deus, mas fazer as pessoas questionarem as suas próprias posições.

Durante todo o meu trajeto na construção deste artigo, procurei mostrar o que existia de Deus em Sartre. Agora, caminhando em direção contrária, procuro demonstrar o que existe de Sartre em mim, sem precisar abrir mão da minha idéia de Deus. Vejo o homem como um ser criador, criatura espelho do maior Criador, que carrega consigo uma espécie de tarefa: a de criar-se, desenvolver-se, experienciar-se no mundo, com o propósito de atingir seu aperfeiçoamento. É a busca pela perfeição. Independentemente da crença em algo que o transcenda, precisa ele se transcender e é primeiramente na busca interior, no contato com suas características máximas, que se lhe revelam no silêncio do seu ser, que se descobre e, a partir daí, vai ao encontro de algo maior. Seja o Transcendente, seja um objeto mais concreto, precisa realizar o que há de imanente para só depois transcender-se.

Ao reconhecermos o homem como criador de sua vida, dizemos que ele é aquele que precisa iniciar o processo. Todo o seu processo decisório é auto-iniciado. Sabendo-se livre, planeja a sua enorme tarefa. Alça vôos e atinge níveis de consciência cada vez maiores. Isso ele faz por meio de esforço, intenção e propósito. Transcendendo-se criativamente, vai se elevando aos homens comuns, ignorantes em seu ser, próximo dos animais irracionais. E nesse ato de transcendência, percebe que sua liberdade, antes franca, absoluta e individualista, já não é mais a mesma. Nesse ato transcendente se dá conta de que o "nós" agora é a prerrogativa e uma nova consciência aparece: "O homem engajado não está mais livre..." (Lévy e Sartre,1992). Ser livre é engajar-se; engajar-se já não é ser livre, tal é o paradoxo ético. A liberdade, antes vestida com a roupagem do individualismo, se despe e se rearruma. O olhar está, neste instante, voltado para o todo, no qual o indivíduo é apenas uma parte. É aí que muitos pensam que tudo está programado. Ledo engano. O homem faz o seu destino e ao deparar-se com este novo olhar, suas escolhas visam a este todo fazendo da consciência individual uma consciência grupal. A qualidade e a altitude da liberdade mudam, mas esta não se ausenta nunca. É como se a programação puramente pessoal se transformasse em uma programação coletiva, realizada pelo próprio homem. Penso que é a partir daí que o homem entende Deus, pois, não mais preocupado em personificá-Lo à sua pequena imagem, entende que Deus é o Todo, tudo o que existe. Encontrado no sorriso de uma criança, na dor de uma perda, no perfume das flores, na construção de uma amizade, nos outros, percebe-se também como deus, ainda que imperfeito. Literalmente, a palavra Deus parece indicar a reunião de eus (de eus = deus). O indivíduo entende que a liberdade é necessária para que possa encontrar a sua verdade. Sua tarefa não é pouca, considerando que cabe apenas a ele desvelar as verdades em que vai esbarrando em suas escolhas. Pode escolher um modo de vida sofrido ou aliviá-lo realizando possíveis que o satisfaçam. Mas a meta é a aprendizagem e o aprimoramento.

Se, de acordo com Sartre, pela imaginação o homem preenche os seus vazios e é capaz de criar o que quer, faço-me valer desse direito e fantasio um diálogo entre ele e Deus, sem querer ser arrogante, já que toda a grandiosidade de Deus não pode ser exaurida em nossos discursos. Baseio-me, ao representar Deus, em vários estudos e entre eles está a obra de Eckhart Tolle (2002).

Deus: Por que você repudia tanto o Fundamento divino se ele não nega a liberdade, melhor, a assegura?

Sartre: Se eu estabeleço Deus como fundamento, não vejo sentido em propor uma filosofia da ação, uma filosofia da autocriação.

Deus: E a que isso se oporia? Foi dado ao homem o privilégio do livre-arbítrio, pois se assim não fosse, se o homem fosse totalmente determinado, por que ele escolheria caminhos tão tortuosos? Não seria um mundo mais fácil se fosse determinado por Mim?

Sartre: Aí a vida seria apenas o Seu reflexo.

Deus: Justamente. Por isso, foi dado ao homem o direito de decidir. Ele começa por se conhecer para depois Me conhecer. Nesse momento nos fundimos novamente.

Sartre: Penso que a entificação do ser é uma saída defensiva para que o homem não se responsabilize pelo que é.

Deus: A responsabilidade deve existir sempre, ainda que negando a sua origem. A responsabilidade é o primeiro ato no homem que reafirma o que existe de espiritual nele.

Sartre: E se Deus existe, e se eu não dependo Dele para me construir, para que Ele serve?

Deus: No reconhecimento da Fonte da existência, o homem se desenvolve até Ele. Você está certo quando diz que o homem quer ser Deus. Esse é o caminho natural do crescimento. A meta realmente é a unidade, mas para isso ele precisa experienciar a separação. Não pense nisso como uma desvalorização do homem, mas, ao contrário, uma valorização maior, pois a ele é dada a confiança para a obtenção desta meta. Homens pensantes, como você, fazem da humanidade algo mais do que um conjunto de meros seres autômatos. É da razão que o homem precisa para realizar seus feitos, ainda que Me negando. Mesmo que Eu não exista na consciência do homem, este é o caminho. Caminhará ele por altitudes cada vez maiores e sentirá a unidade. As dualidades serão resolvidas, e, então, perceberá o verdadeiro sentido da existência. Ao homem foi dado o direito de sonhar, pois os sonhos trazem novas energias e despertam, sempre mais, a sua capacidade inventiva. Ele sonha porque tem necessidades que moldam o seu destino, e, assim, revigora a sua caminhada. Mas o homem também foi dotado de inteligência que é capaz de levá-lo a entender o universo. Foi o que você fez com a sua obra: procurou entender o Homem e se realizou nessa conquista. Foi a sua liberdade que lhe propiciou tal sucesso e o elevou às alturas. Aventar a existência de algo maior, nem que seja pela relação com as pessoas ou com a natureza, é o verdadeiro diálogo Comigo. O homem nunca deve deixar-se abater pelas eventualidades passageiras da vida, porque ele mantém em si a chama criadora. Superação e limitação caminham juntas e formam o todo do ser que está sempre em busca de algo melhor. Você mesmo já falou que a mola propulsora do homem é a sua eterna insatisfação que o leva a questionar-se sempre. Fazer-se original no agir e pensar é a grande aprendizagem e cada um descobre a seu tempo.

Sartre: Não acredito que, ao ressaltar a liberdade e responsabilidade no homem, eu estivesse ressaltando algo de divino nele. Sempre procurei compreender o homem e sua relação com os demais, na construção de uma sociedade de igualdade.

Deus: Era a sua parte divina clamando por um mundo melhor, para a união com o todo. O próprio conceito de liberdade anterior que pregava dificuldade de relação foi alterado para a possível partilha sem a sua perda. Você pôde experimentar isso quando encontrou o amor aos sessenta anos. Não se importou com o julgamento alheio, mas viveu uma mudança interna que o conduziu à mudança teórica. Isso é ser espiritual, uma dimensão do próprio ser.

Sartre: É verdade que minha preocupação sempre foi entender o homem e oferecer-lhe uma ética de libertação. Não via nada de espiritual aí, mas transformador. Se, contudo, espiritual é essa transformação interior, pela lógica fui.

Deus: Seu maior obstáculo foi a mente.

Sartre: Como assim?

Deus: Identificou-se com a mente. O ruído mental incessante impede o homem de encontrar a área de serenidade interior, inseparável do ser, a parte iluminada dentro dele. A iluminação é este estar em unidade que perpassa a mente concreta. Quando há identificação com a mente, cria-se uma tela opaca de conceitos entre a pessoa e o eu interior, entre o eu e o outro. É o que dá a sensação de separatividade. Por detrás da aparência física, forma-se uma unidade com tudo que é. A mente é um instrumento que, se for usado corretamente, é magnífico. Você consegue se livrar da mente quando deseja?

Sartre: Não, é impossível.

Deus: É porque, na verdade, ela usa você, tamanha é a sua identificação com ela. A real liberdade ocorre quando o homem percebe que ele não é essa entidade dominadora. Existe uma ampla área de inteligência além do pensamento e este é somente um aspecto pequeno da inteligência. Sentir a própria presença não é pensamento, é algo mais que surge de um ponto além da mente. Uma nova dimensão de consciência surge apenas observando o próprio pensamento. Ouvindo-o, você pode sentir a presença consciente que é seu interior, por trás do pensamento. O pensamento involuntário desaparece. Há uma interrupção do fluxo mental, uma mente vazia. É aí que o ser experiencia a paz interior. É a unidade com o ser, encoberto pela mente. Pela dificuldade de se afastar daquilo com que você se identificou, você não pode entender a unidade entre consciência e objeto. Sua brilhante inteligência o fez crer que a ela tudo cabia e por isso dificilmente podia chegar à unidade. Esta presença é você, ao mesmo tempo, mais do que você.

Sartre: Se eu parasse de pensar, deixaria de existir.

Deus: Esse medo é uma ilusão. Com o condicionamento pessoal e cultural a que o indivíduo está exposto, ele cria uma imagem mental de si que nada mais é do que uma fantasia do ego que é mantida pelo pensar incessante. A libertação é alcançada no momento presente e só pode ser atingido se você não for a mente. Esta se junta à temporalidade e o Agora escapa. Pensamento e consciência não são sinônimos. O primeiro necessita do segundo, mas o contrário não é verdadeiro, diferença semelhante ao que você se refere entre conhecimento e consciência. A mente vazia é o estado de consciência sem pensamento. Artistas criativos, cientistas como Einstein e filósofos como você, mesmo não tendo consciência disso, criam a partir de um lugar da mente vazia que se origina de uma serenidade interior. O *insight*, ou impulso criativo, vai recebendo a forma da mente. Você pode imaginar como uma única célula humana, com 1/1.000 de 25,4 mm, pode conter instruções dentro do DNA que encheriam mil livros de seiscentas páginas cada um?

Sartre: Os cientistas podem explicar melhor isso.

Deus: Assim como aquele que, possuidor de um certo conhecimento, se entrega a um nível além do pensamento e extrai dele algo mais do que *insights* puramente intelectivos. Geralmente o que impede é o medo. O medo está presente, o medo de que o ego possa ser destruído. Identificado com a mente, a necessidade de estar certo de um argumento, defendendo-o até a última instância, é em razão do medo desta destruição, o medo da morte. Nesse sentido, errar é morrer. A morte, na realidade, representa despojar-se de tudo o que não é você. O segredo da vida é morrer antes da própria morte. Tempo e mente estão demasiadamente associados. Ou se vive da memória ou da antecipação. Na ausência de tempo, os conflitos se dissolvem. Eles precisam de tempo e, quando não têm, não sobrevivem. Viver o Agora faz surgir uma nova forma de conhecimento, que a mente nada sabe. Um conhecimento direto que somente o ser conhece diretamente. Geralmente, a busca pelo sentido da vida está baseada nos condicionamentos passados, no tempo psicológico (identificação com o passado e projeção compulsiva no futuro). A satisfação está sempre em outro lugar, no vir-a-ser. Dessa forma, o futuro é uma réplica do passado porque o futuro é uma parte intrínseca do estado de consciência do momento. Se a mente carrega o fardo do passado, isso se repete.

Sartre: Se é a qualidade de nossa percepção que determina o futuro, então o que determina a qualidade de nossa consciência?

Deus: O grau de presença. O único lugar onde pode começar uma mudança verdadeira e onde o passado pode se dissolver é o Agora.

Sartre: O modelo da consciência condicionada pelo tempo está profundamente enraizado na psique humana. É preciso que o homem não tenha chance de utilizar suas respostas habituais para inventar uma nova saída. Talvez este seja o Agora de que estamos falando.

Deus: Exatamente. O modelo condicionador é profundamente limitador. Na ausência do tempo psicológico, o sentido do eu interior surge, mas não mais que a síntese entre o finito e o infinito, entre o eterno e o tempo, entre o humano e o divino aparece, que você tentou entender sob outras designações. Essa síntese é, ao mesmo tempo, plenamente humana e plenamente divina, sendo no plenamente humano que o divino se manifesta. Não há homem sem Deus, não há Deus sem homem. Tudo o que se sabe sobre Deus, sabe-se por meio de um ser humano. Tudo o que se sabe do Absoluto sabe-se por meio de um ser relativo. Portanto, trata-se de descobrir, dentro de cada ser humano, esse trabalho de síntese, esse processo de integração entre matéria e espírito, entre o ser limitado e o Ser Ilimitado. Todo homem, budista, cristão ou de outra religião qualquer, descobre essa síntese, e é por isso que se pode falar da síntese em uma linguagem que não é obrigatoriamente religiosa. É preciso tomar consciência dessa realidade que no homem ultrapassa o homem. Pode-se falar da síntese de muitas formas, mas o interessante é vivê-la, realizá-la. Fique claro que a presença do divino não destrói a sua humanidade.

É claro que esse diálogo, inventado por mim, é bastante pobre em se tratando das partes que dialogam, mas a idéia é passar o que sinto e penso em relação a elas. Utilizei a minha capacidade criadora na tentativa de levar o leitor a estabelecer o seu próprio diálogo. Não precisamos ficar fechados em posições rígidas para defender uma teoria que abraçamos na vida. A abertura a novos questionamentos não deve ser uma característica reservada a especialistas, mas de cada um se renovar. Os movimentos do pensamento não deveriam ser distintos daqueles de uma vida que ganha uma existência mais abastada. É preciso deixar claro que somente se possui o que se pode inventar. Sartre já nos disse que o homem precisa ser inventado a cada dia e que só se perdendo ele pode se achar. Essa é a idéia do risco da ousadia. Precisamos ousar mais e, nesse ato, nos descobrirmos os verdadeiros criadores da existência. Usemos a nossa liberdade, pois este legado existencial é um direito de todos nós. Exponho aqui algumas de suas falas que se apresentam no livro *A esperança agora* (Lévy e Sartre, 1992, p. 24-25), que demonstram melhor essa idéia de usar a liberdade para rever conceitos e se colocar aberto a todas as possibilidades:

> (...) Como vê, minhas obras são um fracasso. Eu não disse tudo o que queria dizer, nem da maneira como queria. Certas vezes, em minha vida, isso me fez sofrer profundamente. Outras vezes, subestimei meus erros e pensei ter feito o que tinha querido. A esta altura, porém, não penso nem uma coisa nem outra. Penso que fiz quase o que pude, que isso tinha o valor que tinha. O futuro desmentirá muitas de minhas afirmações; espero que algumas sejam conservadas, mas de todo modo há um movimento lento da história rumo a uma tomada de consciência do homem pelo homem. Neste momento, tudo o que tiver sido feito no passado tomará seu lugar, assumirá seu valor. Por exemplo, o que escrevi. É isto que dará a tudo o que fizemos e faremos uma espécie de imortalidade. Em outras palavras, é preciso acreditar no progresso. E talvez seja uma das minhas últimas ingenuidades.

A minha crença em Deus em nada modifica a minha postura existencialista. Continuo vendo o homem como artesão, o artífice de sua obra mais cara, isto é, de si mesmo. Ele é esse ser inacabado que está em constante processo de construção de sua essência. Cabe a ele este papel e esta é a sua grande responsabilidade. Deus pode dar a vida, ou existência, e as escolhas, ou movimento existencial, serão próprias deste pequeno deus que vai se formatando. Como criadores, somos deuses e devemos assumir a nossa obra. O indivíduo, em sua singularidade e originalidade, deve ser focado, mas, ao mergulhar em si mesmo, ou melhor, em seu recolhimento, não apenas se encontra, e encontra o Outro, como afirma Kierkegaard (1972), mas encontra também outros, como nos diz Marcel (1964). Bem apropriada é a exaltação que faz Marcel (1964) à comunhão interpessoal: "é na transparência da minha individualidade e na transparência dos outros que torna possível o vislumbre de Deus". O ser-com autêntico que transforma o outro no verdadeiro "Tu", uma presença, o que é semelhante ao que Buber

(1979) vê como possível somente através do amor. Não há nada de mais válido que o relacionamento humano autêntico, as corretas relações humanas. Buber nos diz: "Eu estou profundamente convencido de que nada está perdido para um homem que vive um grande amor ou uma grande amizade, mas tudo está perdido para quem vive isolado".

Sartre não deixou de lado essa visão e, em resposta a Benny Lévy sobre como é preciso fazer o homem, ele nos diz:

> O que penso é que, quando o homem existir verdadeira e totalmente, suas relações com seu semelhante e sua maneira de ser por si mesmo poderão constituir o objeto do que podemos chamar um humanismo, ou seja, simplesmente, será a maneira de ser do homem, sua relação com o seu próximo e sua maneira de ser em si mesmo. Mas ainda não chegamos lá. Somos, por assim dizer, sub-homens, isto é, seres que não chegaram a um fim, que aliás talvez nunca o atinjam, mas que tendem a ele... Se considerarmos os seres como totalidades acabadas e fechadas, o humanismo não é possível em nosso tempo. Se considerarmos, ao contrário, que esses sub-homens têm em si princípios que são humanos, isto é, no fundo, certos germes que vão na direção do homem e que estão avançando sobre o próprio ser que é o sub-homem, então, neste caso, pensar a relação do homem com o homem pelos princípios que se impõem hoje é algo que podemos chamar de um humanismo. Trata-se de um tema moral, que permanecerá quando o homem for verdadeiramente. Um tema desse gênero pode, pois, dar lugar a uma afirmação humanista. (Lévy e Sartre, 1992, p. 32)

Referências

ANGERAMI, V. A. *Espiritualidade e prática clínica*. São Paulo: Thomson, 2004.

BÉRGSON, H. *Introduction to the metaphysics*. Nova York: The Liberal Arts Press, 1949.

BOFF, L. *Espiritualidade*: um caminho de transformação. Rio de Janeiro: Sextante, 2001.

BORNHEIM, G. A. *Sartre*. São Paulo: Perspectiva, 1984.

BUBER, M. *Eu e tu*. 2. ed. São Paulo: Cortez e Moraes, 1979.

BUNGE, G. (Ed.) Evágrio Pôntico. In: *Briefe aus der wuste*. Trier, 1986.

GRUN, A.; DUFNER, M. *Espiritualidade a partir de si mesmo*. Trad. Herbert de Gier e Carlos Almeida Pereira. Petrópolis: Vozes, 2004.

HEIDEGGER, M. *Ser e tempo*. 2. ed. Petrópolis: Vozes, 1988.

HUSSERL, E. *Idéias para uma fenomenologia pura*. Aparecida: Idéias e Letras, 2006.

_____. *Phylosophy and crisis of european man, in Question Lawer Phenomenology*: its genesis and prospects. Nova York: Harper an Row Publishers Incorporated, 1965.

JASPERS, K. *A situação espiritual de nosso tempo*. Lisboa: Moraes, 1968.

KIERKEGAARD, S. Chronologie e indications bibliographiques. In: _____. *L'existence*. Paris: PUF, 1972.

LIMA, C. P. Sartre e a questão da transcendência. *Revista Eclesiástica Brasileira*, v.63, p. 251, jul. 2003.

MARCEL, G. *Troinsfortaines, de l'Existence à l'Être*. La philosophie de G. Marcel. Paris: Lovaina, 1954.

_____. *La dignité humaine e ses asseses existentielles*. Paris: 1964.

PERDIGÃO, P. *Existência e liberdade*: uma introdução à filosofia de Sartre. Porto Alegre: L&PM, 1995.

SARTRE, J-P. *Diário de uma guerra estranha*. Rio de Janeiro: Nova Fronteira, 1983.

_____. *L'être et le néant*. Essai d'ontologie phenomenologique: Paris: Gallimard, 1953.

_____. *L'existencialisme est un humanisme*. Paris: Nagel, 1954.

_____. *A náusea*. Rio de Janeiro: Nova Fronteira, 1956.

LÉVY, B.; SARTRE, J-P. *A esperança agora*. Entrevista. Trad. Maria Luiza X. de A. Borges. Rio de Janeiro: Nova Fronteira, 1992.

TOLLE, E. *O poder do agora*. Trad. Iva Sofia Lima. Rio de Janeiro: Sextante, 2002.

WALKER, R. *Kant e a lei moral*. São Paulo: Unesp, 1999.

6

Por uma psicologia da pessoa

Luiz José Veríssimo

Do herói ao sujeito

O *homem* é uma designação genérica e vaga. Quando nos debruçamos sobre nós mesmos, observamos várias formas de nos apresentarmos como "homens", de designar e experimentar o fenômeno humano.

O fenômeno humano é algo que aparece a nós como familiar, evidente, pois convivemos conosco e com as pessoas em grande parte de nosso tempo. Mas, se pararmos por um minuto que seja para nos perguntar sobre quem somos nós, ou quem é o outro, o que significa "convivência", logo encontraremos grandes embaraços, hesitações, e acharemos que uma pergunta fundamental proposta pelos gregos, *conhece-te a ti mesmo*, ressoa até hoje. Essa pergunta nos acompanha, tal como experimentaram os gregos, como um oráculo. Um oráculo sugere um enigma, algo apenas parcialmente respondido, na verdade sugerido, insinuado. Ao enigma proposto o oráculo sugere para o trabalho do pensamento um novo enigma, o que nos coloca diante de um novo problema. A nossa existência se assemelha a esse tipo de recuo da evidência, a cada tentativa de aproximação. O ocultamento do sentido da existência permanece ativo e vivo.

Essa complexidade inesgotável da existência nos faz notar que as experiências do fenômeno humano já assinalaram muitos sentidos, muitas formas de o ser humano se apresentar perante a existência, de moldar uma imagem de si, traçar um mapa de seu corpo, conceber uma relação de si com a totalidade do cosmo. Interessa-nos, neste momento, traçar as linhas gerais da trajetória da constituição dos modos de vivenciar o sentido de ser humano que nos ajudem, por comparação e contraste, a desenhar uma noção da *pessoa*.

Nos antecedentes à construção da pessoa, queremos observar mais de perto outras experiências do humano, como a do sujeito e a do indivíduo. Nelas, encontramos a marca da existência como afirmação da imanência. Do homem inserido na cultura arcaica ao homem como centro de sua existência significa uma virada espetacular nos modos de compreensão e constituição do viver da cultura ocidental. O transcendente não sai de cena, mas já não ocupa mais o único lugar central. Na ordem do mundo, vale considerar em seus fundamentos a inclusão do ser humano. O ser não se encontra relacionado apenas ao transcendente, mas, desta feita, e antes do mais, com o imanente, que se afirma e se reconhece como subjetividade.

Será que vale a pena tentarmos costurar uma pequenina história da pessoa? O que aconteceu com o homem que redundou na forma de compreender e de se tratar como *pessoa*? É possível estabelecer um liame temporal, em que uma forma prepara e dá continuidade a novas formas de criar sentido para a dimensão humana do ser? Ou tudo que podemos fazer é assinalar marcos importantes, mais ou menos auto-suficientes, nas experiências do humano? Sendo histórico ou constituído basicamente por rupturas, consideramos oportuno apreciar um panorama dessa antropologia que nos fornece concepções da experiência humana ao longo da tradição ocidental. No desenvolvimento do pensar, é importante captar um fio de interpretação que requer uma pesquisa genealógica. Com esse método, estamos imaginando um estudo acerca de alguns marcos decisivos da experiência do ser humano que nos ajudem a acompanhar o sentido da sua existência, uma formulação para sempre inacabada.

Um primeiro marco vislumbramos na Grécia pré-filosófica, a Grécia mítica, a Grécia arcaica. Lá imperam as Moiras. Elas trançam as tramas de nosso destino. Imagem poética, fiel a um destino inapelável. Cloto é a tecedeira. Láquesis é a que mede o tamanho do fio. E Átropos, do privativo *a* mais o verbo *trépein*, voltar, é "a que não volta (atrás)". As três representam o destino em seu conjunto. Nesse mundo, todos estamos atrelados a um destino predeterminado, rigorosamente fadado. E o melhor que podemos fazer, a excelência de nossa ação (a virtude), simbolizada pelo herói, consiste em fazermos da melhor maneira possível o cumprimento zeloso do nosso destino, e isso significa viver com coragem, confiança nos deuses, cumprirmos o nosso serviço, aquilo a que nos destinamos perante os deuses e a comunidade, a *pólis*. O herói não existe em si mesmo, para ele mesmo. Sua ação tem um alcance coletivo. Por isso, alguns autores defendem enfaticamente a tese de que não existe subjetividade na Grécia antiga. O indivíduo vive no coletivo e para o coletivo, por vezes passando por cima de sua própria vontade. Ulisses tenta fugir de Pelamedes, que foi buscá-lo para ingressar nas fileiras militares na guerra contra Tróia. Ulisses queria ficar em Ítaca com sua família, não por covardia, mas por um incomensurável amor à esposa. Para isso, fingiu-se de louco. Mas acabou se denunciando, após hábil estratagema de Pelamedes, que lançou seu filho à frente das rodas de uma charrua, forçando o herói a mostrar-se como tal para salvar o pequeno. Ulisses se sentiu sem ter como recusar o "convite". Ele não esquecerá esse desenraizamento. Só retornará ao seu reino natal vinte anos depois, após uma longa *Odisséia*. Isso vai gerar um imenso ressentimento no herói, que prepara uma vingança terrível e fatal para Pelamedes (Brandão, 1986-1987, p. 292-293). Mas Ulisses vai à luta. O herói não é necessariamente o que vence, mas o que luta. No mundo mítico-religioso e social grego, nada somos sem os deuses e sem a integração na vida da cidade.

No apogeu desse mundo, surge Sócrates. Ele é um herói diferente, estranho. "Sujeito" esquisito esse Sócrates. Dizem que, após uma batalha, ficou horas estático em posição tipicamente contemplativa, apoiando a cabeça com a mão em êxtase filosófico. Ele inaugura um modo de viver e de pensar insubmisso às normas sustentadas por uma apropriação pelo Estado da mitologia vigente, e pagou com a vida por isso. O sentido da existência passa a ser se preparar para a morte e estar morto (Platão, 1987, p. 65 ss., 64a ss.). Isso quer dizer: enquanto todos se preocupam na fruição dos prazeres e na aquisição das riquezas e das honras, Sócrates propõe algo como o cultivo da alma. Sua nova fórmula prescreve um *conhece a ti mesmo* antes de conhecer qualquer coisa, e antes de qualquer ação, vontade e julgamento. Inaugura assim, de um só golpe, a Antropologia Filosófica e a Ética. Platão e Aristóteles, os grandes mestres do mundo Antigo, resguardadas as suas diferenças, dão continuidade ao projeto metafísico, exaltando o ser como origem e sentido da existência. Permitindo-nos um salto para o mundo medieval, observamos que as idéias desse mundo tentam promover um casamento entre o ser da filosofia e o Ser da religião. Deus assume o significado primeiro e último da vida, é uma essência que a tudo precede.

Em contraste com o que relatamos até aqui, o *sujeito* tem a sua emergência justamente em uma cisma com formas religiosas, filosóficas e institucionais tradicionais. O filósofo Gerd Bornheim (2001, p. 18 ss.) falava com insistência do prazer que Descartes (que, assim como Sócrates, participou de batalhas) sentia ao caminhar sozinho, livre, sem rumo certo, e, sobretudo, anônimo pelas ruas de Amsterdã, na Holanda: "A grande cidade moderna está precisamente nisto: nela o indivíduo, munido de toda carga da confortável solidão cartesiana, dobra uma esquina e entra, sem o constrangimento de nenhum tipo de amarra, todo inteiro em um mundo totalmente outro", distinto das vilas e da corte, onde se é olhado por todos. É um novo herói que começa a propor e a reproduzir o *espírito de seu tempo*, esboçar um novo modelo, ao mesmo tempo, um *estilo* de vida. Descortina-se, nesse novo cenário, a autonomia, a liberdade, a privacidade, a assinatura do artista, uma estética para a fruição individual. A moral e o conhecimento são, a partir de então, sobretudo atribuições do *sujeito*.

Nossa modesta descrição dos diferentes marcos acerca do modo de ser do ser humano, que mais parece um recorte aleatório, pois a existência em muito ultrapassa nossas apalpadelas inquisitórias, identifica dois momentos bem distintos. De início, o ser humano se reconhece inserido em uma totalidade de feição holística: ela abrange desde a tribo, a comunidade, a cidade até a esfera transcendente. Em um segundo tempo, identificamos a eleição de um novo modelo de cosmo, que se autogoverna e, por extensão e ao mesmo tempo, cria as condições para que surja uma renovada estética, uma nova ética, uma nova filosofia e um novo humanismo. Estamos nos reportando à herança do Renascimento. O Renascimento procurou resgatar valores de excelência que brilharam na cultura grega como a luz solar do deus Apolo, entre eles, a medida, a inquirição da ciência, a audácia de romper com dogmas e cânones estabelecidos, a estética como uma amplitude horizontal (de descrição minuciosa do mundo percebido e do mundo imaginado) e vertical (a busca da exaltação do transcendente).

O que o Renascimento gerou não foi apenas um revigorado humanismo, nem se limitou a se configurar como uma releitura dos padrões e valores clássicos. O Renascimento foi além desse projeto (um desafio já bastante exigente), e abriu o horizonte para a emergência de uma inédita experiência humana. Ao reler os antigos, a Renascença repete uma experiência grega: ela rompe com toda uma ordem e concepção de mundo, que incluiu, em certo sentido, a negação do próprio modelo inspirador, e cria o solo para o nascimento de um modo de ser do humano rigorosamente inédito. Enfim, a Renascença abre caminho para a invenção de um novo "homem": o *sujeito*.

O sujeito significou uma virada no pensar, de 180º. O fundamento da existência se transfere do transcendente para a imanência, assentando-se na razão humana. Continua-se atrelando o ser à razão, só que dessa vez é dispensada a centralidade do transcendente, o que vai cumular com a denúncia de Nietzsche: a *morte de Deus*. Não é mais o sagrado, leia-se Deus o centro da verdade, da ética, da estética. O cetro é passado para o sujeito. O sujeito é, agora, o lugar da verdade, ou, ainda, o lugar da procura pela verdade. E a via de acesso subjetiva à verdade é a racionalidade.

Acredita-se piamente na racionalidade, como se acreditava incondicionalmente em Deus. As regras do viver social, da moral são edificações racionais, e não mais prioritariamente teologais. A orientação da vida, desde o conhecimento, a aplicação desse conhecimento, o bom ou mau uso do conhecimento, a relação com o corpo, a dialética natureza-corpo, imanência-transcendência, tudo isso é inconcebível sem a mediação da razão, suprema bússola. E agora aparece uma nova criação no cenário: a liberdade. A liberdade é um problema presente na Filosofia Medieval. O livre-arbítrio era uma atribuição que cabia aos homens. Porém, Deus representa o fundamento do livre-arbítrio. Temos livre-arbítrio porque somos uma cópia do ato criador original, atributo de Deus. Somos um reflexo, uma semelhança com toda pujança criativa presente e revelada por Deus. Na modernidade, a liberdade passa a ser inteiramente da alçada humana. Com ela é possível reinventar a democracia, deliberar sobre a relação do ser humano com a natureza. É possível, inclusive, optar pela imagem de Deus a ser merecedora de crédito. Não se discute mais a primazia da fé, se pelo coração ou pela razão, simplesmente se discute o campo da fé, do coração, da razão, do corpo, do espírito, da moral, da ciência, do belo, e assim por diante. O mundo se torna um sistema ordenado, rigidamente ordenado, dividido em partes como proporções calculadas, e cada vez mais submetido à classificação. Sua lógica é sobretudo a de causa e efeito. A natureza se torna inteiramente matematizada. Uma percepção é associada à ação de um raio luminoso, de uma força sobre órgãos captadores, uma árvore é decomposta em um conjunto de processos biológicos, físicos, químicos. O corpo é mapeado, a natureza subjugada à métrica da quantificação. Dispensando o mito e a magia como meras superstições, e, por vezes, as imagens até no culto religioso, o sujeito racional quer criar um cosmo transparente e abolir o mistério da criação, da geração e do ser tanto quanto possa alcançar o seu afã racional.

O espanto e o encantamento são gradualmente destruídos e substituídos por um novo tipo de admiração: "duas coisas me enchem de admiração e veneração: o céu estrelado sobre mim e a lei moral em mim". Assim termina Kant (1997, p. 184) a sua crítica da razão moral.

> A consideração do mundo começou pelo mais magnífico espetáculo que apresentar se pode aos sentidos humanos e que nosso entendimento, no seu vasto âmbito, pode abraçar, e terminou – na astrologia. A moral começou com a propriedade mais nobre da natureza humana, cujo desenvolvimento e cultura visam uma utilidade infinita, e terminou – no misticismo ou na superstição.

Estamos acompanhando, desde a Grécia filosófica, o declínio dos mitos e da magia. O astrólogo-alquimista é substituído por outro tipo de remédio: a cura pela ciência. Somente a ciência tem acesso à verdade mediante a experimentação. A verdade é produto de um embate entre díades: sujeito-objeto, as idéias – o empírico. É concebido um "dentro", e a esfera de um "fora". O corpo é um fora, pois não contém nenhuma racionalidade, muito pelo contrário, é considerado o território do irracional. A razão é um dentro. Mas ela deve ser adestrada para o caminho ortodoxo, o método para alcançar a equação mais exata possível na ordenação da relação do sujeito com o (agora) *seu* mundo. Por o corpo ser um fora, na modernidade do século XIX, não causa estranheza vendê-lo como força de trabalho, o corpo como mercadoria, como uma coisa entre coisas. A natureza, da qual faz parte a esfera do corpo, é também um fora. Está aberto o caminho para a dominação e exploração da natureza, sob inúmeras formas. A natureza se torna o objeto de um sujeito. Na cisão objeto-sujeito, a natureza é despojada, definitivamente, de uma alma. Se a natureza não passa de mais uma coisa, se os animais não têm alma, permite-se que os animais sejam dissecados ainda vivos. Achava-se que os animais não possuíam alma, que eles eram autômatos, que reagiam exatamente como uma máquina. A natureza era considerada um mecanismo, semelhante à um relógio. Por isso mesmo,

> acreditava-se que os animais eram desprovidos de sentimentos. Como poderiam ter sentimentos se não tinham alma? Descartes dissecava animais vivos, antes de haver anestesia, e parecia "divertir-se com seus gritos e lamentos, já que estes não eram senão assobios hidráulicos e vibrações de máquinas. (J. Jaynes *apud* Schultz e Schultz, 2002, p. 42)

O imperativo da racionalidade e seu domínio em todas as esferas do sujeito e da cultura é alvo de uma progressiva desconfiança, desde autores como Pascal, Schopenhauer, mas ela recebe golpes decisivos por meio de pensadores que passearam pela angústia, pelo desespero, pelo trágico: Nietzsche, Kierkegaard, Freud. O trágico aqui significa, em uma primeira aproximação, experiência radical do não-sentido. O trágico desafia as prescrições da razão. O Dionísio retratado em Nietzsche mostra-se como um arquétipo da condição de insubmissão a que estamos submetidos, pelo fluxo da natureza pujante em nós. É proposta, tanto por Nietzsche quanto por Kierkegaard, uma filosofia da paixão, que se bate contra o despotismo da racionalidade. O movimento de suspeita contra a razão culmina na psicanálise inventada por Freud: o grande corte epistemológico (para usar uma expressão de Bachelard) operado no "progresso" dos saberes instituídos pela ciência, pela objetividade e pela empiria. Até então, só vale o que posso demonstrar por argumentos dedutivos ou inferir rigorosamente a partir do controle de variáveis experimentais. Esse corte espistêmico acaba por cortar o próprio sujeito: ele agora é visto como um sujeito cindido. O discurso idealizado e iluminador das contradições tem de se ver com um discurso que corre ao largo deste, não raras vezes como sua própria negação, o discurso inconsciente.

Aparece, no cenário do sujeito, um visitante não convidado para a produção das palavras e das ações bem arrumadas e encadeadas segundo a ordem das razões. O desejo aparece como um intruso indigesto às pretensões racionalizantes e atinge não só a teoria do conhecimento, como a moral e a religião. O desencantamento com a autonomia e a autoridade da razão é anunciado por

Freud (1976) de forma elegante, mas com um conteúdo devastador. A "megalomania humana" sofreu seu mais rude golpe quando se defrontou com a investigação psicológica, que procurou demonstrar que o eu racional (o ego) não é senhor nem mesmo em sua própria casa (*idem*, p. 336). Curiosamente, descobrimos que Kierkegaard (1979, p. 233), cerca de setenta anos antes, também alude ao mesmo ponto:

> O eu é senhor em sua casa, como é costume dizer-se, absolutamente senhor, e isso é o desespero, mas é-o ao mesmo tempo aquilo que toma como satisfação e prazer. Mas um segundo exame convence-nos sem dificuldade de que este príncipe absoluto é um rei sem reino, que, no fundo, sobre nada governa.

Esse sujeito não é mais o sujeito racional. É um sujeito que dispensou Deus como fundamento, que tem a ciência como baluarte, que prefere a individualidade à comunidade, a religião individual à prece coletiva, mas que se percebe desgovernado e desesperado quanto ao que fazer com a sua coleção de dados coletados, experimentos, parafernálias. Esquecido da questão fundamental, *conhece a ti mesmo*, que acreditava suficientemente explicada e resguardada pela razão, é surpreendido pelo trágico, pela angústia, pelo desespero que lhe traz o avesso do sentido: seu corpo se rebela aos seus comandos mentais; seu desejo é motivo de escândalo; seu estilo de viver parece uma fraude; o conhecimento, a moral e a fé se deparam com o problema da finitude.

Se antes nós tínhamos a divisão sujeito-mundo, a estrutura sujeito-objeto de certa forma ainda se mantém, desta feita ampliada e redobrada para dentro do próprio indivíduo. O sujeito é desmembrado em partes constituintes: o consciente, o inconsciente, o superego, o ego, o id. O sujeito da modernidade se desfaz e se despedaça em várias atribuições, cada uma com uma esfera de atuação muito particular, ainda que interagindo umas com as outras. Estamos, portanto, bem distantes do sujeito uno, que aparece na aurora da modernidade filosófica, que visa abolir o equívoco, que utiliza a dúvida apenas como um método para a certeza apodítica.

A psicologia da pessoa

O modelo sujeito-objeto cria uma cisão entre essas duas instâncias. Um abismo se abre entre nós e o mundo, e, afinal, entre nós e nós mesmos. É o sujeito cindido, constituído pelo recalque, interditado a si-mesmo. As psicologias hauridas da filosofia existencial procuram compreender o ser humano dentro de uma imagem de ser humano com algumas marcas distintas. Elas concordam que o ser humano não é o primado da racionalidade, muito pelo contrário, nada é mais desarrazoado que o ser humano. Concordam que o ser humano não possui uma ação coerente com o seu desejo mais íntimo o mais das vezes. Concordam que o ser humano prima pela inautenticidade. Concordam que o ser humano nada em um mar de incongruência, com muita dificuldade de expressar para si mesmo o que está sentindo ou, antes, de se permitir sentir o seu corpo, o seu ventre, o seu coração. Mas colocam essas formas como condições do ser perante fatores que se revelam como fundamentos: a liberdade, a responsabilidade, a escolha, a decisão, a possibilidade.

As psicologias com fundamentação na filosofia existencial se baseiam em uma ontologia da construção de si. Em se tratando de uma construção, o si não está definido previamente ao existir do indivíduo. Não se recusa o inato. O inato está dado. O biológico e os instintos são entendidos como uma estrutura prévia e participam da constituição da condição humana. A essência de uma pessoa como construção vai assumir posições ante esta, perante um sem-número de condições que se colocam não só previamente, como ao longo da existência, assim como no porvir, assim como na mais radical de todas as condições para alguns autores, o ser que se defronta com o fenômeno da morte.

Dessa forma, o si-mesmo não pode ser mensurado como uma constante para toda e qualquer experiência ao longo do desenvolvimento do indivíduo. E a escola existencial-humanista que se interessa pela pessoa enfatiza que essa construção se dá em interação com o mundo, e nele, sobretudo na interação com o outro.

A psicologia da pessoa entende que a individuação parte do indivíduo para a constituição da pessoa. Esse processo não é linear, nem uniforme. Ninguém é totalmente pessoa, ninguém é totalmente indivíduo. No meio do que parece a mais completa alienação, surge um relume de perplexidade que leva à reflexão, uma lágrima escorre, uma emoção diferente e profunda toma conta, alguém se toca com alguém. Alguém consegue, mesmo que por breves instantes, escutar alguém em meio à multidão, nem que seja a si mesmo.

O indivíduo é um modo do ser humano, que pode ser entendido em duas frentes, precisamente definidas por Pedrinho Guareschi (1998): o indivíduo que se quer separado e o indivíduo-massificado. O indivíduo separado é cria de uma sociedade neoliberal, na qual "os indivíduos são os responsáveis últimos e únicos por seu sucesso ou por seu fracasso. O individualismo é o comportamento preponderante. Cada um cuide de si, deixando 'Deus' cuidar de todos" (*idem*, p. 152). O indivíduo inserido na massa se perde nela, identifica-se com ela de tal modo que se torna despersonalizado, um fantasma de si, regido por todo tipo de apelos que lhe são dirigidos pelo "livre mercado", e de orientações ditadas pelo Estado e suas instituições. Era típico das sociedades estatais, e, atualmente, é presa fácil da cultura de massa regida pelo capital e pelo mercado. Nessa esfera, ele é como uma peça da máquina.

> As experiências de fascismo, nazismo, a Doutrina de Segurança Nacional tal como vigorou na América Latina nas décadas de 60 e 70, os diversos integrismos etc. são exemplos dessa concepção de ser humano como categoria segunda na escala de valores. As doutrinas de massificação, de anonimato, a predominância da burocracia são conseqüências de tal visão de mundo e de ser humano. (Guareschi, 1998, p. 152-3)

Enquanto Guareschi contrapõe o indivíduo neoliberal ao massificado, nós os vemos como uma identidade complementar. Já a pessoa é um contraponto para essas duas facetas da condição humana. A pessoa é remetida à relação. Ela constitui, sim, uma unidade, mas, ao mesmo tempo, não pode se realizar mantendo-se à parte da relação com o outro. Para *ser* ela precisa se dar conta de que isso não é indiferente ao nó de relações que compõe a sua existência.

O indivíduo

O indivíduo vai ser pensado aqui em três modalidades. O indivíduo como um ser distinto, "exclusivo", o indivíduo como um existente e o indivíduo atomizado da cultura de massa globalizada. Todas elas têm em comum uma imagem de indivíduo que aponta para uma diferenciação dos demais, é uma experiência que a sua realização implica algum tipo de isolamento.

Individuum é a tradução latina do grego *atomon* (átomo), a partícula indivisível, ou seja, concerne ao que não pode ser mais dividido. Na sociologia, o indivíduo aparece como a unidade das quais se compõem as sociedades, não só humanas como animais. Deixando de lado outros sentidos para indivíduo pertinentes ao campo da lógica, podemos ainda trazer o sentido de idiossincrasia, as características únicas, que distinguem um indivíduo das várias generalizações (Lalande, 1996, p. 555 ss.). Severino Boécio (século VI d.C.) mescla uma referência à pessoa e ao indivíduo, quando afirma *persona est rationalis naturae individua substantia*, ou seja, a pessoa é um indivíduo subsistente em uma natureza racional. Ele se refere ao não-dividido, na medida em que cada individualidade é uma, única e distinta de todas as outras, não só quanto ao ser humano, mas também em relação aos seres e objetos (o ser humano distingue-se dos entes naturais e das coisas por ser um ser racional) (Pegoraro, 2002, p. 60-61).

Assim, a partir de uma primeira abordagem etimológica e conceitual, permitimo-nos deduzir que o indivíduo não se reduz à categoria de espécie, gênero, às tipologias psicológicas, às abstrações conceituais a respeito da natureza humana aplicáveis a todo e qualquer exemplar humano. Um indivíduo é uma unidade de sentido, incomparável, irredutível às generalizações, que expressam algumas de suas constituições (social, biológica, o meio ambiente em que se encontra etc.), mas não atingem a totalidade de seu ser.

Cada ser humano apresenta uma dimensão de *singularidade*. Ele não consegue se igualar completamente aos outros indivíduos. Por mais que vista o mesmo tipo de moda, comporte-se conforme regras e normas sociais, tenha um corpo biológico moldado por uma natureza impessoal, se insira em uma cultura e em um grupo social, ele apresenta, já desde a esfera genética, uma constituição bastante individualizada. A natureza dotou-nos de olhos, cabelos, órgãos, uma estrutura cerebral que permite a imaginação e linguagem, mas são incomensuráveis as variações de características que os corpos de cada indivíduo apresentam, assim como a maneira com que eles tratam e estimam os seus corpos. E o que não dizer da constituição de sua personalidade ao longo de toda uma vida? A noção de indivíduo nos permite considerar que nem indivíduos gêmeos serão uma cópia perfeita um do outro. Entende-se aqui que os indivíduos apresentam uma variabilidade de possibilidades de ser e de expressar a si mesmos que pode surpreender as mais rigorosas estatísticas e projeções.

O caráter de singularidade do indivíduo é notadamente marcado pelo filósofo Kierkegaard (1813-1855), considerado por muitos autores como o fundador do existencialismo. Kierkegaard chama a atenção para o "Indivíduo". Esse modo de ser do ser humano caracteriza-se por uma condição: o Indivíduo deve se projetar na existência de tal modo a estar acima do geral. O geral pode ser referido à moral vigente.

No existencialismo, parece ser consensual que é preciso promover uma radicalização no ser para operar a passagem do ser para o devir. O ser é revolvido pelas propostas existencialistas. O ser humano é um projeto, antes, é uma promessa, ou mesmo, um comprometimento, é, enfim, uma possibilidade. Assim, racha-se uma idéia fundadora da metafísica de sustentar uma estabilidade no ser. Radicalizar o ser quer dizer em Kierkegaard, e, *grosso modo*, em todo o existencialismo, tornar o ser ainda mais concreto.

A que ser ele se refere? Ninguém menos do que a nós mesmos. O ser como devir é processo, não é o que se encontra estabelecido de antemão. A moral, ainda que tendo em vista princípios éticos, permanece envolvida pelo universo de valores instituídos. Nas situações-limite de nossa vida, não temos como nos apoiar mais no consenso. A experiência única de nosso ser tem de se haver com uma solidão, que Sartre (2001) define muito bem como *desamparo*, que Jung

(1986) define como *isolamento*, e que a tradição mística conhece como *recolhimento*. A fé é uma possibilidade que se abre nessas condições. A condição existente nos coloca em um paradoxo acentuado: na interface do finito (os limites) com o infinito (a superação da medida estabelecida). Indivíduo com I maiúsculo é atitude de fé, é projetar-se no absurdo que tantas vezes se apresenta em nossa existência. A existência nem sempre se apresenta como transparente e submetida a regras e modelos já traçados. Desse modo, ela se revela absurda, o que designamos como situação-limite. Não há respostas nos outros para tal caso, muito menos nos livros e dogmas. Pois a experiência mais radical do outro é, igualmente, única.

Não devemos omitir que na fé enunciada por Kierkegaard (1979) a possibilidade mais original é compartilhada com Deus, em uma relação única e íntima. Entregar-se a Ele, sem esperar gratificações, explicações ou prazos. Surpreendentemente, encontramos no próprio filósofo solitário alguém que prenuncia a "morte de Deus" preconizada por Nietzsche, pois Kierkegaard denuncia que o homem burguês de seu tempo já se evidencia como um homem destituído de fé, um homem que calcula todo o tempo suas ações, poses e emoções.

O filósofo que se aventura pelo desespero e pela angústia, afrontando a serenidade iluminista da razão, concebe um Deus ao mesmo tempo terrível e fascinante (suscita terror e temor), imprevisível, que coloca o ser em fé diante do inusitado, esgotadas as chances de qualquer controle sobre o fluxo da existência, e que toma a decisão de agir por um amor incondicional. Diferentemente de Nietzsche, Kierkegaard acredita em uma salvação em Deus, porém ela não nos livra do trágico, ao contrário, a existência é um desespero, na justa medida de nossa resistência e de nossa alienação do trágico. E o trágico significa aqui a falta de sentido dado para o Indivíduo. O indivíduo deverá descobrir o sentido em sua existência sem a confirmação de nenhuma instância exterior. Deus não é entendido, pelo menos em primeiro lugar, como "externo", e sim como a mais íntima relação que o Indivíduo estabelece.

Pondo a discussão teológica acerca da existência de Deus entre parênteses, podemos admitir que o filósofo dinamarquês acentua um indivíduo que se descobre único ao se permitir eclodir toda a abrangência do conflito entre o limite e a possibilidade, sendo o limite, em última análise, igualmente encarado como uma possibilidade. O ser se transforma em devir justamente na tensão dessa oposição – complementar – entre o finito e o infinito, que concernem à auto-relação do eu, marcando uma relação dialética que se estabelece de modo próprio por cada Indivíduo.

O indivíduo e a massa

Antes de iniciar as nossas considerações sobre a pessoa, gostaríamos de sublinhar dois blocos que se opõem, formados por relações complementares: massa/indivíduo e pessoa/comunidade.

Comecemos pela análise do par indivíduo/massa. Nessa esfera, a singularidade do indivíduo descamba para um isolamento, que acaba revelando sua face reversa: uma submersão da individualidade em meio à multidão indiferente. O indivíduo quer se ver, por um lado, destacado da multidão. É como se ele precisasse se ver assim, para não se sentir engolfado pela multidão.

O desenvolvimento da personalidade única e a diferença tomam o significado de "separado" e "destacado". Ciente disso, Martin Buber (1977) atesta que essa não é a única chance das possibilidades humanas. Para desenvolver outra proposta de sentido para a existência que contrasta com o modelo massificado, para inaugurar a experiência da pessoa/comunidade, não é preciso mais do que quebrar o encanto da separação (*idem*, p. 89).

O indivíduo que acata o modelo de sociedade neoliberal se volta para e sobre si mesmo, como a mítica serpente grega, o *uroboros*, a serpente que se dobra sobre si própria e engole o seu próprio rabo. O indivíduo encerra-se sobre si mesmo de tal modo que ele tem como projeto tornar-se o centro de tudo, e esse tudo quer dizer a *sua* vida. Ele quer se afirmar como um sujeito, com autonomia e ação livre, sem ninguém para dizer aquilo que deve fazer ou deixar de lado, quer ser o absoluto senhor de sua vida. Bem, para não parecer de todo arrogante, admite que "tem um subconsciente", o que lhe dá o direito de também se afirmar como sujeito do desejo. Trata-se de um desejo narcísico, no sentido leigo de narcisismo, ou seja, de um apreço unicamente voltado a si mesmo. A sua "interioridade" é cultivada como o que há de mais importante neste mundo. Uma subjetividade estética, vale dizer, unicamente voltada para a sedução do outro, para a aprovação social, para ingressar no *mercado* de consumo, para supervalorizar a menor dificuldade, criando um ser avesso à frustração, regido pelo princípio utilitário que pede uma busca desesperada e desenfreada de gratificação e prazer.

Tudo isso o transforma cada vez mais em um ser de consumo. Ele se consome ao se sentir "carente". Ao mesmo tempo, justifica-se em função dessa condição, e, por isso mesmo, lança-se em um compulsivo consumo, visando preencher as faltas. Desse modo, ele confunde o ser com o ter. O ser transforma-se em um eterno querer ter. Até mesmo a "espiritualidade" é reduzida a artigos de consumo: incensos, oráculos, *workshops*, literatura "esotérica", amuletos, que visam preencher um grande vazio, gerado, sobretudo, pela recusa de uma experiência mais ampla de si e do outro, de uma existência capaz de romper os restritos domínios de uma egolatria.

Esse indivíduo, tão identificado consigo mesmo, custa a se dar conta de que não passa de um número – um ponto estatístico em meio à massa. A massa é formada por milhares de indivíduos, somados uns aos outros, mas sem entrar efetivamente em interação. Na massa todos somos anônimos, ainda que a propaganda tente nos convencer de que o grande sentido da vida é destacar-se da multidão, consumindo produtos da mesma maneira como o fazem – ou devem fazer, repetidas vezes, milhares e milhares de pessoas.

Eis que a relação massa/indivíduo revela o seu paradoxo: o indivíduo, tão cioso da sua individualidade, quer avidamente se integrar à massa. Ele assiste a grandes espetáculos esportivos, a paradas militares e escolares, a megaeventos artísticos e litúrgicos, e neles grita como fosse ser ouvido. Sua voz se perde em meio à multidão. Ele nem escuta a si mesmo. Houve quem desse seu testemunho de ter visto isso de dentro do processo. Em 1965, enquanto os Beatles estavam tocando para centenas de fãs, a platéia permanecia em uma gritaria e delírios alucinantes. A certa altura, eles se encheram de tudo aquilo e resolveram apenas fingir que tocavam. Não fez a menor diferença: a platéia continuou sua histeria coletiva. Então, John Lennon anunciou que os Beatles não iam mais fazer *shows* ao vivo, porque ninguém estava ouvindo nada. Uma de suas letras atesta bem o fenômeno do homem-massa.

> Ele é, realmente, um homem em lugar algum. Sentado aqui, na sua terra de ninguém. Fazendo todos os seus planos sem destino algum para ninguém. Ele tem algum ponto de vista? Sabe ao menos para onde está indo? Ele não é um pouco como eu e você? (Lennon e McCartney, 1973)[1]

O indivíduo tão cioso de seu *estilo*, que inclui, para quem pode, um *personal trainer*, um "analista", um telefone celular, um computador exclusivo, uma TV em cada cômodo, um *walkman*, um consultor esotérico, descamba para o justo oposto daquilo que quer: ele se despersonaliza quando projetado na massa. Ele assume aquilo que já está de antemão projetado para ele: vestuário, bens, serviços, postos de trabalho, formas de se comportar, sonhos. Suas imagens são coloridas pela mídia e pela propaganda. Antes de desejar qualquer coisa, ele deseja o que reza a sociedade de consumo. O que ele vê é moldado pelas lentes desse tipo de universo. Um mundo onde nada falta: na telinha do computador

---

[1] "*He is a real nowhere man/ sitting in his nowhere land/ making all his nowhere plans for nobody. Doesn't have a point of view/ knows not where he's going to/ isn't he a bit like you and me?*"

ou da televisão, tudo é possível, nada é negado... para quem pode pagar. Para quem não pode, fica mais que a promessa, o imperativo desta civilização: consuma ou desapareça (os que sucumbem ou não conseguem se inserir são chamados "os zeros econômicos"). Na violenta negação da falta, até a morte torna-se objeto de consumo: inúmeros filmes apresentam a completa banalização da morte, nos quais ela se torna unicamente um dos modos espetaculares da indústria da diversão.

Como uma das estruturas básicas do desejo, a falta é encoberta por toda sorte de promessas de felicidade e de prazer imediato. Há uma superestimulação dos sentidos. Imagens passam em uma altíssima velocidade, o apelo às sensações é incansável: odores, sons, palavras, idéias, formas, cores, formam um mosaico de informações, cuja captação de um sentido estrutural é simplesmente impossível, a única possibilidade é a apreensão automática: *faça isso, faça aquilo, não deixe para depois, e por que não?, o que você está esperando?, tudo isso só para você, todo mundo provou e gostou, só falta você, você vai querer ficar de fora?...*

A construção desse mundo de felicidade cor-de-rosa é surpreendida com bombas, terrorismo, violência, drogas, tráfico de armas, de animais, de pessoas, de crianças, de órgãos. Os locutores da TV aludem a esses fatos como se eles estivessem se passando pela primeira vez. O tom é solene, grave, dramático, quase convincente, para algo que se repete diariamente. E, extasiado, esse indivíduo contempla a si mesmo nos noticiários, como se estivesse vendo um filme, ou melhor, participando dele como um dos seus personagens. Nesse mundo, nunca foi tão efetivo constatar que *a vida imita a arte*. Os limites entre realidade e ficção, entre o público e o privado, entre representação e ação são pulverizados na explosão das informações e imagens. O indivíduo finge acreditar que tudo está se passando como se fosse pela primeira vez, como se ele não tivesse nada com isso, como se ao que assiste fosse um contra-senso. Ele recusa reconhecer-se como um ator da história. A sua responsabilidade com o curso do mundo não vai muito além da poltrona da sua casa. Se ele sai com os amigos, é para beber cerveja ou passear no *shopping*. Essa é a sua cidadania.

Nossas observações nos permitem definir que a noção de massa diz respeito ao coletivo, às convenções (ideológicas, morais etc.), ao "impessoal". O impessoal (Heidegger, 1989, cap. 4 e 5) se dirige indistintamente a qualquer um, abarca todo mundo e, ao mesmo tempo, não se refere a ninguém em particular; refere-se à massa gregária de indivíduos anônimos, sem rosto, quase como uma multidão de autômatos.

A massa segue os caminhos já trilhados e conhecidos. Ela supõe que anseia por novidades. Mas nada que possa ameaçar sua sustentação alucinada no mundo das imagens sedutoras e prazerosas. Nela, o indivíduo submerge em uma grande irresponsabilidade sobre si mesmo, em uma alienação de si, e entrega a sua consciência à mentalidade coletiva reinante. O indivíduo não se reconhece senão segundo os padrões que todo mundo segue, acata. Os padrões de comportamento são estabelecidos por diversas agências sociais: a mídia, o Estado, as empresas e organizações econômicas, a escola, as religiões que agregam um enorme número de adeptos, até o futebol. As instituições tornam-se agentes reprodutores de ideologias e normas de conduta massificada.

Todo mundo sai fazendo coisas, ocupando-se com diversos afazeres, reproduzindo desejos, ambições, normas morais unicamente baseadas em uma crença em valores construídos exteriormente, sem nenhuma intervenção ou participação de sua consciência acerca de si mesmo. O indivíduo não pensa, ele é pensado o tempo todo, e assim quer se abandonar e permanecer.

A forma contemporânea do modo de ser massificado surge, com toda a sua força, na cultura de massa, fenômeno contemporâneo atrelado ao desenvolvimento dos meios de comunicação de massa impressos, rádio, televisão, e, mais recentemente, assistimos ao advento da "cultura digital", que é a implementação maciça de tecnologia informatizada. A nova tecnologia, a internet, reúne uma massa de pessoas megagigante. Nesse novo quadro, as massas aderem a cada novidade, que se descarta com uma velocidade supersônica.

Na cultura de massa, temos uma produção "industrial" de idéias, conceitos, ideologia (capitalista e neoliberal). A idéia não expressa a imaginação do poeta, ao revés, ela serve a um único senhor: o capital financeiro. Na indústria cultural, a notícia, a imagem, a "arte" são tratadas o mais das vezes como mercadorias, as produções visam ao lucro, são amplamente dominadas pelo *marketing* (o mercado). Não são apenas vendidos produtos diretamente, ou seja: não se vende somente o carro do ano, mas, sobretudo, o conceito de *consumo*, por meio de imagens produzidas em novelas, noticiários, filmes etc., que alimentam e estimulam o consumo. Tudo gira em função do trio tecnologia-mercado-consumo. O que não passar por aí não interessa, ou melhor, simplesmente é tratado como da ordem do que não existe.

O consumo deve ser estimulado, e tudo se torna descartável, inclusive as pessoas ("O pior inimigo das crianças são os adultos", diz um anúncio de desenho animado destinado ao público infantil). Ao consumo é acrescida a não-sociedade. A satisfação se dá somente com o ato e o desejo de consumir, mas jamais com aquilo que se adquiriu, pois a lógica econômica não pode prescindir de um constante consumo, ou seja, de induzir o indivíduo à insatisfação permanente e à fantasia de que pode se desfazer de qualquer coisa, uma vez que tudo pode – e deve ser reposto, para depois ser descartado, e assim sucessivamente.

Além da conversão ao instante fugaz e ao imediatismo, a massa adere a valores como a competição, a exclusão (competição seletiva), em que quem não tenha um projeto lucrativo ou uma utilidade a oferecer ao mercado é considerado um "zero econômico" e, portanto, tratado com desprezo. Aqui se inserem, por exemplo, os aposentados, os artistas que insistem em um amor à arte, pessoas que moram nas ruas, o descaso com os presídios, o trabalho que não depende de tecnologia, o próprio trabalho como instituição (demissões em massa ante a implementação de tecnologia que prescinde de mão-de-obra). A sociedade se divide em vencedores e perdedores. O valor maior é ser um indivíduo competitivo, agressivo, para fora e vencedor, que obtém inúmeras conquistas. As pessoas são valorizadas pelo que tem, pelo prestígio social, pelas primícias de seus corpos, pela sedução de suas personalidades. E a massa adere a esses modelos de ideais e de comportamentos. Desenvolve-se, enfim, uma moral que tem seus pilares no prazer, no consumo, no sucesso.

O modo de ser da massa/indivíduo atinge as esferas do público e do privado, confundindo-as e as subvertendo. Por espaço público, concebemos o espaço das ações, das informações, dos acontecimentos comuns a todos, que afetam, sensibilizam, mobilizam a sociedade ou grupo social específico, de tal modo que são conversados, discutidos, trocados, compartilhados, e forma-se uma "opinião pública" que pode ser consensual ou sujeita à discussão dos pontos de vista. O privado diz respeito ao *indivíduo*: ao que é recolhido à *intimidade*, que concerne à intimidade de cada um e às relações em um nível de intimidade, de recolhimento, de limites.

Na cultura de massa, não é difícil apontar exemplos de uma inversão do espaço público com o campo privado. Só para citar alguns, vem-nos à mente o telefone celular em locais públicos: toca em bibliotecas, salas de aula, conferências, cinemas, na missa, no banheiro...; cenas eróticas e de violência são expostas na TV para qualquer público; na internet, enviam-se *e-mails* de qualquer coisa, para todo mundo; o *telemarketing*, os *realities shows*, em que o "público" se locupleta assistindo a pessoas que não falam coisa com coisa, dedicando-se a fazer nada, a não ser intrigas, conluios e namoricos, e não indo a lugar algum etc.

Nesse cenário, o que deveria ser atribuído ao interesse público é invadido pelo modo privado. Quanto à esfera privada, a cultura de massa atinge os indivíduos dissolvendo os seus limites. Eles não têm mais fronteiras: o eu é, definitivamente, todo mundo. Mas tudo parece natural: os indivíduos querem se ver inseridos nesse todo sem rosto definido, sem identidade, sem idéias consistentes, sem lhes falar algo mais profundo acerca de si mesmos, querem se perder em uma grande rede de relações que não promove o encontro, apenas a diversão, a curiosidade, a dispersão e o escape ao tédio. O conflito entre o esforço para sustentar o "natural" e as expressões mais profundas e autênticas do indivíduo, quando aparecem, sob forma de sintomas, angústia, fobias, ressentimentos, culpa, sentimento de impotência, depressão, agressão desmedida etc.; se não submergem na narcose da bebida, sexo, drogas, remédios, são entregues à tutela da área psi ou das formas religiosas e esotéricas. Assim, de tudo é oferecido ao indivíduo, mas, cada vez mais, menos ele encontra sentido e se encontra.

A pessoa

A pessoa é uma noção ampla do ser humano, pois o reconhece constituído por um complexo tecido de relações. Façamos um panorama acerca de algumas de suas formas estruturais.

A singularidade

Cada um de nós é único: agora me reconheço com um *nome*, uma origem, uma história de vida (uma biografia). Eu não sou um ninguém, um qualquer, um átomo no meio de uma multidão informe. Ao contrário, eu me apresento perante a existência como uma subjetividade em aberto. Mais precisamente, eu sou um destino em aberto. Eu venho de uma história que me atravessa, mas sou, igualmente, co-autor dessa história. Sou um sujeito histórico: participo com os meus semelhantes de ações, sonhos, realizações, atividades, dificuldades e desafios em comum, que criam ou subvertem as condições sociais existentes.

Com relação à minha história pessoal, a condição de pessoa me faz reconhecer que sou atravessado pela cultura, pela educação, pelos condicionantes psicológicos, pelos fatores inatos (biológicos), pelas ideologias e crenças, por mil fatores, idéias, imagens, apelos, forças e energias em ação sobre mim, mas eu não me reduzo a elas. Eu redijo a minha própria história na história, seja acatando as determinações que me atravessam, seja me constituindo junto a elas. A diferença é grande entre um momento e outro. O constituir a mim mesmo implica o desejo de querer ser, e assumir esse querer efetivando uma decisão difícil: aventurar-se na senda do *tornar-se quem se é*. E o "é", no âmbito da pessoa, configura um processo contínuo de construção de si ao longo da existência.

O ser de relações

Cada pessoa é um ser que estabelece relações, "uma trama de relações". O ser humano se comunica e se expressa incessantemente: produz arte, sonhos, imaginação, estende seu aparato físico (os cinco sentidos) no desenvolvimento de aparelhos e máquinas que amplificam o alcance de sua interação com o mundo.

As relações são tecidas com o outro, com o mundo, com o meio ambiente, e, não raras vezes, com o que se intenciona como uma dimensão transpessoal, se a pessoa desenvolve uma experiência religiosa. Mas, também, o ser de relações remete à auto-relação, à relação consigo mesmo, remete ao diálogo da intuição com o pensar, do pensar com o sentir, do sentir com o desejo, do desejo, com a corporeidade, enfim, as relações intra e extra "eu" são como veias que correm em várias direções, que se integram como uma *gestalt*, uma forma básica, desenvolvendo uma totalidade interativa, na qual um elemento é constituído e faz sentido pelo contexto em que se manifesta, e pela sua interação com os demais, sendo impossível ser pensado isoladamente. Todo esse conjunto forma a definição bem conhecida do ser humano como um *nó de relações*.

A concepção da pessoa como ser de relações questiona e elabora a dicotomia sujeito-objeto, um mundo "interior", por um lado, e um mundo "exterior", por outro, formando o esquema da representação: um mundo *aqui dentro* em que elaboro representações das percepções do mundo *lá fora*, ou, a face da mesma moeda, um mundo *aqui dentro* que projeta suas representações internas para um mundo *lá fora*. O esquema da representação cria uma distância incomensurável entre o indivíduo e aquilo com o qual se relaciona. O pólo relacional se torna um "objeto", como nesta passagem descrita por Freud (*apud* Garcia-Roza, 1988, p. 96):

> A relação de uma criança com quem quer que seja responsável por seu cuidado proporciona-lhe uma fonte infindável de excitação sexual e de satisfação de suas zonas erógenas. Isso é especialmente verdadeiro, já que a pessoa que cuida dela, que, afinal de contas, em geral é a sua mãe, olha-a com sentimentos que se originam de sua própria vida sexual. Ela a acaricia, beija-a, embala-a e muito claramente a trata como um substitutivo de um objeto sexual completo.

No existencialismo sartriano, em sua "psicanálise existencial", em uma primeira instância de sua filosofia, igualmente encontramos, se não a separação (enunciada pela representação) entre sujeito e objeto, uma relação muito tensa entre eles. Sartre procura outra forma de compreensão que não se atenha à lógica da representação, herança da filosofia moderna desde Descartes. Procurando ultrapassar as dificuldades que contrapõem não só as relações entre sujeito e objeto, como o embate entre o empirismo e o idealismo, Sartre, em vez de tomar partido, instala o ser humano na tensão dialética.

Sartre observa a inscrição, um sem-número de vezes, do ser humano na condição de "objeto", só que, às avessas de Freud, o sujeito, em vez de se ver vinculado a uma dinâmica energética que se fundamenta na busca de prazer e se projeta sobre sujeitos no mundo, ou melhor, sobre os "objetos" a que as pulsões visam, é apresentado como possibilidade, quer dizer, ele é um projeto, que fracassa, que se supera, que se perde, que se retoma, que reconhece (ao menos parcialmente) ou nega as suas escolhas, enfim, pura consciência.[2] Sartre procura denunciar a nossa recusa à mais própria condição humana, a liberdade responsável pelos atos. Isso *pesa* de tal modo que nos faz reconhecer uma angústia, que, muito mais que um sintoma, tem um fundo ontológico. A liberdade se dá como angústia. Apavorados diante da falta de controle sobre os sentidos que precariamente construímos para a existência, corremos para o objeto: queremos "ser", ser aqui significa ser a partir do ser olhado pelo outro, ser como os outros, ser como as coisas, ser como as forças naturais (ou sobrenaturais), que se acredita que elas se justificam por si mesmas, independentes de uma ação e de um querer que assume os seus "direitos autorais".

O mundo e o nosso corpo são impregnados pelo sentido que conferimos a eles, sentido esse articulado à totalidade de nossas experiências. Mas o mundo e o corpo em si mesmos em nada fundamentam a nossa construção de sentido. Eis o cerne da tensão do pensamento de Merleau-Ponty com o de Sartre (cf. Merleau-Ponty (1999, p. 581 ss.). Sartre, apesar do vigor de seu pensamento para a compreensão profunda do homem contemporâneo massificado, e da proposta de uma ligação da ontologia com a ética, ainda mantém um certo vínculo com a tradição moderna da representação e acaba refazendo, *malgré lui*?, o modelo cartesiano, pondo o sujeito – *cogito* (em seus termos, o "para-si", o "nada"), de um lado, e o objeto (o "em-si", o "ser"), de outro. Devemos, nesse momento, ressaltar que Sartre tenta dar um passo a mais em relação à tradição empirista e transcendental através da dialética.[3] Mas, perguntamo-nos, até que ponto ele

---

[2] A compreensão de consciência não equivale, exatamente, a uma instância psíquica. Nós não temos consciência, nós *somos* consciência, na medida em que conferimos significação o tempo todo a nós, ao mundo e, sobretudo, a nós na relação com o outro. Essa permanente aparição, criação e doação de sentido é o que Sartre entende por consciência.

[3] É importante lembrar, nesse ponto, a seguinte passagem de *O ser e o nada*: "se o Para-si (ser humano) não é o Em-si (as coisas), nem poderia sê-lo, *é relação com o Em-si*" (Sartre, 2001, p. 452).

é inteiramente bem-sucedido, na medida em que entendemos que ele concebe a consciência doando sentidos ao corpo e ao mundo, mas não vislumbramos em seu pensamento de *O ser e o nada* (Sartre, 2001) uma reciprocidade, ou seja, como o mundo e o corpo podem, a partir de si mesmos, participar também da composição dos significados que damos para a existência. Em outros termos, uma dor, digamos, uma dor no peito, é uma dor-para-mim, que significa algo de único, ainda que eventualmente coincida com alguns sentidos de dor que encontro no mundo. Perguntamo-nos: será, exclusivamente, esse o campo das possibilidades humanas? Será que em nada a totalidade mundo-corpo pode me afetar? O mundo e o corpo são apenas passivamente adjetivados pela consciência? Provoca-nos Merleau-Ponty (1999, p. 606): "sou tudo aquilo que vejo, sou um campo intersubjetivo, não a despeito de meu corpo e de minha situação histórica, mas ao contrário sendo esse corpo e essa situação e através deles todo o resto".

O parâmetro sujeito-objeto, ainda que abalado pela inserção da dialética (de origem hegeliana) no pensar de Sartre, projeta-se para as nossas relações. O filósofo francês aponta a entrada do outro no cenário de minha existência através do olhar. O outro não é o fundo de cena, ele é aquele a quem dou as tintas e os pincéis para me retratar. Então, passo a contemplar a mim mesmo através do quadro pintado pelo outro: "o outro é, por princípio aquele que me olha". Essa é a perspectiva que Tereza Erthal (2004) explora para revolver a problemática da relação instituída sujeito-objeto, herança da modernidade, que inventou uma metafísica do sujeito. Sendo eu um objeto do olhar do outro,

> Por trás dos olhos do outro há uma consciência que me olha. Sou através do olhar do outro, mas sou visto como objeto desse olhar que o outro olha e julga. Daí as relações serem conflitivas. Se o homem é condenado a ser livre, por outro lado, as liberdades não se comunicam. Assim a relação originária sujeito-sujeito permanece como uma relação sujeito-objeto. (...) Ou bem eu assimilo o outro (pelo "amor", pelo utilitarismo, por insegurança, por falta de sentido próprio), ou bem eu sou objetivado por ele (indiferença, ódio, manipulação, desejo de posse). O ideal de amor consistira no empenho em estabelecer uma unidade com o outro, uma espécie de fusão de consciências, cada uma delas conservando a sua própria alteridade. Mas para Sartre o amor não supera a contingência, o fato de que as consciências estão separadas por um nada invencível. Os amantes continuam mantendo-se apegados a uma subjetividade solipsista, o que alimenta um ciclo vicioso: na relação sujeito-objeto tal intersubjetividade reverte à relação objeto-sujeito. (Erthal, 2004, p. 58-59)

O próprio Sartre se vê enredado nessa aporia e parte para repensar algumas idéias, propondo uma relação, desta feita, efetivamente dialética entre o "para-si", nós como consciência livre e responsável, capaz de negar as mil determinações que nos atravessam, e o "em-si", o mundo em seu peso metafísico, por assim dizer. Já vimos que enquanto o mundo diz alto e com tom de autoridade "Eu sou", nós respondemos "nós adjetivamos o que você é". E o ser ganha uma infinidade de sentidos. Por meio deles, fenomenologicamente, lidamos com aquilo que "é". Sai, então, uma nova proposição que visa criar uma ponte no abismo que se abriu entre o nada (a consciência) e o ser: a um só tempo, temos a capacidade de negação e, concomitantemente, somos um ser-em-situação. Nossa liberdade se inscreve nas situações que se nos apresentam tanto na sua dimensão histórico-social como na constituição da personalidade no que toca à vida privada: Sartre, após transitar pelo estudo da psicanálise e do marxismo, admite uma constituição para além da vontade, que aponta para uma biografia enraizada desde a infância e para o contexto sociocultural. Ao mesmo tempo, essas constituições não esgotam a nossa mais própria condição. Sartre (*apud* Bornheim, 1998, p. 82) encontra *a pessoa*.

> A *pessoa*, com efeito, não é simplesmente sofrida, nem simplesmente construída; de resto, ela não é ou, se se quiser, ela é em cada instante apenas o resultado ultrapassado do conjunto dos processos totalizadores pelos quais tentamos continuamente assimilar o inassimilável, isto é, em primeiro lugar, nossa infância.

Heidegger (1989), desde cedo, esforça-se por edificar um pensamento que não se submeta ao esquema problemático gerado pela dicotomia S-O (sujeito-objeto). O ser humano não é, em essência, um sujeito diante de objetos, um sujeito cindido do mundo, para o qual o mundo não passa de uma representação, ele é *precisamente* um ser que se constitui conjuntamente ao mundo, um ser no mundo.

O sentido do existir diz respeito a essa relação indissociável entre mim e o mundo. Nessa relação, vou construindo sentidos que atribuo ao mundo não como um "objeto" disso ou daquilo, mas a relação originária entre mim e o mundo. Como mundo, definimos tanto o que se entende comumente como "externo" quanto como "interno". Os sentidos de mundo que construo formam a minha identidade. Assim, eu sou o que eu concebo a partir dos sentidos que vou atribuindo nas diversas relações que estabeleço. Esses sentidos emergem, sobretudo, ao longo do próprio existir.[4]

---

[4] O campo das pessoas que enveredam pela senda do existencialismo apresenta um fértil terreno de debates. Não se trata de uma ordem linear, em que um autor repete religiosamente o que disseram as pesquisas anteriores. Ao revés, inspirando-nos em Gaston Bachelard, diríamos que é um campo sujeito ao famoso *corte epistemológico*, ou seja, um campo sujeito às diferentes posições e

O ser de relações promove uma síntese entre a singularidade e a alteridade. Desenvolvemos nossa personalidade por meio das relações uns com os outros e, ao mesmo tempo, apresentamos características, sentimentos, desejos, fantasias únicas. O ser de relações dá oportunidade para que a pessoa não se restrinja à auto-referência e a um centramento narcísico. Quando analisamos a pessoa, não visamos apenas ao indivíduo isolado de suas relações, e sim um indivíduo interatuante, interativo, que pensa ser o que é a partir de toda uma trama que vai sendo tecida em sua vida. Quem é o demiurgo dessa tecedura, quem é o artesão dessa trama, quem tece o destino, como um fio da vida, dessa história? Nós e os outros ou, mais precisamente, nós com os outros, Eu e Tu.

A pessoa como uma totalidade

O ser humano é efetivado na pessoa como uma totalidade que articula razão, emoção, psique, corpo, intuição, mística (desejo de sentir-se em unidade íntima com uma esfera imanente ou transcendente), relação com a natureza, com a sociedade, com a comunidade. Todo esse conjunto se desenvolve interligado. Se retirarmos um elemento para colocá-lo em "análise", à parte da sua interação no conjunto, estaremos mutilando a pessoa.

Assim, não faz muito sentido, do ponto de vista da pessoa, analisarmos o fenômeno humano apenas sob a égide do biológico-genético, ou do econômico, ou do social, ou da sexualidade, ou da liberdade, ou das crenças e valores, ou da linguagem, ou do imaginário, ou da busca por prazer, ou da busca por felicidade, ou da ética, ou desta ou daquela técnica, desta ou daquela intervenção institucional. O modo de tratar o ser humano segundo a pessoa se opõe às epistemologias e práticas setoriais, que mostram um apreço à "especialização", que tende a promover recortes a partir de uma avaliação de práticas e destacá-las de seu círculo complexo de relações. A técnica se torna apartada do ser humano, torna-se meramente instrumental, o currículo torna-se o que mais *pesa* na avaliação das pessoas, em uma racionalidade cujo fim não é o ser humano, ao revés, o ser humano é um meio para vários procedimentos que se esquecem de colocar a pessoa como fundamento.

---

interpretações, que justamente, em sua tensão, constroem o saber e tentam reconstruir e compreender as vivências em suas formas originárias. Assim, gostaríamos de sublinhar que apresentamos Heidegger após Sartre, mas isso não significa nem avanço, nem retrocesso. Encontramos ressalvas de Sartre quanto à ontologia de Heidegger, que não cabem em nosso breve estudo (cf. Sartre, 2001, cap. 3). O professor Angerami (2004, p. 144-145) apresenta a sua posição crítica a Heidegger no texto "Uma psicoterapia além da idéia simplista do aqui e agora".

A abordagem da pessoa nos indica, por exemplo, que o nosso corpo não é uma coisa, cujo sentido está prescrito exclusivamente em livros de academias, em manuais de laboratório, em diretrizes institucionais, em interesses mercantilistas da capitalização do corpo. Pensando a humanização do hospital, H. P. Ribeiro (*apud* Angerami, 1996, p. 184) alude a um modelo que ainda pode ser encontrado em muitos lugares: "O hospital é como uma oficina e o médico seu principal mecânico. Cumpre a ele fazer com que a máquina-homem retorne o mais depressa possível à circulação mercadoria ambulante. Interessa consertá-la, mais, ainda, evitar que se quebre".

A compreensão da pessoa requer uma abordagem holística que orienta o modo de trato a cada um, qual seja, requer colocar a pessoa no centro do saber, das técnicas e dos objetivos a serem traçados. Devemos a nossa apreciação da pessoa a Leonardo Boff, Martin Buber e Olinto Pegoraro. Em artigo que permanece atual, Pegoraro (2000, p. 9) escreve:

> De fato, no mundo da globalização, a economia mundial se impõe como primeira referência; faz-se crer que, resolvidos os problemas mundiais da economia, tudo o mais será decorrência. Produtividade, concorrência, consumo e lucro são os corolários da economia globalizada. É um estreitamento de horizontes.

Vejamos, de outra parte, a dinâmica do círculo de relações da pessoa. Por exemplo, na experiência da paternidade. O pai, como fenômeno biológico, não é deixado de lado como pessoa, mas ele não esgota o sentido de pai que esta ou aquela *pessoa* experimenta, cada uma à sua maneira, com eventuais (e possíveis) pontos em comum. Antes de um macho reprodutor, antes de uma projeção de proteção e provimento, rudeza e masculinidade, iniciativa e agressividade, moralidade e severidade, antes de um ser portador de desejos e ser atingindo por toda sorte de projeções de desejos, de reforçar e se ver capturado em uma rede de esquemas sociais que antecipam ou que é e como deve ser o "pai", antes de um ente portador de órgãos e funções específicas, não devemos nos esquecer de quem estamos falando, ou diante de quem estamos: ali se encontra, antes do mais, uma *pessoa*.

Essa pessoa adjetiva o ser-pai. Confere uma história toda própria ao ser pai, ao processo constante da experiência paterna. Assim, se o processo de ser pai começa, segundo alguns, na cultura, que nomeia para nós a moral e a imoralidade do ser pai, não se encerra nela, pois a pessoa aceita a possibilidade de construção, ao longo da existência, de um modo próprio de ser na cultura: nem isolado dela nem somente se submetendo às suas normas. O pai como pessoa não se define apenas pelo dicionário, pelo código genético ou da ciência, ou mesmo da religião.

Ele se define por parâmetros que integram o legado da natureza, aplicado indistintamente a *indivíduos*, aos parâmetros éticos, psicológicos, sociais, culturais, que revestem o exemplar da espécie de *humanidade*, de uma realidade social e pessoal, o que permite inúmeras formas de constituição do pai, inclusive aquelas que não se inscrevem no biológico, ao menos diretamente. E, sobretudo, para usar um termo familiar a Martin Buber (1977), o pai na condição de pessoa se define pela sua atualização do modo de ser pai na existência.

E mais: o ser-pai, ser-mãe, ser-avó, ser-filha/filho, ser mulher/homem, ser religioso, ser artista... se atualiza, se torna efetivo *nas relações que são estabelecidas*. Quem nos chama a atenção para isso é Pedrinho Guareschi (1998). A mãe se concretiza em um circuito de relações: "Se eu digo 'mãe', esse conceito vai expressar relação, pois ninguém consegue ser mãe só; para a Maria (...) ser mãe, ela necessita de ao menos mais duas pessoas: um companheiro e um filho" (*idem*, p. 151).

O ser de possibilidades

A concepção da pessoa não ignora que temos um corpo, uma estrutura biogenética, pulsões, condicionamentos, potencialidades, que nos situamos em uma história, em uma sociedade, em uma cultura, em uma linguagem específica dentro do genérico social, que estamos ligados a mil forças e energias;[5] somos atravessados por todas essas determinações. Mas, se elas compõem o comportamento e, em um sentido mais amplo, constituem o modo de ser humano, elas não definem de todo o ser humano. Há outra determinação que aparece como um fundamento que deve ser levado em conta: o ser humano como possibilidade.

A possibilidade não se opõe de todo ao que já se encontra previamente constituído e que nos influencia, pressionando-nos nesta ou naquela direção. Mas ela tem algo de insubmisso, uma capacidade de subverter, de inverter, de reverter, refazer, transformar as condições estabelecidas que se abrem diante do sujeito. Ela é uma potência criadora. Mais do que isso, ela constitui o campo da nossa

---

[5] Algumas são aceitas por parcela do campo científico, como a dinâmica do inconsciente, a libido postulada por Freud e a energia psíquica concebida por Jung, por exemplo. Outras forças e energias propostas e que nos atravessam são objeto de polêmicas entre o campo da religião, da espiritualidade, da mística, da ciência mais recente (trabalhando com paradigmas como a física quântica) e a ciência em seus moldes convencionais tridimensionais, baseada no modelo clássico das ciências "naturais".

experiência. Quais são os recursos que a pessoa dispõe em um determinado momento de sua vida? O que faz ou deixa de fazer com eles? Como os percebe ou não os percebe? O que nega, o que imagina, o que deseja, o que vê como interdição ao desejo? Tudo isso é aceito como possibilidade.

Se insistirmos nessa hipótese, devemos observar que a possibilidade não é apenas algo em potência, guardado em alguma prateleira, esperando o momento de ser *atualizada*. Ela não é apenas um potencial ao meu dispor. Ela é, também, uma *dynamis*, uma força que pressiona o ser para ser efetivamente. Uma força imanente ao próprio ser, que vem dele mesmo. A possibilidade tem a ver com a realização de nosso ser.

Nós, entretanto, não estamos fadados a ser bem-sucedidos nesse processo. Eis um ponto importante, diríamos, crucial. É nesse ponto que a possibilidade se articula com a liberdade. A possibilidade se abre diante de nós. A liberdade implica a decisão de dispor-se a explorar as possibilidades próprias, assim como de permanecer na inércia. Se o movimento em direção a tornar-se quem se é fosse fácil, estaríamos não mais do que em um mecanismo automático de realização das possibilidades. Experimentamos nós mesmos as dificuldades de tal decisão. Assim, ao final das contas, abrimos e fechamos possibilidades.

A pessoa não é o ente cuja liberdade a retira da condição humana, ao revés, joga-a para bem dentro dela. A liberdade é sempre uma liberdade possível. Não é uma liberdade absoluta. É, para usar termos de Kierkegaard (1979), uma liberdade que se inscreve no finito. Mais uma vez não é demais repetir: apesar de se dar no finito, a liberdade não se reduz ao finito. Pode, inclusive, submeter-se ao finito, mas não se reduz a ele. O finito não termina onde começa a liberdade. Liberdade e finitude não são formas dicotômicas. São faces indissociáveis de uma mesma realidade: a condição humana.

Agora, surge um novo problema, de imediato: quem determina esse possível? Até onde se estende o campo de possibilidades? A resposta vem na própria existência, no jogo das condições predeterminadas com a condição de liberdade possível, cuja interação forma a condição humana. A extensão do campo de possibilidades não se dá antecipadamente. Muitas pessoas tentam antecipar as possibilidades, buscam avidamente uma explicação sobre si e um cálculo sobre os acontecimentos, algo que diga tudo que possam esperar. E assim, elas não se colocam diante dos fatos que não se deixam ver, abolem o mistério inerente ao próprio existir, fecham-se nas relações e, desse modo, perdem a perspectiva da pessoa para se tornarem docilmente presas da "fatalidade", da causalidade, sob os mais diferentes discursos e práticas. Esse indivíduo nega a pessoa, identificando-se e justificando-se pelos astros, pelos oráculos, pelo psicólogo, pelo orientador espiritual, enfim, entrega a uma voz alheia o vazio deixado pelo fechar os ouvidos à sua voz do íntimo.

A ansiedade ante o campo de possibilidades e a dificuldade em lidar com isso podem fazer a personalidade imergir na tentativa de se nivelar a como "os outros são", como imaginam que os outros querem que seja. Esse *outros* às vezes têm uma face definida, por vezes, é "todo mundo". Literalmente, nossa vida é um enredo, acontece que muitos de nós não se dão conta de si mesmos como atores e autores, a um só tempo, de sua história. O ator diz respeito à possibilidade imersa no mundo das determinações: a cultura, o econômico, o social, o corpo, o momento histórico etc. O autor concerne ao desejo, ao eu profundo, àquilo que não está escrito em nenhum lugar, pois a escritura é uma realização pessoal e relacional. É como atores e como autores que preenchemos as páginas de nossa história, dando-lhe vida, e inscrevemos a possibilidade no campo do tornar-se pessoa.

A pessoa é um tornar-se pessoa

A pessoa é ontológica, mas não inata. Pois ela não é uma realidade pronta e acabada, nem basta apenas admitirmos a pessoa como um potencial esperando o momento certo de eclodir. Com relação às tendências, aos talentos, às predisposições, é o tornar-se pessoa que atualiza o potencial, e não o contrário.

Ninguém nasce pessoa. A não ser em uma consideração filosófica. Do ponto de vista da ética, se acatamos a concepção da pessoa, partimos do princípio de que o ser humano merece ser tratado como tal incondicionalmente. A ética atinge o dever ser: a ética não deve nem pode sobrepujar a condição humana, impondo-se a ela, mas, por sua vez, a ética se apresenta como possibilidade, como elemento negador, questionador, reflexivo do que se acata e legitima como norma. Cabe, portanto, o ideal ético de dignificar o ser humano como pessoa. Já diz Jung (1986, p. 178, § 291) que, se certos ideais em sua forma absoluta são inalcançáveis, "o fato de não ser atingível não é uma razão a se opor a um ideal, pois os ideais são apenas os indicadores do caminho e não as metas visadas".

Se acatamos a ética da pessoa, então concordamos que desde criança devemos ser tratados como *pessoas*: como únicas, com respeito, consideração e atenção à nossa forma própria de ser e de expressão, e que isso deve se desenvolver na relação com os demais seres. Bem, se admitirmos um fundamento ético para a pessoa, isso ainda não basta para realizar a pessoa. Devemos considerar que cabe ao indivíduo a tarefa – árdua – de se tornar pessoa.

A pessoa é uma construção. Tornar-se pessoa requer romper com o massificado e rejeitar a aceitação passiva das convenções de toda ordem para desenvolver o ser-próprio relacional, aquele ser que se faz e se descobre ao longo da rede de relações em que nos vemos envolvidos e que estabelecemos. É no circuito das relações que conhecemo-nos como pessoas e nos afirmamos como pessoas. Não é somente no consultório psicoterápico, nem no altar de oração, nem no recolhimento do quarto que formatamos a pessoa. Essas instâncias são partes da pessoa, como componentes de um par de opostos complementares: o recolhimento (em que refletimos e ponderamos sobre a nossa ação) e o sair de si (quando partimos para as nossas relações). A pessoa nos projeta para a relação. É uma obra nunca acabada, pois oscilamos entre a vontade de ser a identidade relacional e o modo impessoal e contido, em que depositamos a consciência alhures, em que temos dificuldade para lidar com nossos limites, fechando-nos em um modo de ser que estreita as possibilidades emergentes e nos afasta do contato pessoal e íntimo. Na forma pessoal relacional, encontramos a disponibilidade para um projeto de ser, de realizar, de sonhar, de efetivar as potencialidades, de criar uma ação afirmativa, e não apenas reativa. Essa obra não pode se realizar sem o outro.

Tentando compreender a pessoa, nos deparamos com um sentido complementar que forma com ela uma unidade. A pessoa tem seu sentido complementado pela sua interação com as demais pessoas. A sinergia entre pessoas, a ação recíproca e interativa entre elas é o significado da comunidade.

A comunidade

A comunidade e a pessoa reaparecem no cenário contemporâneo, sobretudo como propostas éticas ante os desafios da sociedade tecnológica e consumista, constituindo uma nova perspectiva existencial (relativa a cada pessoa), política (relativa à articulação da pessoa nas diversas relações que visam a projetos comuns) e ecológica (cuidado, admiração e respeito pela natureza) na entrada do terceiro milênio.

> Existe então uma iniciação à comunidade que deve se (re)fazer constantemente, por causa mesmo do poder criador de nossa liberdade. A educação do senso comunitário é mais do que nunca urgente, dado o gigantismo das forças coletivas que escapam cada vez mais ao controle do homem. Ela é a condição de sobrevivência do homem. Se estudarmos o poder das forças destruidoras que ameaçam a humanidade (escravidões socioeconômicas, problemas de uma melhor distribuição das riquezas, destruição do meio ambiente, para citar apenas alguns exemplos), torna-se evidente a necessidade de participação na obra comum. (Lorenzon, 1996, p. 12).

Permitimo-nos conceber comunidade desde que o ser humano se reuniu em grupos para realizar tarefas, proteger-se de perigos, buscar abrigo, aconchegar-se afetivamente, comunicar-se, trocar e transmitir suas experiências, encarar o mistério da existência, confrontar-se com demais seres humanos, lidar com a natureza. A comunidade tem uma base ontológica. Ela constitui um dos modos de ser fundamentais do ser humano. Ao mesmo tempo, podemos entender a comunidade como uma ética. As dimensões ontológica e ética podem se confundir na meditação acerca do sentido da comunidade.

A comunidade é constituída por um grupo em que seus participantes se comunicam, se identificam, têm finalidades em comum. Uma comunidade é constituída por *pessoas*. Não por este ou aquele indivíduo anônimo diante do qual se é indiferente, mas por João, Pedro, Maria, Claudia etc. Cada um sabe que aquele membro da comunidade tem um nome, uma história, uma tradição, um grupo de convívio familiar, é, portanto, não apenas um indivíduo isolado, ensimesmado, mas uma *pessoa*.

Na comunidade, as pessoas se conhecem, se reconhecem, se comunicam umas com as outras como um grupo que forma uma identidade cultural: compartilham idéias, ações, crenças, afetos. A comunicação é fundamental para o sentido de comunidade. Na comunicação, os afetos, as imagens, os acontecimentos circulam pela palavra, pela ornamentação das casas e dos espaços públicos para os ritos e as festividades, pelos símbolos do imaginário da comunidade, promovendo uma efetiva interação entre as pessoas. A comunicação permite um acolhimento da pessoa em um universo familiar, diferentemente da estranheza que agrega o indivíduo à massa indiferente.

Dependendo da comunidade, as expressões religiosas, ideológicas, as preferências estéticas e individuais não se desenvolvem como um bloco monolítico, mas, de qualquer modo, na comunidade uns sabem algo do mundo dos outros e participam desse mundo. Os integrantes não se juntam por um motivo alheio a eles, e sim, pela cultura que os agrega, e pelo contato íntimo de pessoas umas com as outras. O íntimo significa que na comunidade o *convívio* e a *comunicação* são o elo entre as pessoas. Elas não estão agregadas ou reunidas por um interesse ou situação passageira, mas elas vêm de uma história e reescrevem essa mesma história.

O sentido de comunidade começa pela simplicidade mesma da compreensão de *comum*. O que quer dizer "comum" quanto à comunidade? Na comunidade, as pessoas discutem, testemunham, atravessam questões e problemas em comum, compartilham algo que diz respeito a todos. E, muitas vezes, o "problema" de um é dividido com outros, de tal forma que o que se passa com um toca a outros. As "questões" de cada um não são exclusivas, ao contrário, as pessoas *vivenciam* juntas, ao menos parte de seus problemas, anseios, sonhos, angústias, necessidades, festejos, fracassos, triunfos.

O vislumbre aqui é a hipótese de que as pessoas têm a chance de se conhecerem mais profundamente na comunidade: de realizarem atividades conjuntas, acompanharem algo acerca da vida de cada um, dos modos de comportamentos e temperamento das outras pessoas, e, assim, abre-se a possibilidade de percepção e participação. Dessa forma, cria-se um ambiente propício para a formação do que poderíamos admitir como o *espírito de comunidade*. A participação e interação mútua criam uma identificação com um destino em comum. Cada um tem o seu destino particular, que se encontra em algum ponto com o destino da própria comunidade.

Se na comunidade pode existir um espaço para participação, comunicação, reciprocidade, inclusão, solidariedade entre seus membros, isso não impede ou abole as diferenças, os conflitos (de crenças, idéias, modos de se comportar, moral...), rejeições e tensões que surgem dentro de uma comunidade. Tal faceta da condição humana não atinge o sentido da comunidade, pois a noção básica de comunidade envolve, antes do mais, interações entre pessoas que se conhecem e se reconhecem na *com-vivência*, em uma vida em comum partilhada de alguma forma. E não é difícil se dar conta de que a convivência humana apresenta todo o tipo de desafios. Ela é uma elaboração permanente, envolve a noção originária de *ética*, do grego *ethos*, que é a morada onde convivemos para edificar um espaço vivencial em comum.

Por tudo que estamos considerando, é oportuno para o sentido de comunidade uma compreensão em dupla via. No sentido ético de comunidade:

- O grupo não vale mais do que cada pessoa.
- A pessoa não vale mais do que o grupo.

Façamos um panorama didático, um esboço de uma ética que atenda ao *espírito de comunidade*:

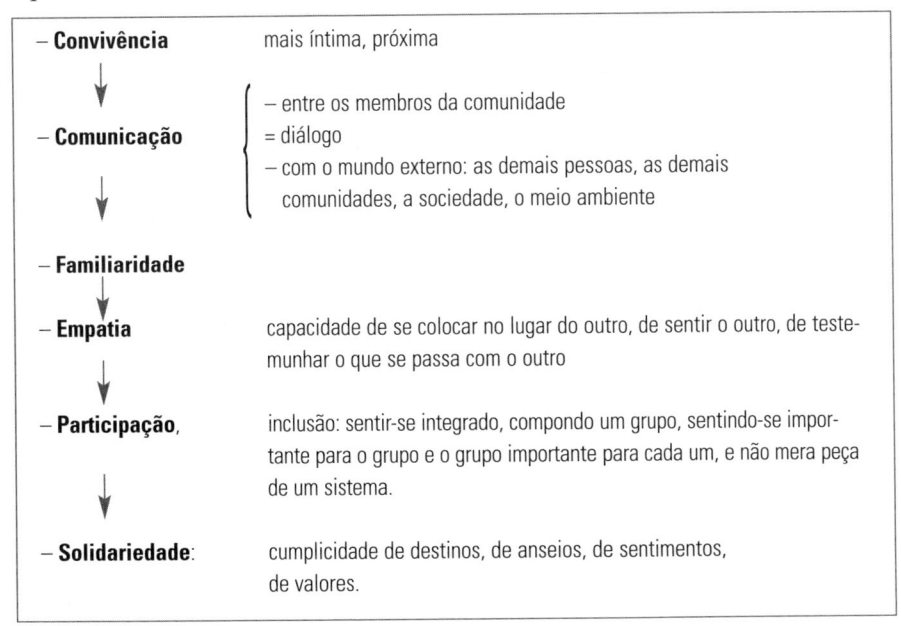

– Convivência ↓	mais íntima, próxima
– Comunicação ↓	– entre os membros da comunidade = diálogo – com o mundo externo: as demais pessoas, as demais comunidades, a sociedade, o meio ambiente
– Familiaridade ↓	
– Empatia ↓	capacidade de se colocar no lugar do outro, de sentir o outro, de testemunhar o que se passa com o outro
– Participação, ↓	inclusão: sentir-se integrado, compondo um grupo, sentindo-se importante para o grupo e o grupo importante para cada um, e não mera peça de um sistema.
– Solidariedade:	cumplicidade de destinos, de anseios, de sentimentos, de valores.

Apresentado um esquema esboçado acerca do dever ser da comunidade, neste momento algumas observações se tornam indispensáveis. A preocupação com o sentido ético de comunidade não nos deve demover do esforço de compreensão da comunidade de um modo mais amplo e menos "otimista", por assim dizer.

Da mesma forma que a pessoa é ontologicamente pessoa, e eticamente ela *se faz* pessoa, a comunidade é uma experiência humana originária, mas o sentido de comunidade é, como a pessoa, uma construção. Em outros termos, da mesma forma que alguém não nasce definitivamente definido, ele se *torna* pessoa, de modo similar, um grupo por si só não configura uma comunidade, ele se torna comunidade na relação dialogada e mútua dos seus membros entre si, e deles com o mundo e a natureza.

O sentido ético de comunidade implica uma prática que requer não só uma abertura à dialogação entre seus membros, mas também uma abertura ao diálogo com os demais grupos humanos. Portanto, estamos falando de uma dialogação intra e extracomunidade.

Se, por um lado, a comunidade pode facilitar uma interação entre seus membros, por outro, uma comunidade não está isenta da possibilidade de se fechar sobre si mesma, no seguinte sentido: se a comunidade se torna apropriada por grupos que apenas estão interessados na prosperidade e segurança de seus próprios membros, excluindo o resto (os demais grupos humanos e suas idéias), então se desfaz o sentido ético de comunidade. Donde: a intolerância política, ideológica, religiosa, guerras, preconceitos sociais, racismos, fundamentalismos, matanças e tortura em massa, opressão, repressão da liberdade de expressão. Um grupo que se fecha e recusa os demais e até os violenta pode ser visto formalmente como uma comunidade. Mas perde de vista inteiramente o sentido *ético* da comunidade.

O fato de uma comunidade se abrir ao diálogo, à troca de interações e idéias, não quer dizer perder a sua identidade. Seus valores, sua religiosidade, sua fé se mantêm, podendo ser eventualmente revisados, mas sem se submeter ou se dissolver em outra cultura. Trocar é diferente de se diluir. Na troca cada um tem uma característica particular, e é precisamente isso que enriquece a troca. O processo contemporâneo de mundialização do patrimônio cultural, por meio da difusão das culturas pelos meios de comunicação, por meio de uma nova proposta ética, religiosa, gnosiológica que aceite o diálogo entre as diferenças, pela crescente força da ecologia, pela reunião de pessoas em torno da participação e solidariedade, cria condições para uma comunidade abrir-se para o mundo, sem deixar de lado a construção de sua identidade.

Uma nova comunidade aparece ante os olhos do mundo. Ao mesmo tempo novíssima, é a mais ancestral de todas: o *ethos* planetário. A terra, inteira, vista como uma comunidade, que integra a comunidade humana, o meio ambiente, os seres que conosco coabitam nosso planeta-comunidade.

> Por fim um fator decisivo que revela a irrupção de uma nova civilização é certamente o patamar novo de consciência que se está firmando cada vez mais, uma consciência planetária. Teilhard de Chardin já em 1933 advertia: "A idade das nações já passou. Se não quisermos morrer, é hora de sacudirmos os velhos preconceitos e construir a Terra. A Terra não se tornará consciente de si mesma por nenhum outro meio senão pela crise de conversão e de transformação".
> Efetivamente esta crise se instalou profundamente nas mentes: somos co-responsáveis pelo nosso destino comum, humano e terrenal, pois constituímos uma unidade coesa e diversa. (Leonardo Boff, 1994a, p. 40-41)

Outro problema que devemos considerar ao apreciar a comunidade diz respeito ao que se passa no interior de uma comunidade. A comunidade não está isenta de estruturas de poder, da fofoca, da intriga, do espiar a vida alheia, do falatório da vida alheia, do controle de uns sobre os outros, da inveja, da competição, enfim, a comunidade não está livre da natureza humana, demasiado humana.

Na comunidade, de fato, as pessoas se conhecem, podem acompanhar mais de perto a vida umas das outras. Isso é muito importante, mas ainda não é tudo para asseverar o espírito de solidariedade, respeito e participação com interesse mútuo e reciprocidade. A comunidade nesses parâmetros é um *tornar-se comunidade*. Não é demais repetir: da mesma forma que uma pessoa não nasce pessoa, a não ser como possibilidade, pois ela *se torna pessoa*, uma comunidade não se desenvolve aleatoriamente, ela *se torna comunidade*. Isso vai depender diretamente da atitude dos indivíduos no seio da comunidade.

Se eles se olham como seres humanos, se eles se interessam fraternalmente uns pelos outros, se são capazes de descentrar-se para convergir para um centro comunitário, se eles se dispõem a uma mínima aceitação das diferenças, se eles tentam, de alguma forma, respeitar limites e elaborar conflitos, se não se alienam de si para um desenraizamento pessoal e cultural, importando-se apenas com valores alienígenas, teremos condições que favorecem o desenvolvimento do sentido mais pleno de comunidade, sentido esse que constitui uma ética. Todas essas instâncias são construções de uma condição que aponta para a personalização dos indivíduos e, ao mesmo tempo, para a afirmação solidária de uma comunidade, apontam, enfim, para a composição de um conjunto que não faz desaparecer as partes em um sistema impessoal, ao revés, vitaliza e valoriza as partes e suas inter-relações.

A pessoa na psicoterapia

A pessoa na psicoterapia está implicada tanto com o profissional quanto com o atendido. Estamos imaginando a singularidade da pessoa em dois parâmetros: o psicoterapeuta e o cliente, refletindo mais especificamente sobre a postura do profissional e sobre o desenvolvimento da pessoa quanto ao cliente.

A ética do profissional (e como ética aqui entendemos a sua ação, os seus valores, as suas escolhas) remete a, como enfatiza Olinto Pegoraro (2002), colocar a pessoa, incluindo, naturalmente, a sua própria pessoa no centro do interesse, do cuidado, da técnica, da abordagem disciplinar de base. Pensamos a ética da parte do cliente, sobretudo com respeito ao significado que confere à existência.

Consideremos a questão: como podemos compreender esses dois seres em interação quanto às estruturas básicas da pessoa apontadas?

Singularidade

Comecemos por uma conversa remetida ao exercício das práticas que se dedicam à hermenêutica psíquica. A singularidade da pessoa significa, em termos metodológicos, não colocar a linha de abordagem à frente da pessoa. Não antepor uma linha teórica frente a frente com o cliente, não colocar o sistema de fundamento adotado como uma barreira entre o profissional e o cliente.

O problema da adoção acrítica de uma linha de abordagem é que tudo se torna pensado de acordo e dentro de um sistema que não se dobra sobre si e repensa os seus próprios fundamentos. Sendo assim, fora dele "não há salvação". Quem não segue determinadas proposições incorre em "erro", "distorção", "resistência". Todas as questões levantadas encontrarão respostas plausíveis e, até certo ponto, previsíveis, pois serão enquadradas na armação do sistema proposto. A linha adotada tem a ver com o que eu acredito, com valores preciosos para mim. Ora, se eu me aferrar completamente a eles, posso ficar preso neles de tal forma que deixo de agir fenomenologicamente, ou seja, não mais permito que a pessoa se revele a mim, e, com isso, engesso a minha interpretação.[6] A interpretação vira receita pronta e dispensa o verdadeiro trabalho do pensamento. O pensamento se torna meramente instrumental, colocado para justificar determinados pontos de vista "consensuais". É mais fácil eleger e reverenciar mestres do que construir o seu próprio caminho.

---

[6] Permaneço como os homens presos no fundo da caverna de Platão, somente contemplando sombras abúlicas, que não me levam além do campo da suposição.

Lembremos que, por mais completo, melhor que nos pareça, nenhum sistema dá conta da totalidade humana que somos. Nenhum sistema psicológico poderá abolir o mistério da existência. O sistema fala do homem genérico. Ele se dirige a uma média de comportamento. Isso, por um lado, é importante, pois permite-nos um olhar estrutural sobre os fenômenos, um arranjo de sentido que nos ajuda a compreender, afinal, a nós próprios. Mas, por outro, estamos enredados em um problema, a saber, que, ao responder com coerência e consistência a algumas indagações acerca de quem somos nós, o sistema empobrece a mesma resposta que tanto se esforça por compreender, pois nivela todo mundo a uma média, a um obscuro ponto que marca um lugar-comum pertinente a todos, enquadrando todos indistintamente em determinado atributos.

Vale esclarecer aqui que o apreço pela pessoa não significa dispensar o escopo teórico e a experiência prévia. O partir do zero marca um niilismo improdutivo que muitas vezes resulta em um regresso aos mesmos problemas que estão sendo objeto de ressalva. Acaba se falando das mesmas teses com outras palavras, e de forma inconsistente e incoerente. Não partimos do zero, as nossas posições e reformulações são elaboradas quando se pretende pensar seriamente e com rigor, partindo-se de um estudo prévio meticuloso. No entanto, devemos considerar que, se tomarmos nossas opções sistêmicas de forma absoluta, estaremos compreendendo a pessoa unicamente à luz de determinado campo fechado de premissas. Tudo o que aparece, todas as possibilidades que surgem são tomadas como reveladoras e confirmadoras das proposições acatadas. Assim, um conjunto de idéias perde o seu vigor e se torna uma arquitetura lógica de conceitos vazios, abstraídos da vida concreta das pessoas.

O cuidado com a pessoa implica um abrir-se para o inusitado, para o inesperado, para a perplexidade, para aquilo que "não se estava no programa", para o que possa romper com as mais preciosas convicções. A pessoa está muito à frente de qualquer especulação, por mais genial e feliz que possa ser, a seu respeito. Isso é o sentido mais próprio de mistério. A pessoa é um mistério. Talvez seja justamente esta a definição mais exata de pessoa.

> Cada pessoa é um mistério. Podemos conhecê-la através de um longo convívio, pela intimidade do amor ou pelas abordagens das ciências e das várias tradições da humanidade. Mesmo assim ninguém poderá decifrar e definir quem é Maristela, Márcia, José Américo ou Fernando ou quem quer que seja. A pessoa emerge para si mesma e para os outros em um mistério desafiador. Somente sabemos o que cada um revela de si mesmo ao largo da vida, e pode ser captado pelas várias formas de apreensão que temos desenvolvido. Mas, apesar de toda diligência, cada um permanece um mistério vivo e pessoal. (Boff, 1994b, p. 14)

Com relação à abordagem da pessoa visando ao cliente, como a perspectiva da pessoa reconhece o desenvolvimento da personalidade?

Cada pessoa tem a possibilidade de encontrar um caminho próprio, uma construção de personalidade que faça sentido para ela. A tendência do ser humano é de um escape de si mesmo. Como afirma Kierkegaard (1979), queremos ser nós mesmos, e, ao mesmo tempo, não queremos. É o desespero de ser e de não ser. Sartre (2001) observa com riqueza de detalhes a má-fé: o abrir mão da responsabilidade pelas ações e pelas escolhas, e atribuí-las literalmente a Deus e ao mundo, recusando a subjetividade para permanecer como um objeto e se perder nele, tornar-se como uma coisa sujeita a todo tipo de causalidade. Heidegger (1989) alude ao impessoal. Nosso ponto de partida, afirma ele, é o impessoal. A personalidade, que para o filósofo significa ser no mundo, apresenta a possibilidade de emergir da adesão à impessoalidade para o desenvolvimento pessoal por uma decisão: auscultar o ser-próprio, abrir possibilidades para construir modos mais autênticos de ser por meio do cuidado consigo próprio e nas relações. Para Jung (1986), que revela nesse ponto uma aproximação com o existencialismo, o desenvolvimento da personalidade requer a coragem de romper com a convenção, seja ela moral, social, religiosa. Isso não significa desdenhar da tradição, rebelar-se em nome de uma liberdade solipsista e inconseqüente, e, sim, buscar sentido em todas as dimensões da existência a partir do contato com o eu profundo, o *self*, e, desse modo, não permanecer atrelado ao que se acata extrinsicamente. As convenções nos colocam papéis para desempenhar. E isso pode chegar a tal ponto que nos tornamos não mais atores de um enredo que nos toca intimamente, mas atores de uma peça que pouco ou nada nos diz respeito.

> O fato de as convenções de algum modo sempre florescerem prova que a maioria esmagadora das pessoas não escolhe seu próprio caminho, mas a convenção; por isso não se desenvolve a si mesma, mas segue um método, que é algo de coletivo, em prejuízo de sua totalidade própria. (Jung, 1986, p. 180, § 296)

O desenvolvimento da personalidade é a tarefa mais difícil que aguarda o ser humano, por isso mesmo, simbolizada pela figura mítica do herói. A singularidade da pessoa, a passagem do massificado-impessoal para o ser próprio, o rompimento com a adesão incondicional e passiva às convenções implica nada menos que isolamento. Por isso, o tornar-se pessoa, desde seu começo, é um carisma e ao mesmo tempo uma maldição:

> como primeira conseqüência, o indivíduo de maneira consciente e inevitável, se separa da grande massa, que é indeterminada e inconsciente. Isto significa isolamento, e para indicá-lo não existe nenhuma palavra mais consoladora. (...) Fala-se muito no desenvolvimento da personalidade, mas pensa-se pouco nas conseqüências, as quais podem atemorizar profundamente os espíritos dotados de menos vigor. (*idem*, p. 179, § 294)

Ser de relações

A concepção do ser de relações *retira* a pessoa de um tipo de isolamento, diferentemente do isolamento implicado no processo de individuação descrito por Jung. O isolamento, desta feita, adquire o significado associado ao indivíduo que se reconhece e se deseja *separado* dos demais. A subjetividade nesses moldes passa a ser trabalhada e compreendida em termos de destacar-se dos outros. O círculo de relações do indivíduo deve ser para-ele, os seus vínculos são-para-ele, ele não quer se ver integrado ao seu círculo de relações, em interações em que haja uma comunicação recíproca, um ir e vir, trocas, aprendizagens, comunicação no sentido de falar de si para o outro, afirmar-se perante o outro, mas também escutar o outro e interessar-se por ele.

Sem a perspectiva do ser de relações, a terapia corre o risco de estimular um solipsismo: o indivíduo permanece falando de si, tomando-se como referência para todas as suas interações. Ele não mais se aliena (tanto) de si, ele começa a decifrar o seu "oráculo", o seu "conhece a ti mesmo", mas esse movimento permanece fechado, não se abre à convivência, não se abre à alteridade. Nesse solipsismo, ele de fato se descobre, mas esquece o outro. Ele reconhece as suas necessidades, aquilo que deixou para trás e que é importante resgatar, ou o que é preciso romper e reformular, descobre os desejos mais recônditos, acessa as fantasias mais reprimidas, e se realiza, extasiado nesse saber voltado para o próprio umbigo. Essa aquisição pode dar uma sensação de potência jamais desconfiada. Mas, em algum momento, ele vai se deparar com a finitude no seu projeto de afirmar-se como um indivíduo, pois ele depara com o outro e com os seus próprios limites.

No ser de relações, temos uma noção de que se não somos *para-o-outro*, se a neurose se instala na má-fé, na edificação das *personas*, no abrir mão de si mesmo para submeter o seu desejo ao desejo do outro, somos *com* o outro. Na existência concebida como um nó de relações, o "eu sozinho" não faz o menor sentido. Isso cria o chamado vazio existencial, tanto quanto o anular-se diante do outro.

É assim que entendemos o ser-no-mundo. Não é um ser que se sobrepõe ao mundo nem que adere ao "mundo dos objetos". O mundo pode ser entendido como uma lâmina que recebe toda sorte de projeções de nossa subjetividade. Mas o mundo também, por sua vez, se comunica conosco, atinge-nos, envolve-nos e participa ativamente da formação dessa mesma subjetividade. O ser no mundo não se mantém exclusivamente um ser que manipula objetos, incluindo-se por vezes a si mesmo como um objeto. O ser no mundo não tem sua ontologia fundada na condição diretriz de se apresentar como um sujeito que fantasia desejos objetais, *independentemente* das experiências pessoais (como cada um reage, se emociona, vivencia, entende, se percebe, escolhe, sente-se afetado, lida com os seus limites). É, igualmente, antes do mais, um ser que se constitui junto ao nó de relações que desenvolve. De fato, o outro é sobremaneira visto e estimado como objeto do meu desejo. No entanto, o outro é mais do que isso; para começar, ele é, de fato e de direito, outro. E apesar de minha linha de abordagem projetar sobre ele toda sorte de parâmetros, técnicas e expectativas quanto ao seu procedimento, a realidade humana não está obrigada a reconhecer tal esforço e escapa ao meu controle. Quem se dá conta disso tem a disponibilidade para avaliar os seus próprios conceitos e, de alguma forma, efetivamente, encontrar-se com o outro.

Essa elaboração é extensiva ao cliente. Ele se dirige ao outro, projetando antecipadamente como ele se quer perante o outro e como quer que o outro corresponda a uma série de fantasias. Essas fantasias não são ilusões sem sentido. A abordagem da pessoa não procura, antes de mais nada, um parâmetro *fora* da relação que possa ditar com autoridade um saber sobre a própria relação. A abordagem da pessoa identifica essas fantasias como imagens do eu e do mundo que vão se confrontar com outros eus, com as suas imagens de mundo. O desejo se inscreve inserido em uma imagem de si e do mundo, e em uma afetividade ligada a ambas as instâncias. Não poucas vezes, eu desejo o outro somente a partir do que eu desejo para mim, de como eu me estimo. Ora, o outro é um novo mundo, uma terra, em parte ao menos, desconhecida. O seu desejo não se submete inteiramente ao meu, ainda que ele possa esforçar-se nessa tarefa. Por isso, ele não tem como adotar toda a minha identidade e, assim, não se reduz a ela.

A psicóloga Tereza Erthal (1992, p. 26 ss.) descreve um atendimento em que sua cliente se vê como uma pessoa de "alto nível", bem-sucedida profissionalmente, uma "vencedora". Foi desenvolvendo sua personalidade para competir, antes do mais, consigo mesma, tentando se superar a todo custo, precisando provar a si o quanto é elevado o seu valor, o quanto é imprescindível, o quanto é importante. Com isso, foi se tornando uma pessoa competitiva – consigo própria e com as pessoas, vislumbrando constantemente, a cada encontro, um rival a se confrontar. A pessoa do outro é revestida de uma imagem de competidor, e mais, o valor a si é projetado na "aceitação" – submissa, derrotada, inferiorizada do outro, que só reforçava seu desprezo, ou na reação de alguém, que era igualmente jogada no bueiro do desprezo. Sobretudo, no que diz respeito às esferas familiar e afetiva, essa desvalorização do outro alimentava o seu "ego", como se diz, mas, e ao mesmo tempo, a levava a ficar mais insatisfeita com o outro, pois não aparecia o herói capaz de superar as provas que ela lhe lançava todo o tempo. Esse ambiente pessoal de onipotência foi criando uma imensa solidão. Os outros não reconheciam o valor para ela tão estimado: ser competente, perfeita, uma máquina de operacionalidade, eficiente, responsável, correta, racional. A imagem de mundo cujo imperativo era competir com o outro formava uma unidade com o competir consigo própria. Como queria o outro, um objeto de disputas e valoração por meio da *agonística*, do medir o seu valor por meio de uma disputa, queria, igualmente a si própria, sempre se obrigando a ser perfeita e a se superar, a vencer a si e a todos.

Pois bem, o outro não se vê obrigado a reconhecer tal imagem de si que ela emoldurou. Para começar, ele não é um objeto, é uma pessoa. Ele nega essa imagem, quase todo o tempo. Até que, a certa altura, na terapia, ela se deixa derrotar: reconhece a insubmissão do outro ao seu desejo. Essa derrota pode ser entendida como uma vitória. Nessa vitória não há vencedores nem perdedores: sua consciência se perdeu, nisso ela se ganhou. Acompanhemos uma parte do momento em que se dá a fissura de suas convicções. Ela diz:

> Não dá para suportar isso. Sinto como se estivesse sozinha e sem paredes para me apoiar. Vejo que estou repetindo um comportamento desde há muito tempo, mas que agora não me satisfaz, porém não consigo evitar. Sinto que preciso frear meus sentimentos, minha boca maldita, mas não posso... Sinto que já não convenço o outro... (Ou será a mim mesma?)

A psicoterapia fundamentada na pessoa é, em certo sentido, uma educação para a percepção não somente de si, mas do outro. Isso vale tanto para o terapeuta quanto para o cliente. Aprende-se em terapia o significado essencial de: *o outro existe*, tanto quanto eu.

Totalidade e ser de possibilidades

O caminho palmilhado pelo indivíduo visando tornar-se pessoa promove uma comunicação e interação entre várias formas e possibilidades de expressão: emocional, sexual, corporal, estética, ética, mística (o sair de si para o encontro) etc. À medida que a pessoa se abre para a percepção de si como uma *gestalt*, ou seja, como uma totalidade articulada, eclodem mais e mais conflitos. Uma cliente expressou isso com bom humor: "Quanto mais eu rezo, mais assombração me aparece!". Ao mexer em determinada instância de sua personalidade, ela acaba ativando várias outras, pois elas constituem um sistema articulado.

A pessoa aceita o paradigma holístico que afirma: tudo está relacionado a tudo, em todos os pontos e em todas as circunstâncias. Podemos, eventualmente, focar um determinado ponto no decorrer do trabalho, pois, inclusive, temos de começar de algum ponto, mas, ao longo do processo, esse foco tenderá a se ampliar e revelar muitas instâncias envolvidas, desvelando inúmeras formas de expressão, que clamam ao mesmo tempo por efetivar-se. Isso pode dar uma sensação inicial de caos, desordem, desespero. Não se trata na terapia de promover a ordem e o progresso. Ocorre que o cliente, ao aprofundar o conhecimento de si e das suas relações, tem a possibilidade de começar a costurar um fio de sentido entre as suas várias facetas, promovendo um diálogo entre emoção e razão, desejo e ideais morais, escolhas e impulsos etc.

A abordagem holística é inclusiva: ela leva atenciosamente em consideração os fatores envolvidos no comportamento, comportamento esse que, por sua vez, aponta para novas perspectivas de sentido. Na nossa contemplação da pessoa, nós não a consideramos fundamentada (queremos dizer: originada em primeiro lugar) na busca de prazer que escoa sua energia através, acima de tudo, dos "objetos" de desejos inconscientes, nem conferimos a alguém a consciência onipotente e absolutamente transparente acerca de si mesmo, relegando o desejo ao crivo de uma autonomia de um sujeito soberano em sua autodeterminação. Não se trata de transformar a complexidade do comportamento nas suas diversas relações e condições unicamente a móveis inconscientes, tanto quanto a uma simples "questão de escolha". Na primeira instância, o solo da escolha se dá somente a partir de uma estrutura previamente constituída nas interações mais tenras de nossa vida. Na segunda instância, a liberdade é tomada de forma absolutamente incondicionada. A pessoa é múltipla, é complexa, o que nos leva a avançar e atravessar a interface das tensões que compõem a condição humana, misto de determinações e negação dessas mesmas determinações. É no seio dessa tensão que pode emergir a decisão de buscar um sentido pessoal para a vida.

Assim considera Jung (1986, p. 179, § 296):

> A personalidade jamais poderá desenvolver-se se a pessoa não escolher seu próprio caminho, de maneira consciente e por uma decisão consciente e moral. A força para o desenvolvimento da personalidade não provém apenas da necessidade, que é o motivo causador, mas também da decisão consciente e moral. Se faltar a necessidade, esse desenvolvimento não passará de uma acrobacia da vontade; se faltar a decisão consciente, o desenvolvimento seria apenas um automatismo indistinto e inconsciente.

A meta do trabalho inclui uma indagação fundamental do cliente acerca de si quanto aos sentidos que dá à sua vida, e o sentido da existência como um todo, dentro de limites da integração do desejo, da emotividade, da percepção do corpo, do mundo das imagens a uma percepção mais ampla e profunda de si, o que requer elaboração psíquica, emocional e certa dose de coragem. A consciência adquire uma forma mais compreensiva, assume os conflitos como modos de expressão de si e, dessa forma, abre perspectivas de elaborar a sua comunicação com o outro, pode, enfim, assumir uma efetiva responsabilidade por seus atos.

Em uma construção holística, a consciência reconhece que é também um corpo, um feixe de emoções e de energias, enquanto o corpo, o afeto, a sexualidade e a intuição se fazem reconhecer como expressões vivas, cheias de imagens, linguagem, significação. O que escapa à consciência que observa a si mesma permanece fenomenal, ou seja, é percebido como angústia, como medo, como sentimento difuso, como comportamentos defensivos e reativos, como fuga da situação conflitiva etc. O trabalho hermenêutico na pessoa é enfaticamente uma realização a dois. Não é somente o terapeuta e sua linha adotada, nem o cliente com suas convicções. É uma hermenêutica que parte do encontro, instauradora do encontro entre, precisamente, dois mundos, duas pessoas.

Somos atravessados de ponta a ponta por mil energias e pulsões, pela nossa inserção no contexto sócio-histórico-cultural, pelos símbolos e pela linguagem, assim como por uma biografia em que só parcialmente escolhemos e compomos, na medida em que nossa personalidade se constituiu – e se constitui na trama de relações que traçamos e às quais somos expostos. Essas condições estão dadas, postas por uma estrutura instintual e psíquica em seu caráter bruto, não lapidado. A alquimia da existência consiste em uma elaboração delas em nosso laboratório existencial. Nossas escolhas se dão conjuntamente a uma determinada configuração psíquica, a uma determinada condição sociocultural, a uma estrutura corporal. Mas não se resumem a essas determinações. Se o ser humano faz história é, entre outras, porque tem a possibilidade de deixar o lugar de ator para se assumir como co-autor da história.

A nossa história pessoal não é uma mera coleção de fatos e de conceitos. Ela é uma fábula, cada um constrói o seu mito particular. Como Prometeu, muitas vezes, permanecemos acorrentados, quer dizer, vemo-nos submetidos a vários tipos de limitações e condições, mas, ainda assim, Prometeu mostra-se insubmisso às normas de Zeus, porque Prometeu simboliza um significado profundo de liberdade. Não é nada aleatório que o mito aponta que Prometeu modela os seres humanos do barro, amiga-se deles e desafia os deuses. Os seres humanos são punidos, como o foram no episódio bíblico da expulsão do Paraíso. A liberdade cobra o seu preço. Significa que não é gratuita, é uma conquista nunca completamente alcançada. Significa, igualmente, a solidão de romper com as normas, convenções e regras estabelecidas sem a nossa participação. Mas a esperança permaneceu entre as pessoas, até mesmo como uma dádiva divina. Como se sabe, os deuses enviaram a Epimeteu (irmão de Prometeu) e à sua esposa Pandora uma caixa que não podia ser de modo algum aberta. Movida pela curiosidade incoercível, Pandora abre a caixa, e dela saem males e sofrimentos que afligem a humanidade. Porém, restou a esperança, a única coisa que foi retida nas bordas da caixa. Em meio à fatalidade, aparece o que não se submete ao finito, a esperança. O que resta ao homem é uma essência que aponta para o ser de possibilidades, que mantém acesa a chama do desejo.

A liberdade não consiste em ficar preso a determinada situação ou condição "interior" ou ficar livre dela. A liberdade consiste na atitude que se tem em relação às suas condições. A abordagem preocupada com a pessoa não negligencia as condições apontadas pelo cliente ou contempladas pelo psicólogo. Ela leva em conta o conjunto formado por essas condições levantadas ("fantasiosas" ou demostráveis) e as possibilidades que a pessoa vislumbra, que ela não se permite vislumbrar, as possibilidades que ela constrói, que ela descobre ao longo da terapia.

A marca da pessoa é que o fim da história envolvendo Prometeu e Zeus é contada por ela em seu caminho de relações. E, na verdade, é uma história sem-fim, somos uma obra em aberto.

Referências

ANGERAMI, V. A. O imaginário e o adoecer. Um esboço de pequenas grandes dúvidas. In: _____. *E a psicologia entrou no hospital...* São Paulo: Pioneira Thomson Learning, 1996.

_____. (Org.) *Vanguardas em psicoterapia fenomenológico-existencial*. São Paulo: Pioneira Thomson Learning, 2004.

BOFF, L. *Nova era*: a civilização planetária. São Paulo: Ática, 1994a.

BOFF, L. *Mística e espiritualidade*. Rio de Janeiro, Rocco, 1994b.

BORNHEIM, G. *O Idiota e o espírito objetivo*. Rio de Janeiro: Uapê, 1998.

_____. *Metafísica e finitude*. São Paulo: Perspectiva, 2001.

BRANDÃO, J. de S. *Mitologia grega*. Petrópolis: Vozes, 1986-1987. v. I e III.

BUBER, M. *Eu e tu*. Trad. Newton A. von Zuben. 2. ed. São Paulo: Moraes, 1977.

ERTHAL, T. C. S. *Contas e contos na terapia vivencial*. Petrópolis: Vozes, 1992.

_____. Repensando a ética na psicoterapia vivencial. In: ANGERAMI, V. A. (Org.) *Vanguardas em psicoterapia fenomenológico-existencial*. São Paulo: Pioneira Thomson Learning, 2004.

FREUD, S. *Conferências introdutórias sobre Psicanálise*. Parte III. Teoria geral das neuroses. Rio de Janeiro: Imago, 1976. (Edição *standard* brasileira, v. XVI, Conferência XVIII).

GARCIA-ROZA, L. A. *Freud e o inconsciente*. 4. ed. Rio de Janeiro: Jorge Zahar, 1988.

GUARESCHI, P. Alteridade e relação: uma perspectiva crítica. In: ARRUDA, A. (Org.) *Representando a alteridade*. Petrópolis: Vozes, 1998.

HEIDEGGER, M. *Ser e tempo*. Trad. Márcia de Sá Cavalcante. Petrópolis: Vozes, 1989. Parte I.

JUNG, C. G. *O desenvolvimento da personalidade*. Trad. frei Valdemar do Amaral. Petrópolis: Vozes, 1986.

KANT, I. *Crítica da razão prática*. Trad. Artur Morão. Lisboa: Edições 70, 1997.

KIERKEGAARD, S. A. *Temor e tremor: o desespero humano*. Trad. Maria J. Marinho. São Paulo: Abril Cultural, 1979. Coleção Os pensadores, v. XXXI.

LALANDE, A. *Vocabulário técnico e crítico da filosofia*. Trad. Fátima S. Correia *et al.* 2. ed. São Paulo: Martins Fontes, 1996.

THE BEATLES. Nowhere man. [LENNON, J.; MCCARTNEY, P.] In: _____. *1962-1966*. São Bernardo do Campo: Odeon, 1973, 2 discos sonoros, 33 1/3rpm, estéreo, 12 pol., disco 2, lado B, faixa 1.

LORENZON, A. *Atualidade do pensamento de Emmanuel Mounier*. 2. ed. Ijuí: Unijuí, 1996.

MERLEAU-PONTY, M. *Fenomenologia da percepção*. Trad. Carlos Alberto R. de Moura. 2. ed. São Paulo: Martins Fontes, 1999.

OUSPENSKY, P. D. *Fragmentos de um ensinamento desconhecido*. Trad. Eleonora L. de Carvalho. 2. ed. São Paulo: Pensamento, 1987.

PEGORARO, O. A. A utopia da justiça. *Jornal do Brasil*, 26 dez. 2000. Caderno Opinião, p. 9.

_____. *Ética e bioética*. Petrópolis: Vozes, 2002.

PLATÃO. Fédon. In: _____. *Diálogos*. Trad. Jorge Paleikat e João C. Costa. 4. ed. São Paulo: Nova Cultural, 1987.

SARTRE, J-P. *O ser e o nada*. Trad. Paulo Perdigão. 9. ed. Petrópolis: Vozes, 2001.

SCHULTZ, D. P.; SCHULTZ, S. E. *História da psicologia moderna*. Trad. Adail U. Sobral e Maria S. Gonçalves. 16. ed. São Paulo: Cultrix, 2002.

Alma cigana

Valdemar Augusto Angerami

A música de Sarasade ilumina o ambiente...
e arrebata minha alma de modo alucinante...
e a vida é totalmente preenchida em todo o seu
detalhamento... o violino tange notas suaves que penetram
a alma de maneira cortante... irrebatável...
o violino se alterna com a orquestra que acirra
temas turbulentos, envolvente... a música ganha formas
e cor... e o ambiente fica totalmente fundido no azul da
felicidade...
a música se harmoniza com o estalido da lenha na lareira...
a taça de vinho derrama em minha boca a suavidade de um
doce mistério: a mística da magia cigana...

Há séculos é assim, a minha vida se torna contemplativa
diante do fogo, e ao som da música cigana...
Há séculos minha alma é penetrada e iluminada pela
magia dos violões rasqueados e pelos violinos tangenciando
a vida de maneira única e indescritível...
E minha alma é doce e totalmente dependente do fascínio
gitano... há séculos ela vagueia em busca de liberdade...

A magia cigana me arrasta para vivências inebriantes...
o bailado cigano tingido de cor e luz
é alegria maior buscada ao longo desses séculos...

Há séculos minha alma busca a liberdade cigana
nas florestas, nos mares, nas luas e nos rios...
e essa é a verdadeira veneração cigana: o respeito
e o amor pela natureza e por seus desígnios de
liberdade...

Há séculos que tomo vinho contemplando o fogo...
ora nas fogueiras dos acampamentos... ora no fogo
da lareira... ora na queima das mensagens de oração...

O vinho sorvido, acompanhado de nacos
de queijos com temperos de ervas, é muito mais do que o prazer
da degustação, é a transcendência da alma na
passagem desses séculos, em que ela busca
simplesmente a magia cigana para perpetuar-se
nesse prazer por muitos e muitos séculos ainda...

                    Serra da Cantareira, em uma noite de outono.

7

Omoluwabi, Alakoso, teu caráter proferirá sentença a teu favor! Valores pessoais e felicidade na sociedade iorubá

RONILDA IYAKEMI RIBEIRO
SIKIRU KING SÀLÁMÌ

Introdução

Antes de iniciar nossa reflexão sobre valores pessoais na busca pela felicidade, esclarecemos que a abordagem de ética aqui adotada baseia-se em princípios universais mais do que religiosos. Utilizamos como principais fontes de referência o *Corpus literário de Ifá* (Abimbola, 1976), livro da sabedoria dos iorubás (África ocidental), a obra de Dalai Lama, especialmente o conjunto de reflexões por ele desenvolvidas em *Uma ética para o novo milênio* (2000), e as reflexões de Comte-Sponville (1996) registradas no *Pequeno tratado das grandes virtudes*.

Dalai Lama lembra que, apesar de toda a diversidade própria do grupo humano, temos em comum o fato de compartilharmos o mesmo impulso de esquiva ou fuga dos sofrimentos e idêntica aspiração por uma vida feliz.

Reconhecemos nas sociedades ocidentais uma característica que Cristopher Lasch (1983) aborda brilhantemente em *A cultura do narcisismo: a vida americana numa era de esperanças em declínio*. Segundo esse autor, nessas sociedades o individualismo é muito incentivado, o que determina o privilégio de tudo o que é de caráter individual sobre qualquer aspecto coletivo. Nas sociedades industriais modernas, nas quais se desenvolve a *cultura do narcisismo*, a vida é organizada de modo a possibilitar o máximo de autonomia individual e um mínimo de dependência mútua. Cada qual busca ser o mais independente possível, e seus esforços e conquistas nesse sentido são aplaudidos pelos demais, por corresponderem às expectativas de grupo.

O desenvolvimento da tecnologia favoreceu a noção de que toda necessidade individual pode ser suprida por máquinas, e o desenvolvimento da teleinformática fortaleceu a crença na possibilidade de superarmos a solidão e lidarmos com as angústias existenciais por meio de relações virtuais estabelecidas no ciberespaço. Esses progressos reforçaram a ilusão de não dependermos uns dos outros. Como diz Dalai Lama (2000), cada um de nós é levado a supor o seguinte: bem, se os outros não são importantes para a minha felicidade, a felicidade deles também não é importante para mim. O enfraquecimento da noção de comunidade e de pertença grupal, próprio da cultura do narcisismo, conduz ao estremecimento ou mesmo à perda de laços afetivos e, nessa conjuntura, é reforçada a tendência à inveja e à competitividade.

O que sugere o Dalai Lama como caminho de cura dessa "moléstia" cuja etiologia é a impossibilidade de perceber a si mesmo como membro de um organismo coletivo? Propõe uma revolução espiritual. Vejam bem: revolução espiritual e não religiosa. Tal revolução demanda reorientação radical do modo de perceber. Cada um de nós deve responder ao desafio de desenvolver um novo olhar, um olhar que possibilite uma nova percepção de si mesmo, dos demais e das relações estabelecidas. O olhar terá de ser redirecionado: o excesso de cuidados para consigo mesmo deverá ceder lugar a uma preocupação com a ampla comunidade de seres aos quais estamos conectados. Quando o olhar volta-se para o bem-estar dos outros – e isso não se restringe à dimensão do humano –, torna-se possível reconhecer os interesses e as necessidades das outras pessoas e da natureza. Dalai Lama sugere que se utilize como técnica o cultivo de um estado de espírito sadio, caracterizado pela intenção de tornar-se útil, o mais possível, para os outros. A ética proposta por esse mestre resume-se, praticamente, na tarefa de cultivar uma nova forma de perceber, realizando esforços contínuos para não retroceder, sempre atento e sempre disposto a auto-avaliar-se.

Essas recomendações de ordem geral, úteis a qualquer pessoa, mostram-se particularmente importantes para aqueles que exercem funções de liderança. Gestores, administradores, gerentes e demais lideranças são atores sociais responsáveis pelo desenvolvimento de outras pessoas, sendo, por isso, confrontados diariamente com grandes desafios. Cada um de nós já teve inúmeras oportunidades de observar a ocorrência de uma lacuna – e às vezes, mais que uma lacuna, um abismo – entre fatos objetivos e a forma como tais fatos são percebidos. Como *cada um vê o pôr-de-sol da janela de sua casa*, conforme diz o provérbio africano, em cada situação haverá tantas maneiras de perceber os fatos quantas as pessoas que ali estiverem compartilhando tempo e espaço.

Nossa compreensão dos fenômenos, ou seja, o modo como percebemos o entorno, é decisiva em nossas ações porque os comportamentos sempre decorrem do modo como lemos a realidade. Todos nós já tivemos oportunidade de observar isso em nossa convivência com outras pessoas: muitas discórdias, mal-entendidos e conflitos decorrem exatamente do fato de haver distintas leituras possíveis de uma única situação. Impasses são muitas vezes equacionados, e a seguir superados, se as partes envolvidas dispõem-se a dialogar, o que nem sempre ocorre. O afastamento entre pessoas, produzido pelas distintas possibilidades de leitura de dada situação, é freqüentemente causa de infelicidade. Ou não?

Há pessoas que buscam alcançar o máximo de eficiência e satisfação no trabalho, que almejam melhorar a qualidade de suas relações nos diversos âmbitos da vida pessoal e profissional e pretendem explorar ao máximo o próprio potencial para conferir maior qualidade à sua ação em todos os setores da vida. Pois bem. É recomendável que, ao estabelecermos para nós mesmos tais metas, procuremos permanecer atentos ao próprio modo de perceber o entorno, ousemos questionar nossa percepção e ousemos, além disso, realizar o exercício de olhar cada fenômeno sob distintas óticas.

Estamos nos propondo a refletir sobre os valores pessoais como chaves para o sucesso e para a conquista da felicidade. Perguntamos: é possível realizar uma correção de ótica que amplie nossas chances de alcançar um melhor estado de espírito e uma condição de vida mais feliz? O que se observa é que a leitura de realidade cultivada na cultura do narcisismo, própria da sociedade industrial moderna, dificulta o reconhecimento de pertença do humano à Natureza e à Humanidade, e conduz a atitudes e condutas individualistas. É desejável que se modele outra leitura da realidade, reconhecendo a interdependência decorrente do fato de integrarmos uma imensa rede de relações. Essa ótica favorece a adoção de atitudes e condutas solidárias. Não há quem possa questionar o fato de haver no universo uma mútua dependência entre as partes, e destas em relação ao todo: os fenômenos são interdependentes.

Essa maneira de perceber não é estranha à concepção negro-africana de universo e de pessoa. Pelo contrário. É exatamente assim que o universo é concebido nas sociedades tradicionais africanas. Como diz Erny (1968, p. 21), o universo africano é como uma imensa teia de aranha, da qual *não se pode tocar o menor elemento sem fazer vibrar o conjunto. Tudo ligado a tudo. Cada parte, solidária com o todo, contribui para formar uma unidade.* Uma vez adotado esse ponto de vista, torna-se impossível permanecer indiferente ante as questões ecológicas e o bem-estar alheio. A árvore abatida desnecessariamente e tantos outros atos de crueldade contra os mundos mineral, vegetal ou animal passam a serem reconhecidos como gestos de agressão contra si mesmo.

Na tradição oral africana, encontramos um grande número de poemas e provérbios que expressam essa concepção. Elegemos, para apresentar aqui, uma das mais belas e sucintas expressões literárias dessa tradição. Trata-se do mito cosmogônico dos bambara do Komo, uma das grandes escolas de iniciação do Mande, no Mali. Esse mito narra que o ser Supremo, denominado *Maa-Ngala* nesse grupo étnico, tendo sentido falta de um interlocutor, tratou de criá-lo. Ouçamos a narração bambara da Gênese Primordial:

> Não havia nada, senão um Ser.
> Este Ser era um vazio vivo
> a incubar potencialmente
> todas as existências possíveis.
> O Tempo Infinito era a morada do Ser-Um.
> O Ser-Um chamou a si mesmo Maa-Ngala.
> Então, ele criou 'Fan',
> um ovo maravilhoso com nove divisões
> no qual introduziu
> os nove estados fundamentais da existência.
> Quando o Ovo Primordial chocou
> dele nasceram vinte seres fabulosos
> que constituíram a totalidade do universo,
> a soma total das formas existentes
> de conhecimento possível.
> Mas, ai!
> Nenhuma dessas vinte primeiras criaturas revelou-se apta a ser o interlocutor que Maa-Ngala havia desejado para si.
> Então, tomando uma parcela de cada uma das vinte criaturas, misturou-as.
> E insuflando na mistura uma centelha de seu hálito ígneo, criou um novo ser – o Homem – a quem deu parte de seu próprio nome: Maa.
> Assim, o novo ser, por seu nome, e pela centelha divina nele introduzida, continha algo do próprio Maa-Ngala.

Maa, simbiose de todas as coisas, recebeu algo que cada uma de suas partes, agora em interação, não havia recebido antes: o sopro divino. Essa origem estabelece um vínculo profundo do homem com cada ser, com cada coisa existente no plano material e, ainda, com os seres do plano cósmico. A tudo e a cada coisa, o homem se relaciona em uma grande *rede de participação*, diz o tradicionalista Hampate Bâ (1982, p. 184).

Ao constatarmos que tudo aquilo que percebemos e experimentamos integra um único organismo, a perspectiva por nós adotada se modifica. A constatação de que o universo, esse organismo vivo, somente sobreviverá se houver cooperação equilibrada entre as partes que o compõem, conduz necessariamente a atitudes e condutas responsáveis e solidárias.

Conforme o expresso nessa narrativa mítica dos bambara, o bem-estar pessoal de cada um de nós acha-se profundamente relacionado ao bem-estar dos demais e ao equilíbrio do ambiente em que vivemos. Sendo o universo uma imensa teia de relações e mútuas correspondências, a ressonância que cada idéia, palavra ou ação produz nessa teia tem suas conseqüências para o sujeito que, por meio dessa idéia, palavra ou ação, dinamiza forças e desencadeia movimentos, cujas decorrências serão experimentadas por ele próprio e pelas demais pessoas. Tal concepção de realidade é proveitosa porque favorece a atrofia da tendência a supervalorizar aspectos das experiências cotidianas que, de fato, são de reduzida importância.

Todo sofrimento tem suas causas, e, enquanto algumas ações conduzem ao sofrimento, outras levam à felicidade. Nas sociedades de consumo, cuja lógica é o lucro, busca-se a satisfação em fatores externos, como se toda condição de felicidade pudesse ser comprada em supermercados e *shopping centers*. Não vamos incorrer no erro de negar a importância dos fatores externos na promoção da felicidade. Isso seria uma estupidez, como seria estupidez acreditar que a felicidade pode advir apenas de fatores externos. A felicidade só se torna possível pelo cultivo de um sentimento fundamental de bem-estar em nossa interioridade, um sentimento de paz interior inabalável diante de dificuldades e de circunstâncias aparentemente desfavoráveis.

Se a paz interior é condição indispensável para a felicidade, como proceder para obtê-la? Uma coisa é certa: nenhum fator externo poderá produzi-la, pois seu desenvolvimento demanda cultivo, exatamente como demanda cultivo um belo e perfumado jardim. O cultivo exige dedicação e disciplina, e implica dois movimentos – evitar fatores desfavoráveis e buscar fatores favoráveis. Essa tarefa deverá ser continuamente realizada. Porém, se o que se quer é um estado duradouro de felicidade, tratemos de arregaçar as mangas e colocar mãos à obra.

Ainda utilizando a metáfora do belo e perfumado jardim que desejamos possuir para nele passear e dele usufruir, lembremos que a tarefa de construção da paz interior depende, como qualquer outra tarefa, de um processo que se inicia pelo diagnóstico – identificação de causas e condições – e prossegue com um planejamento estratégico para atingir metas estabelecidas com precisão. Porque, afinal de contas, podemos ser líderes de nosso caminho de vida! Sem perder de vista o fato de que nem sempre é possível alterar as condições situacionais, como desejaríamos, mas sempre é possível mudar nossa atitude.

Podemos realizar mudanças em nosso estado mental e em nosso estado emocional, por meio de esforço deliberado. Podemos optar pela realização de atos éticos, voltados antes para o bem coletivo do que para os interesses individuais. Podemos optar pela recusa de agir de modo antiético, entendendo como antiético qualquer ato que negligencie as outras pessoas e a natureza.

Adotar uma postura ética implica evitar pensamentos e emoções negativos e cultivar qualidades positivas. Quais são essas qualidades positivas? Nossas qualidades humanas ou espirituais básicas. E, chegando a esse ponto, agora no domínio da Ética, começamos a falar das virtudes, elegendo para isso conhecimentos advindos de distintas fontes de sabedoria, particularmente, do *Corpus literário de Ifá* (Abimbola, 1976), livro da sabedoria iorubá, dos ensinamentos do Dalai Lama (2000) e das reflexões de Comte-Sponville (1996).

O Dalai Lama (2000) faz uma distinção entre atos éticos e espirituais. Considera éticos os atos realizados com a intenção de não prejudicar a experiência nem a expectativa de felicidade dos outros, e espirituais os realizados para favorecer o bem-estar dos outros e promover felicidade em suas vidas. Ou seja, se me preocupo com a felicidade de alguém, sou orientado pela ética a proceder de modo a não prejudicar essa pessoa, e a espiritualidade me orienta a proceder de modo a lhe proporcionar felicidade.

Temos, entretanto, de contar com um fator adverso: há funções psíquicas que interferem continuamente em nossas ações e a percepção é uma delas. Pode ocorrer que a capacidade perceptual de uma pessoa não lhe permita reconhecer com nitidez o que ocorre no entorno; pode ocorrer que alguém seja incapaz de estabelecer uma comunicação eficiente; pode haver dificuldade para avaliar o possível impacto das próprias ações sobre os demais; pode ocorrer, ainda, que alguém não tenha discernimento para distinguir o correto do incorreto, o que dificultará, ou mesmo impossibilitará, a avaliação das conseqüências dos próprios atos. Considerando esses possíveis impedimentos de ordem psicológica, perguntamos: o que é preciso fazer? É preciso aperfeiçoar a própria capacidade de discernir, o que somente é possível pelo desenvolvimento da empatia, ou seja, pela sensibilidade para o sofrimento alheio.

A capacidade inata para a empatia, se bem trabalhada, pode transformar-se em capacidade para o amor e a compaixão. A conduta ética consiste em não fazer mal às pessoas, e, para isso, é preciso levar em consideração os sentimentos alheios. Como no cultivo de um jardim, será preciso precaver-se das adversidades e zelar, atenta e amorosamente, para que as sementes entregues à terra possam crescer até o desabrochar das flores. No cultivo da empatia, com vistas ao desenvolvimento da compaixão, a prática da ética se desenvolve, melhorando a qualidade de vida dos envolvidos no processo e buscando promover felicidade a todos.

Aprimorar a própria capacidade empática demanda coragem. Por quê? Porque implica experimentar compaixão, em sentir a dor alheia. À compaixão todas as grandes tradições religiosas do mundo atribuem função primordial. Ela é fonte e produto de paciência, tolerância, capacidade de perdoar e todas as demais virtudes. Ainda que não consideremos nenhuma perspectiva espiritual, a compaixão e o amor são fundamentais para todos.

Ao nos referirmos às virtudes e a seu cultivo, estamos tratando de questões relativas ao caráter e à personalidade das pessoas, pois a prática das virtudes acha-se intimamente relacionada ao caráter de quem as exercita. Há um provérbio iorubá que diz *Iwa re ni o nse e!* (*Teu caráter proferirá sentença contra ti!*). É interessante refletirmos sobre esse tema a partir de uma ótica negro-africana, uma vez que, conforme já assinalado, a concepção de universo e de pessoa adotada pelos povos africanos supõe a inter-relação e a interdependência das partes, e de cada parte com o todo. Para essa reflexão, vamos recorrer a ensinamentos da tradição iorubá. Impossível tratar de qualquer tema a partir dessa ótica, sem recorrer ao *Odu Corpus*, ou *Corpus literário de Ifá* (Abimbola, 1976), o grande livro vivo da sabedoria iorubá. Vivo por tratar-se de um "compêndio" de informações transmitidas oralmente ao longo das gerações e por constituir-se em sistema aberto, continuamente enriquecido pela adição de narrativas de eventos cotidianos. Nesse *corpus* da tradição iorubá, estão contidos os princípios da educação e da saúde em seus aspectos preventivos e terapêuticos. Nele estão também, zelosamente guardados, ensinamentos relativos às normas de conduta, ou seja, os princípios ético-morais que regem atitudes e comportamentos.

No *Corpus literário de Ifá*, cada um dos 256 volumes distintos denominados *Odu* inclui numerosos capítulos chamados *ese* que, de forma predominantemente poética, guardam conhecimentos de história, geografia, religião, música e filosofia, entre outros, além de registrar as normas ideais de conduta social. Breves ou longos, pois variam de tamanho – de três ou quatro linhas a conjuntos de até seiscentas linhas –, os *Odu* compõem-se de narrativas de acontecimentos míticos e históricos denominadas *itan*. Os parâmetros éticos e morais e as normas relativas aos valores e às virtudes encontram-se nos *ese* que, em sua maioria, são apresentados metaforicamente.

Os *odus*, composições literárias de caráter divinatório, são também enunciados orais relativos a uma ou a diversas temáticas, todas passíveis de desdobramentos, de modo a abranger vasto campo de conhecimentos e de práticas sociais. Trata-se, pois, de uma instância sacralizada de extrema importância, por instituir-se como fonte, extremamente sintética, de um corpo vital e organizado de conhecimentos esotéricos e exotéricos.

O código ético-moral iorubá

Os iorubás entendem o bem como neutralização do mal, e, na dinâmica estabelecida entre ambos, cumprem papel fundamental a vontade e a responsabilidade pessoais. Ou seja, o exercício do livre-arbítrio é considerado indispensável para a consecução dos objetivos existenciais. O indivíduo escolhe abraçar a prática do mal ou trabalhar a favor de sua neutralização e realiza essa escolha a partir de determinações de seu Ori e seu Iwa.

Para melhor compreensão da dinâmica Bem-Mal, convém tratar das relações entre Orunmilá, também chamado Ifá,[1] Exu, Ori e Iwa. Para isso, é preciso relembrar as noções iorubás de natureza e destino humanos, as principais características dos orixás Ifá-Orunmilá e Exu, e retomar os conceitos de Ori e Iwa.

Natureza e destino humanos: as relações entre Ifá-Orunmilá e Ori

A noção iorubá de pessoa supõe a associação de componentes materiais e visíveis a outros, imateriais, invisíveis: *ara*, corpo físico, casa ou templo dos demais componentes; *ojiji, fantasma* humano, sombra, representação visível da essência espiritual, que acompanha o homem durante toda sua vida e perece com *ara*; *okan*, literalmente *coração físico*, intimamente conectado ao sangue, que representa o *okan* imaterial, sede da inteligência, do pensamento e da ação; *emi*, princípio vital associado à respiração, *sopro divino*, que retorna à sua origem por ocasião da morte; *Ori,* essência real do ser, guia da pessoa desde antes de seu nascimento, durante toda a vida e após a morte. O sentido literal de *Ori* é *cabeça física* e esta simboliza a *cabeça interior* – *Ori inu*. O *Ori*, entidade parcialmente independente, considerado uma divindade em si próprio, é cultuado entre outras divindades, recebendo oferendas e orações. Quando *Ori inu* está bem, todo o ser do homem se encontra em boas condições.

Segundo o mito, quando um homem atravessa o portal que conduz de *orun* a *aiye*, do mundo espiritual ao material, ali encontra *onibode orun*, o porteiro do céu,[2] que lhe pede que declare o próprio destino. Este é então selado e, embora

---

[1] A palavra Ifá designa simultaneamente o orixá Orunmilá e o recurso divinatório utilizado pelos babalaôs, sacerdotes dessa divindade.

[2] Os autores chamam a atenção do leitor ao fato de a palavra *céu*, no contexto iorubá, possuir significado bastante distinto daquele adotado por essa palavra no contexto judaico-cristão.

a lembrança disso se apague no homem, *Ori* retém integralmente a memória de tudo e, baseado nesse conhecimento, guia seus passos na terra. A única testemunha do encontro entre *Ori* e *Onibode orun* é Orunmilá, divindade da sabedoria, e é por isso que ele conhece todos os destinos e procura ajudar os homens a trilharem seus verdadeiros caminhos. Orunmilá é *eleri-ipin, testemunha* (ou *defensor*) *do destino humano,* conhecedor do *ipin ori* – destino do *Ori* e por isso pode sondar passado, presente e futuro para orientar a quem o procura. Nos momentos de crise, a consulta ao oráculo de Ifá possibilita a obtenção de instruções a respeito dos procedimentos desejáveis, sendo considerados bons procedimentos os que não entram em desacordo com os propósitos de Ori, nem com os interesses coletivos.

Ori

Ori, divindade pessoal, a mais interessada de todas pelo bem-estar do homem, deve simpatizar com suas causas porque, caso isso não ocorra, nada poderá ser feito por outra divindade nem mesmo por Olodumare, o Ser Supremo. Um poema de Ifá, registrado por Abimbola (1976, p. 76), diz:

> Somente Ori
> pode seguir seu devoto a qualquer parte
> sem retornar.
> Se tenho dinheiro,
> renderei graças a meu Ori.
> Se tenho crianças na terra,
> é a meu Ori que devo render graças.
> Por todas as boas coisas que tenho na terra
> Devo render graças a meu Ori.
> Ori, eu o saúdo!
> Nenhuma divindade abençoa um homem
> sem o consentimento de seu Ori.
> Ori, eu o saúdo.
> Verdadeiramente, revelarei a meu Ori
> todos os desejos de meu coração.
> O Ori de um homem é seu simpatizante.
> Meu Ori, salva-me!
> Você é meu simpatizante!

Um destino pode ser afetado de modo benfazejo ou adverso por forças exteriores, como a ação de pessoas ou de seres naturais. Simultaneamente, todo destino é afetado por Iwa, o caráter e personalidade da própria pessoa, pois um bom destino deve ser sustentado por um bom caráter e este também poderia ser entendido como uma divindade que, se bem cultuada, oferece proteção. Assim, um destino pode ser arruinado pelo caráter, pela personalidade e pelo comportamento da própria pessoa. A dinâmica das relações entre Ori e Iwa acha-se sujeita à influência de outros dinamismos de forças, entre as quais as de Exu e Orunmilá. Para melhor compreensão dessa dinâmica complexa, recordemos algumas das principais características desses orixás e a relação estabelecida entre eles.

Ifá-Orunmilá

Orunmilá, *Okitibiri, a-pa-aja-iku-da, o Grande Transformador, aquele que pode alterar a data da morte,* divindade da sabedoria, é oráculo de homens e deuses. A palavra Orunmilá forma-se da contração de *orun-l'o-mo-a-ti-la, somente o céu conhece os meios de libertação*; resulta também da contração de *orun-mo-ola, somente o céu pode libertar.* A palavra Ifá, cuja raiz *fa* significa *acumular, abraçar, conter,* indica o fato de todo conhecimento iorubá estar contido no *Corpus literário de Ifá.*

Narra o mito que Ifá-Orunmilá, em companhia de outras divindades primordiais, veio para a Terra participar do processo de criação. Teria descido em Ifé, considerada ponto de origem da espécie humana. Tendo recebido de Olodumare o privilégio de conhecer a origem de todos os orixás, de toda a humanidade e de todas as coisas, tornou-se responsável pela tarefa de guiar os destinos.

Muitas narrativas do *Corpus literário de Ifá* fazem referência ao fato de Orunmilá encontrar em Exu o seu maior amigo.

Exu

Exu é personagem controversa, talvez a mais controversa de todas as divindades do panteão iorubá. Alguns o consideram exclusivamente mau, outros o consideram capaz de atos benéficos e maléficos e outros, ainda, enfatizam seus traços de benevolência. Em grande parte da literatura disponível, Exu é apresentado como um ser ambíguo, entidade neutra entre o bem e o mal, ou, ainda, como simultaneamente bom e mau. Há quem se refira a ele como o grande inimigo do homem.

As muitas faces da natureza de Exu acham-se apresentadas nos odus e em outras formas da narrativa oral iorubá: sua competência como estrategista, sua inclinação para o lúdico, sua fidelidade à palavra e à verdade, seu bom senso e sua ponderação, que propiciam sensatez e discernimento para julgar com justiça e sabedoria, sua disciplina e organização, sua extrema paciência. Tais qualidades o tornam interessante e atraente para algumas pessoas e indesejável para outras. Sendo disciplinador, exigente de ordem e organização, Exu, o inspetor dos rituais, julga e, ao manifestar a verdade, nem sempre agradável de ser ouvida, pode ser considerado um inimigo.

Abrimos parênteses para tecer breves considerações sobre o fato de Exu haver sido indevidamente sincretizado com o Demônio das tradições cristã e muçulmana em alguns países da diáspora africana, entre os quais o Brasil. Cabe enfatizar que tal sincretismo ocorreu ainda na África, ou seja, antes de seu culto ser transportado para as Américas e o Caribe, pois ainda em continente africano Exu já fora atribuído de qualidades alheias à sua natureza por europeus que lá estiveram.

Exu, Orunmilá e o código ético-moral dos Iorubás

Os iorubás incluem *suru*, a paciência, entre as virtudes cardeais e a consideram o princípio de todo bem-estar. Há expressões desse fato em muitos odus. O *Odu Ogbe-Ogunda*, apresentado a seguir, narrado pelo Babalawo Fabunmi Sowunmi e registrado por Sikiru Sàlámì (1999), evidencia a importância do cultivo da paciência e a forte amizade que une Exu a Orunmilá.

Odu Ogbe-Ogunda[3]

Gbengbeleku adivinhou onde quis foi quem realizou a consulta oracular para Igun, primogênito de Eledunmare, no dia em que ele adoeceu, e a preocupação de seu pai era curá-lo. Igun, primogênito de Eledunmare, que é Agotun, *aquele que faz da chuva uma fonte de riqueza*. Eledunmare fez pelo filho tudo o que pôde, sem sucesso. Cansado, abriu-lhe a porta do *aiye* para que ele fosse morar lá.

Enquanto isso, *Toto Ibara* adivinhou para Orunmilá quando este lamentava sua falta de sorte na vida. Orunmilá fora consultar seu adivinho para saber se

---

[3] Observamos que no contexto divinatório as narrativas sempre trazem uma mensagem em resposta à necessidade do consulente, repetindo-se, em muitas delas, a seguinte estrutura: 1. nome do babalaô, geralmente sob forma de uma sentença; 2. nome do consulente; 3. descrição da situação vivida pelo consulente; 4. apresentação do conselho; 5. referência ao fato de haverem sido acatadas, ou não, as recomendações oraculares; 6. descrição das conseqüências decorrentes de haverem sido, ou não, acatadas as recomendações; e 7. apresentação de um último conselho, válido para todas as ocasiões em que esse Odu se manifeste.

teria dinheiro para construir um lar e criar seus filhos. Por essa razão, foi consultar Ifá. Seu adivinho o aconselhou a fazer um ebó com cinco galinhas. Se fizesse este ebó durante cinco dias, no quinto dia toda a riqueza desejada chegaria às suas mãos.

As galinhas deveriam ser sacrificadas a seu Eledá,[4] uma a uma, diariamente, até completar cinco dias. As vísceras de cada galinha sacrificada seriam retiradas, colocadas em uma cabaça, cobertas com azeite de dendê e levadas a uma encruzilhada. A carne da galinha poderia ser consumida por ele e sua família. A caminho da encruzilhada onde seria entregue a oferenda, Orunmilá deveria ir cantando em alto e bom tom: "Que a sorte venha a mim! Que a sorte venha a mim!". Esse ritual deveria ser repetido em cada um dos cinco dias.

Orunmilá procedeu de acordo com a orientação e, assim, começou a fazer o ebó. Sacrificava as galinhas e levava suas vísceras cobertas com azeite de dendê para a encruzilhada. Lá chegando, depositava a oferenda no chão e rezava pedindo que a sorte chegasse para ele.

Em frente à encruzilhada onde Orunmilá entregava as oferendas, havia um mato e era ali que vivia Igun, filho de Eledunmare. Assim que Orunmilá deixava os ebós e saía dali, Igun ia lá e comia a oferenda.

Igun, filho de Eledunmare, tinha cinco doenças: na cabeça, nos braços, no peito, uma corcunda nas costas e um aleijão nos pés. No primeiro dia em que comeu a oferenda de Orunmilá, Igun ficou curado do problema que tinha na cabeça e surpreendeu-se. No dia seguinte, Orunmilá levou novamente seu ebó à encruzilhada, repetindo os mesmos rituais, sem saber que alguém comia sua oferenda. Assim que Orunmilá saiu da encruzilhada, Igun foi lá e comeu de novo a oferenda, e seus dois braços, que antes não se estendiam, estenderam-se. No terceiro dia, Orunmilá continuou o seu processo, levando nova oferenda à encruzilhada. Mal terminara de colocar o ebó, Igun foi lá e comeu, e seu peito, que era inchado, desinchou assim que ele acabou de comer. No quarto dia, Orunmilá levou seu ebó à encruzilhada, cantando: "Que a sorte venha a mim! Que a sorte venha a mim!". Mal terminara de colocar o ebó na terra, Igun foi lá novamente e o comeu. Assim que acabou de comer, a corcunda que havia em suas costas desapareceu. No quinto dia, Orunmilá levou sua oferenda à encruzilhada para completar os rituais. No caminho ia cantando o mesmo refrão dos dias anteriores. Mal terminara de colocar o ebó na terra, Igun foi lá novamente e o comeu. Na manhã do sexto dia, seus dois pés aleijados haviam adquirido

---

[4] Eledá – Criador, Deus, Ser Supremo; *Preexistente*, essência vital do homem, *Ori*.

vitalidade e ele passou a andar sem dificuldade alguma, caminhando agora por todo canto. E foi assim que Igun se curou de todas as suas moléstias.

Impressionado com esses fatos, Igun se levantou e foi ao *orun* para encontrar-se com Eledunmare, que logo percebeu que o filho estava sadio e lhe perguntou quem o curara. Igun relatou todo o ocorrido a Eledunmare. Disse-lhe que quem entregava as oferendas era Orunmilá e acrescentou que sempre realizava a oferenda entoando o refrão "Que a sorte venha a mim! Que a sorte venha a mim!".

Eledunmare disse a Igun que presentearia essa pessoa com riquezas. Pegou então os quatro *ado* (dons, graças) e os deu a Igun para que os levasse a Orunmilá, no *aiye*. Eram os *ado* da prosperidade (riqueza, dinheiro), da fertilidade, da longevidade e da paciência. Igun disse a Eledunmare que não sabia chegar à casa de Orunmilá, mas o pai lhe disse para perguntar às pessoas, que elas lhe indicariam o caminho. Antes de Igun sair do *orun*, Eledunmare recomendou que Orunmilá poderia escolher apenas um dos quatro *ado* e Igun deveria trazer de volta os três restantes.

Igun voltou para o *aiye* trazendo os quatro *ado* e ao chegar foi diretamente à casa de Orunmilá para mostrá-los. Orunmilá surpreendeu-se muito. Perplexo, em dúvida quanto à melhor escolha a ser feita, mandou chamar os filhos para lhes pedir conselho sobre qual dos quatro *ado* deveria escolher. Os filhos aconselharam-no a escolher o *ado* da longevidade, para que vivesse muito.

Orunmilá chamou então suas esposas a fim de ouvir o conselho delas, e elas o aconselharam a escolher o *ado* da fertilidade, para que pudessem ter muitos filhos.

Orunmilá chamou seus irmãos a fim de lhes pedir conselho sobre qual dos quatro *ado* deveria escolher, e eles o aconselharam a escolher o *ado* da prosperidade, para que pudessem ter muita riqueza e dinheiro.

Então, Orunmilá mandou chamar seu melhor amigo. Esse melhor amigo era Exu. Quando Exu chegou à sua casa, Orunmilá relatou o ocorrido e lhe pediu conselho quanto à escolha que deveria fazer. Exu, homem hábil, fez as seguintes perguntas a Orunmilá:

– Teus filhos te aconselharam a escolher qual *ado*?
Orunmilá respondeu:
– O da longevidade.

Exu lhe disse para não escolher esse *ado* porque não há uma única pessoa que tenha vencido a morte e lembrou que, por mais tempo que se viva, um dia se morre. Exu perguntou então:

– E tuas esposas te aconselharam a escolher qual *ado*?

Orunmilá respondeu:

– O da fertilidade.

Exu lhe disse para não escolher esse *ado* porque Orunmilá já tivera filhos. Perguntou-lhe de novo:

– E teus irmãos? Aconselharam-te a escolher qual *ado*?

Orunmilá respondeu:

– O da prosperidade.

Exu lhe disse para não escolher esse *ado* porque se ficasse rico eliminaria a pobreza da família. E acrescentou que, se seus irmãos quisessem prosperar, deveriam ir trabalhar.

Orunmilá perguntou então a Exu qual dos *ado* deveria escolher. E Exu lhe disse para escolher o *ado* da paciência, porque sua paciência era insuficiente para que atingisse os seus objetivos. Caso Orunmilá seguisse de fato esse conselho e escolhesse o *ado* da paciência, todos os dons restantes seriam seus. Orunmilá aceitou a orientação de Exu. Escolheu o *ado* da paciência e devolveu a Igun os três restantes. Nem os filhos, nem as esposas, nem os irmãos de Orunmilá ficaram felizes com sua escolha.

Igun iniciou sua viagem de volta ao *orun*, levando consigo os três *ado* restantes para devolvê-los a Eledunmare. Porém, mal andara um pouco com eles, o *ado* da riqueza lhe perguntou:

– Onde está Paciência?

Igun respondeu que ela ficara na casa de Orunmilá. Riqueza disse a Igun que voltaria para ficar com Paciência porque só fica onde ela está. Igun lhe disse que isso era inaceitável e que Riqueza deveria retornar com ele ao *orun*. Riqueza insistiu que só fica onde há paciência e que, por isso, não tinha por que retornar ao *orun*. Em pouco tempo, desapareceu da mão de Igun e foi juntar-se à Paciência na casa de Orunmilá.

Fertilidade também perguntou a Igun por Paciência. Igun lhe respondeu que ela estava na casa de Orunmilá. Fertilidade lhe disse que só fica onde há paciência. Assim, Fertilidade levantou-se e procurou estar, em pouco tempo, com Paciência na casa de Orunmilá.

Longevidade também perguntou a Igun onde estava Paciência. Igun lhe respondeu que ela estava na casa de Orunmilá. Longevidade também foi se juntar a Paciência.

Quando Igun chegou ao *orun*, Eledunmare lhe perguntou onde estavam os três *ado* restantes. Igun lhe respondeu que retornara para contar a Eledunmare que todos os *ado* haviam querido ficar com Paciência na casa de Orunmilá. E que pretendia retornar ao *aiyê* para buscá-los e trazê-los de volta ao *orun*. Eledunmare lhe disse que ele não precisava ir buscar os três *ado*, pois, de fato, todos pertencem a quem escolher Paciência. Quem tiver paciência terá Longevidade e Fertilidade: procriará e viverá bem com o que procriar. E terá também Prosperidade.

Assim, tudo transcorreu bem com Orunmilá, e, com essas graças, ele veio a ser rei de Ketu. Procriou e viveu bastante com esses *ado*. Teve tanta riqueza que construiu casas pelo mundo. Feliz por suas conquistas, montou em seu cavalo e cantou: "Recebi o *ado* da prosperidade, recebi o *ado* da fertilidade, recebi o *ado* da longevidade, oh, escolhi o *ado* da paciência". Dançou e alegrou-se. Louvou seus adivinhos e louvou também a Exu, o seu amigo.

★ ★ ★

Vemos nesse *odu* a participação fundamental de Exu como conselheiro desinteressado e amigo sensato, fiel, leal e solidário. O principal conselho contido nesse *odu* diz respeito à paciência, a grande virtude dessa divindade. Outras de suas virtudes também se acham representadas: amizade, lealdade, solidariedade, bom senso, discernimento. Podem-se identificar, ainda, outras funções desse orixá: ele aproxima e une pessoas, cura, favorece o encontro (entre Orunmilá e Igun), torna possível o aparentemente impossível (a cura de Igun) e age nas encruzilhadas, ajudando, inclusive, na escolha de caminhos.

Nessa narrativa, observa-se que, para quem busca prosperidade e progresso, Exu aconselha o exercício da paciência, pois todo o bem necessário ao homem depende de seu esforço por tornar-se paciente. A articulação entre as duas situações da trama narrativa – uma referente à trajetória de Igun e outra referente à trajetória de Orunmilá – ocorre na encruzilhada, espaço privilegiado da ação de Exu, lugar de encontro do invisível (*orun*) com o visível (*aiyê*), lugar de escolhas e decisões.

Ao ser convidado a escolher apenas um entre quatro dons, Orunmilá pôde exercer seu livre-arbítrio e assumir responsabilidade pelo próprio bem-estar, e, ao buscar conselho com os a filhos, esposas, irmãos e amigo, expressa um dos valores principais dos iorubás: a necessidade e a importância do conselho. Os filhos de Orunmilá valorizam a longevidade, que lhes possibilitará usufruir a companhia paterna por mais tempo e, além disso, garantirá maiores chances de conservar o pai na condição de ancestral, após a morte; as esposas valorizam a fertilidade, que lhes proporcionará um número maior de filhos, expressão de seu axé e garantia de suporte familiar; os irmãos valorizam a prosperidade, que poderá tornar suas vidas mais fáceis. O amigo – Exu – o aconselha, desinteressadamente, a valorizar o exercício e o esforço na prática de uma virtude – a paciência – que termina por beneficiar todos ao possibilitar grandes realizações. Sem esforço e empenho pessoal, é impossível prosperar e alcançar sucesso.

Chegando ao *orun*, Igun constata que Prosperidade, Fertilidade e Longevidade retornaram para associar-se à Paciência que, de exercício possível a partir de uma tomada de decisão e de uma disciplina auto-imposta, traz muitos benefícios.

Tendo considerado alguns aspectos das relações entre Ori e Orunmilá e deste com Exu, vejamos o que significa *Iwa* e *Omoluwabi*.

Iwa e Omoluwabi

Iwa é um conceito iorubá que sintetiza o que chamamos de caráter e de personalidade e que inclui, além disso, atitudes, posturas, condutas, comportamentos, padrões de reação, em razão de as atitudes e os comportamentos expressarem a relação dinâmica entre personalidade e caráter. Tanto é assim que a educação iorubá tem por ideal formar *omoluwabi*, pessoas cujo *iwa* esteja bem desenvolvido, o que implica, necessariamente, a formação de indivíduos solidários. Pessoas dotadas de *iwa pele* têm atitudes reverentes, são serenas, responsáveis, pacientes, equilibradas e harmoniosas: demonstram possuir bom caráter e personalidade bem equacionada. Esse tipo de pessoa, chamada *alakoso*, onde quer que esteja, favorece a união, dificulta processos de ruptura e carrega em si múltiplas possibilidades para a realização de feitos relevantes. À sua volta há ocorrências favoráveis e felizes.

Conforme já mencionado, *Iwa re ni o nse e!* (*Teu caráter proferirá sentença contra ti!*) – teu comportamento é teu juiz e teu caráter profere sentença a teu favor ou sentença contrária a teus interesses. *Iwa* profere sentença a favor ou contra o praticante da ação. Isto é, cada qual tem poder de escolha e decisão nas encruzilhadas tão numerosas do caminho existencial.

> Iwa pele/iwa rere
> Iwa rere ni eso eniyan
> (O bom comportamento – boa postura e boas atitudes –
> é a beleza do ser – beleza interior)
> Iwa
> ni oba awure
> (O comportamento – postura, atitude –
> é o rei de awure – magia para atrair a sorte.
> Quem tem bom iwa terá sorte)

Ou seja, atitudes e comportamentos, como expressões da personalidade e do caráter, constituem os principais fatores de atração da fortuna, trazendo a sorte, de maneira aparentemente mágica, para as pessoas dotadas de *iwa pele*.

Por sua vez, pessoas dotadas de *iwa buruku* manifestam atitudes irreverentes, são inquietas, irresponsáveis, impacientes, desequilibradas, pouco harmoniosas e normalmente consideradas indivíduos de mau caráter e personalidade perturbada. Esse tipo de pessoa, onde quer que esteja, favorece a ruptura, a desunião e a intriga, e onde chega provoca, no mínimo, desconfortos.

> Iwa re lo nse e
> Bi o ba ya, wa ni won o feran e
> (Teu comportamento te joga pra lá e pra cá
> Depois você reclama que não é amado)

Esses ensinamentos enfatizam que, mesmo para ser amado e viver o amor, é preciso adotar atitudes e comportamentos apropriados. Sugerem a necessidade de revisão das próprias posturas e da própria participação nas diversas situações. Uma boa avaliação das próprias atitudes e comportamentos favorece a percepção da própria responsabilidade pelos sucessos e fracassos, o que poderá contribuir para uma mudança importante, pois não somos meras vítimas de condições existenciais. Pelo contrário. Temos participação ativa em nossos sucessos e fracassos.

Relações entre Ori e Iwa

Como cada Ori pode ser *rere* ou *buruku*, sempre se estabelecem dinâmicas resultantes do fato de entrarem em jogo *Ori rere* ou *Ori buruku* com *Iwa pele* ou *Iwa buruku*, em todas as possibilidades combinatórias desses fatores.

Ori Rere designa o bom Ori e *Olori Rere* designa o "dono do bom Ori", "dono do bom comportamento", aquele que se comporta bem. E é desse modo que as pessoas se referem a quem procede corretamente. As pessoas de bom comportamento, boa postura e boas atitudes são pessoas afortunadas, a quem ocorrem fatos e fenômenos excepcionais.

> Ori wo ibi rere gbe mi de
> Ese wo ibi rere gba mi gba
> (Ori procure um bom lugar para você me levar – me conduza até a sorte
> Meus passos – meu comportamento, minha postura, minha atitude – me encaminham na direção das coisas boas)

Um *Olori*[5] *buruku* pode ter suas condições atenuadas pelo fato de possuir *Iwa pele*, isto é, uma pessoa "azarada" pode ter boas chances de progresso caso seja dotada de bom caráter e se discipline para proceder corretamente. Por sua vez, um *Olori rere*, ou seja, uma pessoa "sortuda", poderá ver-se prejudicada pelo próprio caráter, caso seja dotada de *Iwa buruku*, isto é, pode estragar as próprias oportunidades de progresso em decorrência de ações incorretas. *Ori rere* é mantido e fortalecido por *Iwa pele*. Assim sendo, *Iwa buruku* compromete negativamente um Ori, e afirmam os iorubás que para progredir na vida mais vale uma mudança de postura, de atitudes e de comportamentos do que um bom ritual de bori.[6] O bori pode gerar uma energia favorável às mudanças, porém estas terão efeito breve caso não haja um compromisso de transformação pessoal e uma disciplina auto-imposta, com vistas a promover as necessárias mudanças de atitude e de conduta.

Olori rere ti ko lese rere é expressão que se refere a pessoas afortunadas que não adotam postura adequada. Pessoas que são *Olori Rere*, mas não adotam um caminhar igualmente *rere*, terminam por perder a sorte original.

Uma vida sem sentido, sem diretriz nem rumo, carregada de sofrimentos, carente da prática de virtudes, sugere a ausência de *Ori rere*. A uma vida dessa natureza se dá o nome de *itaraka*. Não há como escapar. Mesmo que uma pessoa realize todos os rituais recomendados, se não opera mudanças em *Iwa,* nada nem ninguém poderá trazer prosperidade, fertilidade e longevidade à sua vida.

Do mesmo modo, não há ritual que isente de obedecer às regras do código ético moral estabelecido. Cada qual tem de identificar e reconhecer os erros que comete, buscar formas de não cometê-los e, ainda, providenciar recursos para sanar os efeitos de erros já cometidos. Isso porque, como diz o *Odu Idi Meji*, você pode se arrepender de atos cometidos no passado, mas o arrependimento não o isenta de assumir no presente as conseqüências desses atos.

Caso a pessoa não consiga aprender com os próprios erros, permanecerá estanque no nível que não conseguiu ultrapassar. E onde pode buscar apoio e esclarecimentos? Nas instruções oraculares, pois o oráculo lhe possibilitará (re)conhecer *ipin Ori*, a sina de seu Ori, ou seja, o compromisso por ela assumido antes de chegar ao plano terrestre (aiye). A leitura oracular trará esclarecimentos sobre seu odu de nascimento e sobre os *ewo* (interdições), recomendan-

---

[5] *Olori* é o mesmo que *Oni Ori*, que se traduz por *dono do ori* ou *senhor do ori*. Faz referência àquele que expressa as qualidades do próprio Ori.

[6] Ritual de oferenda propiciatória ao próprio Ori, a divindade pessoal.

do a realização de alguns rituais. A leitura oracular traz a energia de um Odu à Terra, e quando isso ocorre a pessoa tem oportunidade de rememorar as condições por ela escolhidas para viver, ou seja, seu plano de existência terrena (*ipin Ori*, a sina do Ori).

O conselho dado por Ifá poderá ser compreendido, acatado e seguido. Ou não. Mas isso também correrá por conta de quem busca a orientação, pois sabemos que "o ensinamento se dá de boca perfumada a ouvidos dóceis e limpos". Ou seja, a verdade de um bom conselho deverá ser acolhida em nome do progresso. Certamente, o conselho incluirá recomendações relativas a comportamentos e atitudes que devem ser modificados para favorecer a conquista da prosperidade, da fertilidade e da longevidade.

A eficácia de um conselho depende de alguns fatores. A *boca perfumada* do conselheiro só é perfumada se o seu Ori e o seu Iwa lhe conferem a condição de autoridade no melhor sentido do termo, ou seja, se ele é capaz de granjear a confiança, a crença e a fé de seu interlocutor. Ter "ouvidos dóceis e limpos" supõe que o ouvinte, aquele que escuta o conselho, também tenha Ori e Iwa que favoreçam os atos de ouvir, compreender, acatar e se dispor a realizar o recomendado. Vale considerar que há casos em que é justamente a fraqueza do Ori que leva a pessoa a não aceitar o conselho para poder continuar sofrendo ou para sofrer ainda mais.

Entre os valores iorubás, ocupam lugar da mais relevante importância o conselho e o respeito pela sabedoria daquele que aconselha. É fundamental buscar o conselho, compreender sua linguagem, por vezes cifrada, acatá-lo e seguir as recomendações.

Os iorubás buscam a felicidade no presente. Como a felicidade é ser forte e ser forte é estar dotado de axé, a infelicidade é a privação dessa força vital, que se manifesta como doença, flagelo, fracasso e outras formas de adversidade. Do axé, força vital que pode aumentar ou diminuir até o esgotamento total, dependem a fertilidade, a prosperidade e a longevidade, condições da felicidade.

No orixá Exu, é reconhecido o poder de melhorar o comportamento humano. Embora outros orixás também realizem essa tarefa, Exu é quem, por sua natureza e atributos, reúne melhores condições para trabalhar para favorecer mudanças pessoais, indispensáveis à prática dos valores e das virtudes, visando à conquista do bem-estar humano. Fortalece as pessoas para que possam enfrentar as dificuldades da vida e tornem-se capazes de promover, em si e no entorno, as mudanças necessárias. Todo aquele que se proponha a definir nova rotina ou assumir novas atitudes e novos comportamentos sabe das dificuldades que enfrenta para dominar hábitos arraigados e para vencer a indolência. Exu apóia aquele que se dispõe a tornar-se mais disciplinado, mais organizado e melhor sob todos os pontos de vista. Apóia, sustenta e fortalece o empenho pessoal daquele que se propõe a adquirir ou desenvolver virtudes que o tornarão mais feliz e mais solidário. Como o ideal iorubá é o de viver forte e feliz no aqui-e-agora, busca-se nesse orixá a necessária cumplicidade para a conquista de uma vida de qualidade.

Quando se observa questão sob essa ótica, constata-se a necessidade imperiosa de ampliação das consciências individuais, de desenvolvimento pessoal, de busca de autoconhecimento e de educação das virtudes. A ampliação da consciência propicia serenidade, confiança, bem-estar, melhor qualidade de vida em todos os seus aspectos. A religião tradicional iorubá compartilha com outras religiões o objetivo de estimular nas pessoas o desejo de serem melhores a cada dia. Melhores em que sentido? Mais solidárias, mais bondosas, mais pacientes, mais tolerantes, mais amáveis, enfim, mais capazes de manifestar a nobreza de seus Oris e de participar de um projeto coletivo de vida de boa qualidade.

Após essa apresentação, podemos estender as reflexões para o tema da responsabilidade social, tema que vem conquistando a cada dia mais espaço no palco dos debates mais importantes da atualidade e que não pode ser deixado à margem ao tratarmos do tema "valores pessoais e felicidade". Antes, porém, de abordar essa temática, convém tecer considerações sobre algumas virtudes, recorrendo, para isso, ao *Corpus literário de Ifá* (Abimbola, 1976), a reflexões do Dalai Lama (2000) e a contribuições de Comte-Sponville (1996).

Algumas palavras a respeito de valores

Entre os principais valores dos iorubás, incluem-se a responsabilidade e devoção ante o dever; a honestidade na vida pública e privada; a supremacia do mais velho sobre o mais novo e a importância do grupo de pertença. O respeito devido às pessoas em geral é particularmente dedicado aos mais velhos. Grande importância é atribuída à senioridade, ancianidade e ancestralidade. Quem chegou primeiro a este mundo tem maiores direitos. O respeito e a confiança depositados nos mais velhos fundamentam-se na convicção de que a experiência de vida possibilita a aquisição de sabedoria (*ogbon*), e os sábios (*ologbon*) podem orientar a caminhada dos mais novos. Assim, os mais velhos – mesmo que já-idos – são depositários da confiança e do respeito dos mais novos, e, quanto a seus conselhos, é recomendável que sejam acolhidos e seguidos.

Relatos biográficos de mulheres iorubás (Ribeiro, 1987) denotam que a morte não destrói os laços familiares, pois, alcançada a condição de ancestral, permanecem os já-idos no seio familiar cuidando dos interesses de seus descendentes. Entre os iorubás, a noção de *corrente da vida* torna a imortalidade quase visível e palpável. De modo análogo ao descrito por Lin Yutang (1963, p. 157): "Cada avô, ao ver o neto que parte para a escola, sente que está vivendo outra vez na vida do menino... Sua vida é apenas uma parte da vida familiar e da grande corrente da vida, que flui sempre e, portanto, ele é feliz ao morrer".

O culto aos ancestrais cumpre, entre outras, a função de preservar relações entre vivos e já-idos. Assim sendo, além de estender-se horizontalmente, o sistema de parentesco estende-se também verticalmente, incluindo os falecidos (mortos-viventes) e aqueles que estão por nascer. É forte o senso de pertença histórica e de sagrada obrigação para com os antepassados, bem como o sentimento advindo da percepção contínua do fato de possuir cada qual profundas raízes. Vínculos genealógicos servem a propósitos sociais: quando se cita a referência genealógica de alguém, é possível saber como essa pessoa liga-se a outra(s) em determinado grupo. Com base na convicção de que os já-idos permanecem interessados pelos acontecimentos familiares, aconselhando, admoestando, protegendo, punindo e reivindicando manifestações de carinho e amizade, a eles se oferecem comida, bebida e retificação de ofensas.

Grande importância é atribuída ao grupo de pertença: *uma árvore sozinha não compõe uma floresta*. O indivíduo não existe sem grupo e um grupo não existe sem indivíduos. Fora do grupo, o sujeito não pode se desenvolver, porém a pertença grupal demanda paciência e tolerância, entre outras virtudes. A necessidade de respeitar para ser acolhido é reconhecida, sendo o respeito, pois, considerado o componente fundamental das relações.

Não é, no entanto, apenas o grupo que compartilha o tempo presente que tem o seu valor reconhecido. Também é reconhecida a importância do grupo constituído ao longo do suceder de gerações. Um grupo que ganha a forma de uma árvore de gerações, organismo coletivo constituído dos corpos de muitos, inclui os já-idos e aqueles que ainda não nasceram. Cada unidade individual desse corpo coletivo é consciente de sua condição de elo de uma longa corrente geracional: o ocorrido a um indivíduo ocorre a seu grupo e o ocorrido ao grupo ocorre ao indivíduo.

Retomando a idéia de que os valores passam a ser virtudes quando manifestos em ações, consideremos, agora, algumas das principais virtudes.

Algumas palavras a respeito de valores e virtudes

A *polidez*, virtude puramente formal, de função disciplinar, é bastante desenvolvida no interior dos grupos familiares na sociedade iorubá. Por seu cultivo, as novas gerações se exercitam na prática do respeito e do reconhecimento.

A polidez se associa à simpatia pessoal. *Oyaya*, que significa simpatia e também sociabilidade, é considerada condição indispensável para a conquista do sucesso. Sorrisos, atitudes polidas, gestos de solidariedade, amabilidade no trato e olhar atento e atraente são expressões próprias de uma pessoa *oloyaya* (dona da simpatia): simpática, envolvente, magnética, carismática, capaz de atrair para si o que há de melhor. Pelo contrário, *igberaga* significa prepotência e arrogância, manifestas em gestos de autopromoção, garantia de derrota individual. O filho nobre e gentil, nascido com bom comportamento, é denominado *omoluwabi* (*omo*, filho; *iwa*, caráter, personalidade, atitude, comportamento; *bi*, nascido).

A *sensatez* é a virtude que propicia condições para o agir justo, correto e adequado. Há pessoas sensatas e insensatas. Há, ainda, pessoas que, apesar de serem sensatas, nem sempre agem em conformidade com o recomendado pelo bom senso. Como se denomina *abosi* o agir que relega ao segundo plano as determinações do bom senso, o sensato que age insensatamente, por parecer-lhe conveniente, é chamado *alabosi*.

Da associação entre polidez e sensatez, decorre *ohun rere*, a boa fala, por meio da qual uma pessoa se dirige a outras de forma coerente, sensata e verdadeira. Diz a sabedoria popular:

> Ohun rere ni nmu obi lapo
> (Com a palavra correta – palavra sensata –
> pode-se convencer alguém a entregar o próprio obi)

Ou seja, a pessoa oferecerá o que possui de melhor se for tratada com polidez e sensatez. É interessante observar que a sensatez acha-se intimamente relacionada ao compromisso e à responsabilidade, já que o bom senso necessariamente conduz à ação comprometida e responsável. E não pode haver exercício do compromisso e da responsabilidade na ausência de disciplina. Por essa razão, os julgamentos e os atos sensatos constituem expressões da sensatez, que, por sua vez, se fundamenta no exercício disciplinado da vontade.

A *humildade* está relacionada à percepção de limites. *Imo iwa ara eni*, expressão que se refere ao reconhecimento dos próprios limites, sugere que tudo o que é possível e desejável de ser atingido está sujeito a limites para além dos quais não se pode avançar. Para o devido reconhecimento dos próprios limites, é preciso bom senso, coerência, moderação, temperança e, principalmente, humildade. O humilde vive sabiamente, segundo o princípio de que a arrogância é sempre injustificável e constitui um bom passo para a derrota nos empreendimentos. Um exemplo disso é encontrado no *Odu Ogunda-Meji*:

> O céu é imenso, mas nele não crescem plantas.
> O sol não pode substituir a lua.

Essas metáforas ensinam que, por maiores e mais poderosos que sejam os seres, sempre há limites a serem reconhecidos (Hernández, 2003, p. 21).

Quando se recomenda aos iniciados que se "auto-reiniciem", o que se está aconselhando, entre outras coisas, é que revejam a própria noção de limites. Mesmo porque pode ocorrer, e muitas vezes ocorre, que iniciados suponham que o fato de receberem cuidados dos orixás os torna superpoderosos e capazes de ultrapassar os limites do bom senso. A participação dos orixás na vida humana é absolutamente incompatível com imprudência e ausência de bom senso: "Se não souber nadar, não se jogue no rio, e, se não dispuser de proteção para subir no alto de uma palmeira, não suba, porque poderá cair e se machucar". O orixá só protege a quem protege a si mesmo.

A *prudência* integra a ética da responsabilidade, que considera as conseqüências previsíveis dos atos, pois é preciso responsabilizar-se por intenções e princípios e também pelas conseqüências dos atos. A prudência permite deliberar a respeito do que é bom ou mau para que a ação implique um compromisso de fidelidade para com o futuro.

> Sora e!
> (Tome cuidado! Não se arrisque! Cuide de si mesmo!)

A *coragem* é, basicamente, a capacidade de superar o medo. Trata-se, pois, de uma característica psicológica transformada em virtude quando colocada a serviço de outros ou de uma causa. A ação corajosa decorre de determinação e disposição para enfrentar situações de risco, uma vez que sem riscos não se progride. Bons resultados, quando se busca melhor qualidade de vida, só são alcançados depois da ação, e não antes dela,[7] e para agir é preciso coragem. Muitas pessoas falham por não arriscar, por não tentar. Algumas falham porque não têm coragem de manter a ação já desencadeada, outras falham porque não têm coragem de realizar do melhor modo possível tarefas a que se propuseram e outras, ainda, falham por não reconhecerem o momento certo de interromper uma ação quando esta perde o sentido ou se torna inoportuna. Isso aponta para o fato de que é necessário ter coragem para entrar em certos jogos da vida e também para sair deles. Ou seja, coragem para romper a inércia que antecede a ação e para romper

---

[7] Diz um provérbio brasileiro, sempre mencionado por Valdemar Augusto Angerami, o Camon, que *dinheiro vem antes do trabalho somente no dicionário*.

o fluxo da ação caso ela se prolongue "por inércia", apesar de haver perdido seu sentido original.

O que faz que a coragem seja tão respeitada é o fato de que, como virtude, supõe sempre uma forma de desinteresse, altruísmo ou generosidade. Vemos em alguns odus que evitar perigos exige tanta coragem quanto o enfrentamento de desafios, pois a mesma tenacidade demandada para o combate pode ser exigida para o recuo ou a fuga. As ações indispensáveis à consecução de certos objetivos devem ser avaliadas em função dos riscos presentes nas situações, o que exige, além da coragem, discernimento e prudência, pois a coragem não deve ser confundida com temeridade nem com imprudência.

No peito reside a autoconfiança, a confiança que inspiramos nos outros e a confiança que depositamos nos outros. *Aya* significa peito e também enfrentamento. *Ilaya* se refere à idéia de coragem e *laya* significa ter coragem, ser corajoso. *Alainiberu* é o destemido, o corajoso. É interessante lembrar que o respeito e o medo integram a dinâmica da coragem e da bravura, e que a coragem, para além dos limites, se faz imprudência.

A bravura e a capacidade de enfrentamento promovem segurança. Os corajosos inspiram confiança e conquistam o respeito das outras pessoas. A coragem se contrapõe ao medo. Essa virtude, como todas as demais, é qualidade do Ori, e sua morada é o peito, *okan*, local físico do conhecimento e da sabedoria, por caminhos da intuição.

A *justiça*, virtude cujo exercício demanda capacidade para discernir, liderar com sensatez, julgar e agir com imparcialidade, está intimamente relacionada à responsabilidade e à honestidade, e implica a obrigação de agirmos ao tomarmos consciência de alguma injustiça. Em certo Odu de Ifá, encontramos um verso que diz: "Se o filho do rei nasce dentuço, não pode tomar emprestados os lábios do escravo para cobrir seus dentes".

A *generosidade*, segundo Comte-Sponville (1996), é *a virtude do dom*: não consiste apenas em atribuir a cada um o que lhe compete, mas, indo além, trata de oferecer a cada qual o que vai além do que lhe compete, ou seja, algo que lhe falta. Uma das principais forças antagônicas da generosidade é a crueldade. O homem cruel – *eniyan buruku* – age para provocar o sofrimento dos outros. A generosidade é considerada pelos iorubás como "o grande ebó", pois o ato generoso atrai energias altamente favoráveis para quem o realiza. Aquele que pratica a generosidade de modo amplo, geral e irrestrito poderá ser considerado tolo. No entanto, aqui está um exemplo que sugere haver fundamentos para o dito popular que garante ser o comportamento do sábio idêntico, por vezes, ao do tolo.

A *hospitalidade* é propiciada pela associação entre *bondade* e *generosidade*. Seus efeitos beneficiam o indivíduo que as pratica e também aquele que as recebe. Por diversas razões, o maior prejudicado por atos mesquinhos é o próprio miserável. Se considerarmos um nível mais superficial, o mesquinho é prejudicado por seus atos egoístas, pelo simples fato de que a generosidade atrai simpatias. O generoso é benfeitor dos outros e de si mesmo, pois seus atos atraem o que há de melhor para a sua vida: boas oportunidades, sentimentos solidários e pessoas simpatizantes. Mesmo que uma pessoa não nasça com essas virtudes, pode empenhar-se em seu desenvolvimento.

Entendido de modo mais profundo, o ato generoso constitui um formidável recurso de bom viver, porque atrai bem-estar para quem o pratica. O generoso satisfaz o próprio Ori e beneficia o Ori de outra pessoa. Observemos que a generosidade implica uma luta pessoal contra impulsos egoístas e incrementa a disciplina, dois fatores que contribuem para a obtenção de serenidade e tranqüilidade. Competência para estragar e destruir todos nós temos. São poucos, infelizmente, os que têm competência para consertar e restabelecer.

A generosidade e a bondade são denominadas *ore*, e o bondoso, generoso e abundante recebe o nome de *olore* (dono da bondade). A atitude miserável não se manifesta apenas no plano dos bens materiais, porque os atos miseráveis, ao provocarem antipatia, produzem um fluxo de energia contrário ao da Criação, pois a natureza anseia por servir. A generosidade, que se expressa pela solidariedade, atrai boas coisas e boas energias. Como diz o provérbio:

> A cabaça do benevolente não quebra,
> O prato do benevolente não trinca.
> Crianças, dinheiro e saúde
> Afluem para dentro da casa do benevolente.

A generosidade exige que se abra mão de parte das próprias regalias em favor de outrem. As energias benéficas geradas por essa disposição para compartilhar e servir trazem benesses à vida do generoso e também à vida de seus descendentes, de acordo com leis que regem uma espécie de genética espiritual. A verdadeira generosidade não demanda agradecimentos nem anseia por retribuição. Mas é sempre bom agradecer.

A *gratidão* pode ser estimulada por algo recebido – uma *graça*, um *dom* ou um gesto de bondade, o que em iorubá se diz *ore*. O ingrato é chamado *alaimore*. A gratidão é bastante valorizada entre os iorubás, sendo recomendável retribuir porque as expressões de gratidão fortalecem o impulso para o dom – *é preciso restituir para restaurar a força*. Por exemplo, se uma pessoa é freqüentemente convidada para compartilhar refeições na casa de um amigo e nunca o convida, essa atitude ofende o Ori dos envolvidos na situação.

O *perdão* é considerado um caminho para a liberdade, na medida em que o ato de perdoar liberta ofensor e ofendido. *Idariji* significa *libertar* e se refere ao ato de libertar o Ori de um mal ou de uma tristeza. Perdoar liberta tanto o Ori do ofensor como o do ofendido. Quando uma pessoa faz mal à outra pode ser castigada pelo Ori daquele que foi ofendido ou prejudicado. O perdão liberta o ofensor. Perdoar é mais do que esquecer uma ocorrência desagradável: é remover toda a culpa do ofensor. *Toro idariji* é o ato de pedir perdão. Pode ocorrer que a mágoa provocada seja tão grande que torne impossível a concessão do perdão. Nesse caso, a maior penalidade para o ofensor, o seu grande castigo, são os efeitos do ódio do ofendido, sendo esses efeitos tão mais vigorosos, quanto mais forte o Ori do prejudicado, como sugerem as expressões a seguir:

> Ori mi a mu e
> (Meu Ori vai te pegar – te castigar)
> Quando um bondoso feiticeiro fica descontente
> não pode ser responsabilizado pelo mal que acontece
> a quem o provoca
> Porque em sua linhagem não é costume
> Utilizar conhecimentos para prejudicar alguém.
> Quando ele fica descontente
> sua magia briga por ele

Independentemente das decisões que uma pessoa tome de forma consciente, seu Ori agirá penalizando ou beneficiando aqueles que lhe causaram prejuízos ou benefícios. A ação do Ori pode, inclusive, contrariar o desejo consciente de alguém, ou seja, a pessoa poderá se dispor a perdoar, enquanto seu Ori opta por castigar. É importante lembrar que o Ori de uma pessoa é onisciente e sabe quando alguém age em seu prejuízo, mesmo em se tratando de ações sorrateiras. Ori conhece o fato e age em defesa da pessoa.

A *compaixão*, virtude presente nos diversos contextos religiosos, decorre do sentimento que possibilita *sofrer com* e *experimentar simpatia por alguém*. Ou seja, possibilita sentir em sintonia com o outro e participar dos sentimentos do outro. A compaixão opera para além da justiça.

A *paciência*, *suru*, é incluída pelos iorubás entre as virtudes cardeais e eles a consideram o princípio primordial de todo bem-estar. Ser paciente implica exercer domínio sobre o tempo e controlar os movimentos, que sempre se realizam em um *continuum* temporal. Ser paciente exige, pois, um relacionamento pacífico e harmonioso com *Igba*, o tempo, e com *Olojo*, o Senhor do Dia. Certamente, a paciência está intimamente relacionada à serenidade e à sensatez. Paciência está estreitamente relacionada à ordem, disciplina e organização, e é por isso que Exu, orixá da ordem, disciplina e organização, recomenda treino constante e apóia seus devotos na conquista dessa virtude.

Consideremos agora o binômio *igbagbo* (confiança, fé, crença) e *iteriba* (respeito, humildade). *Igbagbo* significa crença, fé, convicção absoluta e inabalável. O ato de confiar, crer, acreditar, depende de qualidades individuais que algumas pessoas possuem e outras não. *Agbara* significa força e poder físicos, e *alagbara* designa o homem dotado dessa força; *ogbon* é a inteligência que se faz acompanhar de discernimento e sabedoria; *oye* é a percepção acurada; e *oran* é a capacidade para compreender. Esse conjunto de qualidades individuais favorece a possibilidade de confiar. Convém observar que não estamos nos referindo apenas ao ato de raciocinar, e sim à possibilidade de refletir, discernir e atentar para o sentido da existência. O senso comum nos leva a supor que, quanto mais tosca e precária for a capacidade de refletir e discernir, mais razões reunirá uma pessoa para recorrer à interferência divina em sua vida e confiar nela. Mas não é isso que afirmam os iorubás. Pelo contrário: afirmam que confiança, crença e ter fé são possibilidades humanas, verdadeiras capacidades construídas por meio do desenvolvimento da consciência individual, o que implica certamente poder reconhecer limites e responsabilidades.

Assim sendo, para os iorubás *igbagbo*, a convicção absoluta depende de um movimento de mão dupla, ou seja, de um lado, tem de haver uma pessoa capaz de acreditar e confiar, e, de outro, algo ou alguém confiável. A crença ou confiança é condicionada, pois, à ação confirmativa da outra parte, que deve demonstrar ser de fato confiável, e deve demonstrar isso por meio de efeitos claramente identificáveis no cotidiano da existência. A fé não é, pois, abstrata, e se espera que seja concretizada, confirmada pelas "graças" ou "dons" que possa propiciar.

Igbekele é depender, entregar-se confiantemente. Os bens materiais e não materiais — casa, carro, poder — também são *igbekele*, coisas nas quais confio. *Igbekele* é todo e qualquer recurso material ou não material que dá suporte à crença e possibilita atingir os objetivos. Por exemplo, se uma pessoa que não dispõe de carro chega à escola conduzida por alguém, essa condução foi seu *igbekele*, o elemento do qual dependeu para realizar a ação.

Igbojule (*igbe*, aquele; *oju*, olhos; *le*, por cima) significa aquilo ou aquele sobre o que se põem os olhos, aquilo que se imagina, em que se depositam fé e confiança: é aquilo ou aquele de que se depende. Possui sentido análogo ao de *igbekele*. *Igbokanle* (*igbe*, aquele; *kan*, mente; *le*, por cima) é aquilo sobre o que se deposita a mente, a imaginação. Em outras palavras, aquilo em que se depositam fé e confiança.

O que dizer sobre *fidelidade* e *lealdade*? *Ododo* é a fidelidade, *olododo* é o fiel, o leal (o dono da fidelidade) e *odale* é o traiçoeiro. Como assinala Comte-Sponville (1996, p. 25), a fidelidade não é um valor entre outros, uma virtude entre outras: "a fidelidade é aquilo porque e para que há valores e virtudes". Só há justiça porque há justos fiéis e só há paz porque há pacíficos fiéis. Fidelidade e lealdade são os ingredientes básicos da amizade.

Ser fiel é imprescindível. E nas sociedades de tradição oral se enfatiza a fidelidade à verdade, uma vez que, como vimos anteriormente, o importante cultivo do passado e da ancestralidade demanda fidelidade ao que é pronunciado. A palavra está tão fortemente associada à identidade e ao caráter das pessoas que ser infiel ao que se enuncia pode comprometer a sobrevivência do grupo, da história e da própria individualidade.

Oto é a palavra iorubá que significa "verdade". *Olooto* é todo aquele que fala a verdade, é sincero, age de modo verdadeiro. *Otito* significa fidelidade e *olotito* significa fiel, confiável por ser fiel, previsível nos tratos e nos contratos, digno de confiança. Vemos, pois, que a fidelidade se acha estreitamente relacionada à verdade, à confiança que se possa depositar em pessoas, cujas demonstrações de responsabilidade social e espiritual não deixam margem a dúvidas e incertezas. A sinceridade está relacionada à honestidade.

Mentira em iorubá é *iro*, e *alaini otito* é pessoa falsa, desprovida de verdade, desleal, infiel, não confiável. *Opuro* é o mentiroso.

O juramento, *ibura*, é realizado quando a pessoa se propõe até mesmo a perder a vida ou algo que lhe é vital para assegurar a veracidade do que verbaliza. O juramento é uma forma de dar peso à própria palavra, particularmente em momentos de tomada de decisão importante. Por exemplo, uma pessoa pode jurar estar falando a verdade em nome de Ogum e demonstra sua disposição de morrer ou perder algo que lhe é vital, mordendo uma chave ou um pedaço de metal e pedindo a Ogum que a destrua (em acidente envolvendo metais) caso esteja mentindo.

Um mentiroso, ao perder o crédito dos demais, perde também o respeito que lhe devotavam. Por isso se diz que a mentira mata. Mata socialmente pela perda da credibilidade e mata fisicamente porque acarreta perda de vitalidade. A mentira provoca um afastamento entre a pessoa e seu próprio Ori, e isso a enfraquece.

Um indivíduo incapaz de guardar confidências e particularidades alheias é chamado de *olofofo*, fofoqueiro (*ofofo* é fofoca). Ser fofoqueiro não é o mesmo que ser mentiroso. O fofoqueiro conta o que não deveria contar, enquanto o mentiroso fabula, inventa, cria relatos sobre fatos não ocorridos. A fofoca e a mentira incluem-se em um conjunto de lepras da palavra.

> Olofofo yera. A fé soro awo.
> (Fofoqueiro, tira teu corpo deste lugar.
> Queremos falar de awo.[8])

Conforme sugerido, a fofoca e a mentira não são as únicas lepras da palavra. A fala depreciativa e a maledicência (*isata*) também o são. A maledicência, ato de criticar pessoas ou situações, acha-se intimamente relacionada à inveja (*ilara*). As críticas e referências depreciativas feitas a outras pessoas têm por motivo um sentimento de inferioridade ou de incômodo provocado pelo sucesso ou pelo brilho alheio.

Uma expressão dessa dinâmica da inveja encontramos no poema "O vagalume e o sapo", do brasileiro João Ribeiro[9]:

> Entre o gramado do campo, modesto, em paz se escondia
> Pequeno pirilampo que, sem o saber, luzia.
> Feio sapo repelente sai do córrego lodoso,
> Cospe a baba de repente sobre o inseto luminoso.
> Pergunta-lhe o vagalume: "Por que me vens maltratar?"
> E o sapo com azedume: "Porque estás sempre a brilhar!"

Atitudes dessa natureza depreciam o Ori de quem as adota, pois acarretam perda da nobreza que lhe é própria.

Outras formas de uso impróprio da palavra são o falar excessivo e a prática da maldição (*epe*), que se opõe a *adura*, bênção, reza, oração. *Oniworoworo*, o falante, é geralmente insensato, acrítico em relação ao que fala e para quem fala. *Ifi enu sata* é expressão que designa todo e qualquer ato de uso inadequado do poder da fala.

Essas considerações a respeito do uso apropriado – ou não – da fala remetem à questão básica das diferenças entre o homem comum e aquele que busca um caminho de desenvolvimento de sua consciência e de sua espiritualidade. Certamente, as responsabilidades aumentam quando a pessoa se põe na senda do conhecimento e, mais ainda, quando exerce alguma forma de liderança religiosa, social ou política, o que exige a adoção de um modelo irrepreensível de comportamento. Fala-se, mais recentemente, em liderança servidora (Hunter, 2004, 2006), caracterizada pela atitude básica de pensar coletivamente, doar-se

---

[8] *Awo* é segredo, conhecimento esotérico. Refere-se também à boa utilização de informações, à seriedade e ética no uso das informações.

[9] Este poema ouvi do Mestre Gildo Alfinete, da Associação Brasileira de Capoeira Angola (Salvador – BA). Não foi localizada referência bibliográfica.

em favor do grupo e desenvolver, com os liderados, laços de confiança, incentivo e cooperação mútua, em pé de igualdade.

Observando a questão sob essa ótica, constatamos a necessidade de ampliação das consciências individuais, de desenvolvimento pessoal, de busca de autoconhecimento, de educação das virtudes, como condições para uma prática social que, além de trazer serenidade, confiança, bem-estar, melhor qualidade de vida em todos os seus aspectos, seja suficiente para tornar melhores as pessoas que as adotam.

Melhores em que sentido? Mais solidárias, mais bondosas, mais pacientes, mais tolerantes, mais amáveis, enfim, mais capazes de manifestar a nobreza de seus Oris e de participar de um projeto coletivo de vida de boa qualidade. Os atos para melhorar as condições de saúde, aumentar as chances de trabalho ou de felicidade no amor, entre tantas outras aspirações humanas, deverão decorrer naturalmente da aspiração autêntica e profunda de (re)conciliar-se com o universo.

Concluída a apresentação das principais virtudes, passemos agora às considerações sobre responsabilidade social. Considerando que as questões relativas aos valores ético-morais e à prática de virtudes podem ser tomadas como restritas ao âmbito das reflexões morais ou religiosas, parece interessante apoiar-nos no que foi considerado até agora na presente exposição para refletir sobre essas questões em outro âmbito: o dos debates sobre responsabilidade social, cuja prática é exercida por indivíduos e grupos, dos quais se demanda a adoção de atitudes e comportamentos socialmente responsáveis.

Responsabilidade social

A responsabilidade social fundamenta-se no sentimento de solidariedade. Solidariedade, do latim *solidum* (em bloco), alude ao fato de que todos formamos uma realidade compacta, um bloco. Noção análoga a essa é formulada pelos negros africanos que consideram que *de Deus a um grão de areia, o universo é sem costura*: uma rede de relações, uma imensa e delicada teia que vibra quando qualquer um de seus pontos é tocado.

Gonzalez-Carvajal (1997) lembra que a palavra solidariedade, nascida no âmbito do direito civil, designa um grupo de pessoas que compartilham responsabilidades. Por exemplo, um grupo de devedores no qual cada qual aceita, caso seja preciso, reintegrar a totalidade da dívida, liberando assim a todos os demais das obrigações contraídas. Mais tarde o termo viria a adquirir um significado ético e passaria a designar a convicção de que todos os seres humanos formam uma comunidade, cujos encargos devem ser assumidos por todos, cabendo a cada membro do grupo contribuir e tendo, cada um, o direito de usufruir. Isso implica que a prática da solidariedade exige uma dupla atitude: a consciência do nós, ou seja, de uma ordem social compartilhada que se deseja continuar compartilhando, e a disposição para a renúncia ou o sacrifício pessoal em prol do bem coletivo.

O impulso solidário pode expressar-se por meio de atos de responsabilidade social. Compreendendo responsabilidade social como um valor e sua prática como uma virtude, lembremos que a formação de valores e virtudes também se dá por meio de processos educacionais. O tema da educação das virtudes vem ocupando, de forma crescente, o palco atual das preocupações e dos debates a respeito do bom viver. Além do aprendizado formal necessário à subsistência e à conquista de novos patamares sociais e econômicos, enfatiza-se cada vez mais a importância de uma formação pessoal que priorize a busca da própria felicidade, sem perder de vista o bem-estar do outro e a preservação da natureza.

No âmbito da psicologia, Jean Piaget e Lawrence Kohlberg, fundamentados em Kant, consideram o princípio da justiça como base no juízo moral e, ao realizarem estudos sobre o desenvolvimento moral, reconhecem que os indivíduos passam de uma forma moral heterônoma, submetida à coação, para outra forma, autônoma, apoiada em princípios éticos universais e nascida da cooperação no interior de grupos.

Considerando a responsabilidade social como valor e sua prática como virtude, e sabendo que praticar virtudes também se aprende, lembremos que os processos educacionais demandam o estabelecimento de relações interpessoais significativas. A construção de um novo quadro ético e moral implica, do ponto de vista psicológico, processos de reconstrução perceptual, o que envolve a dimensão da identidade e exige a presença de modelos identitários fortes.

A expressão "responsabilidade social", cada vez mais freqüente e usual nas diversas instâncias da organização societária, vem conquistando particular ênfase no âmbito empresarial, marcado pela lógica do lucro, domínio em que se fez tradicional o valor da obtenção de lucro a qualquer custo e a obediência ao princípio segundo o qual *os fins justificam os meios*. O aparente paradoxo entre lucro nos empreendimentos empresariais e prática de virtudes poderá tornar instigante essa reflexão.

Responsabilidade social nas organizações

Novas táticas e estratégias vêm enriquecendo as possibilidades de ação no âmbito organizacional. Quando se trata de organizações do segundo setor, ou seja, no âmbito empresarial, domínio em que predomina a lógica do lucro, convém estimular a noção de que lucro e responsabilidade social podem constituir faces da mesma moeda, desde que se articulem os interesses empresariais aos compromissos éticos e à sensibilidade diante de demandas comunitárias. Ou seja, desde que se busque obter retorno econômico para os acionistas e, simultaneamente, resultados de uma ação voltada à comunidade.

Cada empresa é um universo com características e sistemas de gerenciamento que lhes são próprios. Mas em todas, seja qual for o segmento de atuação, a ética é a base da responsabilidade social, expressa nos princípios e valores adotados pela organização e vividos por seus integrantes. Estamos falando, pois, de cultura organizacional.

Lembremos que as práticas de responsabilidade social não devem ser confundidas com iniciativas de caráter filantrópico, pois, enquanto a filantropia constitui uma ação assistencialista, pontual, de resultados imediatos, que beneficia tanto um único indivíduo como um grupo de pessoas ou uma instituição, a responsabilidade social dirige os esforços à cadeia de negócios da empresa e engloba preocupações e iniciativas com um público maior – acionistas, funcionários, prestadores de serviço, fornecedores, consumidores, comunidade, governo e meio ambiente. As demandas dos envolvidos em tão complexa trama são avaliadas e compreendidas, e, então, alinhadas aos negócios e demais interesses empresariais. Responsabilidade social empresarial é, pois, ferramenta de gestão de negócios sustentáveis e competitivos.

Responsabilidade social dentro e fora do âmbito empresarial: a importância do líder na construção de significados e formação do quadro ético e moral

Bons líderes sociais centralizam a sua atenção nos objetivos coletivos, em detrimento de seus interesses individuais, fato que, por si só, já denota uma importante característica de seu sistema de valores. Esse sistema de valores não admite que a escassez de recursos, que está na origem da análise econômica, legitime qualquer tipo de exclusão. Líderes eficazes nunca dizem "eu" porque pensam como "nós". Aceitam as oportunidades e conferem os créditos à equipe, pois identificam-se com a tarefa e com o grupo. Compartilham conhecimentos e utilizam habilidades técnicas em favor do coletivo. Bons líderes motivam as pessoas para a ação.

O ideal de liderança é poder combinar, de modo equilibrado, a ação desenvolvida no âmbito da empresa como organismo e órgão de um sistema social mais amplo. Entre as tarefas do líder, inclui-se o desenvolvimento de políticas públicas que contribuam para criar um meio favorável ao desenvolvimento sustentável da comunidade.

Esses são alguns pressupostos importantes para o fomento da responsabilidade social como valor e como virtude, em um novo quadro ético-moral que toda organização, empresarial ou não, tem o desafio de construir para ser bem-sucedida.

Isso posto, enfatizamos o fato de que o foco incide sobre as relações interpessoais e sobre o quadro de valores das pessoas. Esses fatores estão sendo considerados como chaves para obtenção de sucesso, satisfação, reputação e prosperidade.

Parece-nos muito interessante o fato de estar havendo uma tomada de consciência a respeito da importância da educação de valores e virtudes para o sucesso das organizações, sejam elas do tipo e do tamanho que forem, e sejam quais forem as suas missões. Nesse novo panorama, a ênfase recai sobre aquela instância humana que os iorubás denominam Iwa. O fato de uma pessoa ser dotada de *Iwa rere* ou de *Iwa buruku* fará toda a diferença, uma vez que as atitudes e condutas determinam o sucesso – ou fracasso – das iniciativas pessoais e profissionais, bem como do propósito coletivo.

Vemos que nesse cenário socioeconômico passa a ser reconhecida a importância dos seguintes fatores: comportamento pessoal em grupo, talentos e limitações pessoais, visão e missão pessoais, autoconhecimento, consciência a respeito daquilo que se quer, empenho e persistência nos esforços para atingir metas individuais, tolerância e paciência para consigo mesmo e para com os outros, reconhecimento de que os valores pessoais são chaves para o sucesso, congruência entre valores pessoais e missão, desenvolvimento do próprio conceito de vida, renovação contínua da própria energia pessoal, desenvolvimento de carisma e reconhecimento da importância de seguir uma direção própria na vida. Ou seja, é preciso que Ori permaneça presente e atuante, conduzindo as várias instâncias do ser, agindo em consonância com Iwa, atento à ação de fatores ambientais e sociais.

Tendo abordado a questão da responsabilidade social dentro e fora do âmbito empresarial, cabe abordar agora, para finalizar, a questão da responsabilidade universal.

Responsabilidade universal

Dalai Lama (2000, p. 38) refere-se a um ditado do Tibet segundo o qual "a prática da virtude é tão difícil quanto fazer um burro subir uma colina, enquanto o envolvimento em qualquer atividade destrutiva é tão fácil quanto fazer rolar grandes pedras colina abaixo".

Apesar dos obstáculos e das dificuldades, é imprescindível o cultivo das virtudes e de uma responsabilidade universal. Baseados em uma consciência universal (do termo tibetano *chi sem*, que significa literalmente "consciência", *sem*; "universal", *chí*), temos de desenvolver esse nível de responsabilidade, considerando a dimensão universal dos atos de cada um de nós e considerando que todos temos direitos iguais à felicidade. A consciência universal se expressa por uma disposição de espírito segundo a qual preferimos aproveitar toda e qualquer oportunidade de beneficiar os outros a cuidarmos exclusivamente de nossos restritos interesses pessoais. Uma das grandes vantagens do desenvolvimento da noção de responsabilidade universal é a de nos tornarmos sensíveis a todos os seres, de reconhecermos a necessidade de não causar divergências entre nossos semelhantes e de nos tornamos mais conscientes da importância imensa de promover estados de satisfação.

Valores pessoais e a prática de virtudes deles decorrente estão diretamente relacionados ao exercício da responsabilidade social em todos os âmbitos e ao exercício da responsabilidade universal. Tais exercícios, como outros, demandam disciplina.

Vimos que os iorubás descrevem um indivíduo que, sendo múltiplo, deve colocar em interação harmoniosa as diversas dimensões que o compõem, para aumentar a congruência e consistência interna. *Casa dividida não sobreviverá*: sem integrar seus diversos componentes, dificilmente uma pessoa poderá tornar-se líder do próprio caminho de vida e muito menos líder grupal. A percepção de si como ser múltiplo, cujas partes devem articular-se harmoniosamente, é complementada pela consciência de sermos, cada um de nós, parte de um organismo coletivo e elo de uma corrente geracional. A congruência e consistência entre as partes que compõem o indivíduo aumentam as suas chances de proceder em conformidade com os valores universais. Congruência e consistência individuais possibilitam a participação solidária e eficiente no projeto coletivo de construção de uma sociedade justa e favorecem a inclusão dos indivíduos na preservação da casa planetária, em benefício de todos aqueles que compartilham o tempo presente, sem perda da perspectiva de ser preciso preservar e aprimorar o já conquistado, em favor das gerações vindouras.

O desejo – ou a necessidade – de cultivar valores pessoais é o primeiro passo no caminho de ampliação da própria consciência. Essa ampliação é condição indispensável para uma compreensão mais acurada das relações estabelecidas nessa imensa teia que é o universo, do papel que compete a cada um, do compromisso e a responsabilidade de cada indivíduo para com o coletivo humano e para com a natureza. O aprimoramento de valores e virtudes e a conquista de sucesso e felicidade integram a aspiração autêntica e profunda de (re)conciliação com o universo.

Referências

ABIMBOLA, W. *Ifá*: An exposition of Ifá Literary Corpus. Ibadan: Oxford University Press, 1976.

ABOY DOMINGO, N. *25 siglos de historia de la Santería Cubana*. Santander: Exa Editores, 2004.

BENNETT, W. J. (Org.) *O livro das virtudes*. Rio de Janeiro: Nova Fronteira, 1995.

COMTE-SPONVILLE, A. *Pequeno tratado das grandes virtudes*. São Paulo: Martins Fontes, 1996.

DALAI LAMA. *Uma ética para o novo milênio*. Rio de Janeiro: Sextante, 2000.

ERNY, P. *L'enfant dans la pensée traditionnelle de l'Afrique noire*. Paris: Le Livre Africain, 1968.

GONZALEZ-CARVAJAL, L. *Rostros alternativos de la solidaridad*. Madrid: Nueva Utopía, 1997.

HAMPATE BÂ, A. A tradição viva. In: *História geral da África*: metodologia e pré-história da África. São Paulo: Ática; Paris: Unesco, 1982.

HERNÁNDEZ, A S. *Echu-Elegguá*. Equilibrio dinámico de la existencia (Religión Yoruba). La Habana: Ediciones Unión, 1998.

_____. *Ifá. Santa Palabra*. La ética del corazón. La Habana: Ediciones Unión, 2003.

HUNTER, J. C. *O monge e o executivo*. São Paulo: Sextante, 2004.

_____. *Como se tornar um líder servidor*. Princípios de liderança de "O monge e o executivo". São Paulo: Sextante, 2006.

LASCH, C. *A cultura do narcisismo*: a vida americana numa era de esperanças em declínio. Rio de Janeiro: Imago, 1983.

_____. *O mínimo eu*. São Paulo: Brasiliense, 1986.

RIBEIRO, R. I. *Alma africana no Brasil*: Os Iorubás. São Paulo: Oduduwa, 1996.

SÀLÁMÌ, S. *A mitologia dos orixás africanos*: Coletânea de *Àdúrà* (rezas), *Ibá* (saudações), *Oríkì* (evocações) e *Orin* (cantigas) usados nos cultos aos orixás na África. Em yoruba com tradução para o português. São Paulo: Oduduwa, 1990. v.I.

_____. *Cânticos dos orixás na África*. São Paulo: Oduduwa, 1992.

_____. *Ogum e a palavra de dor e júbilo entre os yoruba*. São Paulo: Oduduwa, 1994.

_____. *Poemas de Ifá e valores de conduta social entre os Yoruba da Nigéria (África do Oeste)*. São Paulo, 1999. Tese de Doutorado. Faculdade de Filosofia, Letras e Ciências Humanas, Universidade de São Paulo.

YUTANG, L. *A importância de viver*: a arte de ser feliz revelada pela profunda sabedoria chinesa. Rio de Janeiro: Globo, 1963.

8

A influência da religião e da espiritualidade na teoria e prática da psicossíntese

MARINA PEREIRA ROJAS BOCCALANDRO

"O sentimento de reverência, de espanto, admiração e veneração, acompanhado pelo ímpeto de unir-se à Realidade Suprema, é inato no homem. Presente em todas as épocas e lugares, ele deu origem a uma grande variedade de tradições espirituais e religiosas, bem como a formas de culto, segundo as condições culturais e psicológicas reinantes. Seu florescimento máximo ocorreu com os místicos que atingiram uma viva experiência de união pelo Amor."

(Assagioli, 1985, p. 78)

Introdução

No século XX, vimos o surgimento de uma grande gama de pensamentos em várias partes do Ocidente, os quais propõem uma nova compreensão da realidade e buscam unir a visão científica à visão espiritual.

Essas idéias surgiram de teóricos de várias áreas do conhecimento, com o propósito de reverter os processos de dessacralização da vida, da fragmentação da percepção e, principalmente, tentar acabar com a oposição entre ciência e espiritualidade.

No início do século passado, com a divulgação das pesquisas da física atômica começou a reformulação da visão mecanicista da ciência. A partir dessa época, a tendência tem sido abandonar o dualismo mente-corpo, matéria-espírito, e aceitar o conceito de Totalidade e de interconexão de todas as coisas. Dessa forma, a ciência ocidental foi se aproximando das filosofias, religiões, crenças espirituais do Oriente e integrando saberes esotéricos do Ocidente.

As pesquisas, na área da física, sobre a natureza da consciência, fizeram com que essa área se aproximasse cada vez mais da psicologia e da visão dos místicos do Oriente, que são os que mais têm a dizer sobre a origem da consciência.

A influência desses estudos ajudou os psicólogos humanistas a superarem a visão mecanicista dominante e a adotarem uma concepção holística, que leva em conta tanto os aspectos físicos como os emocionais, mentais e espirituais do ser humano. Entre esses psicólogos, podemos citar Carl Gustav Jung (com a psicologia analítica), Abraham Maslow, Stanislav Grof e Ken Wilber (com a psicologia transpessoal) e Roberto Assagioli (com a psicossíntese).

Muito se tem escrito sobre a relação entre a psicologia analítica de Jung e religião. Vários autores têm se debruçado sobre o hinduísmo, o budismo e a influência que essas religiões exerceram na obra de Jung. O mesmo podemos dizer sobre Maslow e a psicologia transpessoal.

Enquanto Jung formulava sua teoria na Suíça, outro psicólogo, na Itália este, porém um pouco mais jovem, criava a sua abordagem psicológica, a psicossíntese, na qual a influência dos conhecimentos esotéricos está presente em todo o seu corpo teórico e prático.

Acreditamos ser importante fazer um paralelo entre psicossíntese, espiritualidade e religião, para que os interessados em conhecer um pouco mais sobre essa abordagem possam aprofundar mais o tema e, assim, como se está sendo feito com a psicologia analítica, também poder vislumbrar melhor os caminhos trilhados por Assagioli para criar sua obra.

A psicossíntese tem em suas raízes uma forte influência da espiritualidade e de religiões e filosofias orientais e ocidentais.

Roberto Assagioli nasceu em Veneza, na Itália, em 1888, filho de mãe filiada à Sociedade Teosófica européia e de padrasto judeu, grande conhecedor e estudioso da Cabala. Nesse ambiente, ele cresceu e desde cedo foi introduzido nos mistérios desses dois conhecimentos.

Formou-se em medicina, com especializações em psiquiatria e neurologia e, depois de formado, foi fazer seu doutorado em Zurique, na Sociedade de Psicanálise, que naquela época ainda tinha Jung como seu membro, ao lado de Freud.

Após o doutorado, foi estudar com Bleuler, em um hospital de Zurique e, terminando seus estudos, voltou à Itália para trabalhar como psicanalista, sendo o primeiro médico italiano com essa formação.

Em uma de suas cartas, Freud disse estar interessado apenas no subsolo do ser humano, e Assagioli estava interessado em todas as dimensões do homem, inclusive na dimensão espiritual. Segundo suas palavras,

> A Psicossíntese está interessada na construção toda. Nós tentamos construir um elevador que permitirá a pessoa a acessar cada nível da sua personalidade, afinal, uma construção com apenas um porão é muito limitada. Nós queremos abrir um terraço, onde você pode tomar sol ou olhar para as estrelas, nosso interesse é a síntese de todas as áreas da personalidade. (Keen, 1974)

Para a psicossíntese, a necessidade de significado, de valores elevados, de uma vida espiritual, é tão real como as necessidades biológicas ou sociais.

A estrutura assagioliana da personalidade humana tem certa semelhança com a de Jung, já que ele reconhece de forma explícita a espiritualidade, inclui os conceitos de *Self* Transpessoal, inconsciente coletivo, vê o homem como um ser fundamentalmente saudável, no qual pode haver um mau funcionamento temporário e concebe o indivíduo como uma totalidade, que tem como tarefa, para toda a sua vida, organizar-se em torno de um *Self*[1].

Na cartografia assagioliana, encontramos vários aspectos principais, todos conectados de forma dinâmica. Para isso, ele criou o gráfico do ovo para que se pudesse melhor visualizar como ele entendia a estrutura da personalidade. Segundo Assagioli, essa figura era apenas um quadro estático de uma construção interna e que deixa de lado o seu aspecto dinâmico, que é o mais importante e essencial. Nesse gráfico já podemos vislumbrar alguma influência dos conhecimentos esotéricos que fizeram parte da sua educação familiar, dos estudos e da prática na área da sua profissão.

O gráfico é o seguinte:

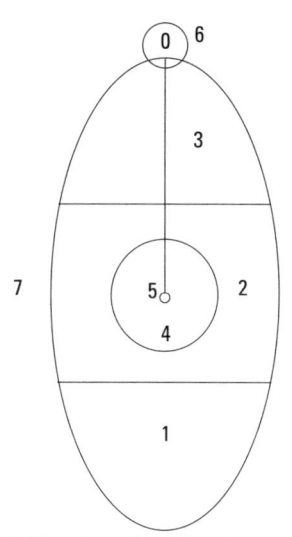

Gráfico 8.1 – O gráfico do ovo.

1 = O inconsciente inferior; 2 = o inconsciente médio; 3 = o inconsciente superior ou superconsciente; 4 = o campo da consciência; 5 = o "eu" consciente ou "ego"; 6 = o Eu Superior ou *Self*; 7 = o inconsciente coletivo (Assagioli, 1982, p. 30).

---

[1] *Self* com letra maiúscula representa o Eu Superior, a Centelha Divina de Deus em nós, e *self* com letra minúscula é o ego e representa o centro da personalidade.

Nesse gráfico, já podemos observar três conceitos que fogem à psicologia mais antiga e que já estão sendo assinalados mais freqüentemente na psicologia analítica e na transpessoal, e termos usados nas doutrinas espirituais, como inconsciente superior ou superconsciente, Eu Superior ou *Self* Transpessoal e inconsciente coletivo.

Em uma breve síntese das partes componentes do gráfico, podemos dizer o seguinte:

- *Inconsciente inferior* (também chamado de profundo ou interior): aqui encontramos todos os impulsos básicos ou desejos primitivos, as atividades fisiológicas fundamentais. Os complexos carregados de emoção, os sonhos e imaginações de espécie inferior. As manifestações patológicas como as fobias, obsessões, compulsões, crenças, paranóides. Esse inconsciente é muito parecido com o inconsciente de Freud. Não temos como acessá-lo, mas podemos criar condições para que ele emerja mais facilmente por meio de exercício de relaxamento, estados alterados de consciência. Podemos contatá-lo pelo material que aparece nos sonhos e por meio dos atos falhos.
- *Inconsciente médio*: aqui está todo o material a que facilmente podemos ter acesso. Estão as nossas experiências elaboradas, desenvolvidas, as nossas lembranças, a nossa história. Tudo aquilo que não está no campo de nossa consciência no momento, mas que podemos lembrar assim que quisermos.
- *Campo da consciência*: designa a parte da personalidade da qual possuímos uma percepção direta: o fluxo incessante de sensações, imagens, pensamentos, sentimentos, desejos, impulsos que podemos analisar e julgar.
- *"Eu consciente" ou "ego"*: o "eu" é o centro do campo da consciência. É como se fosse uma tela branca, na qual se projetam as mais diferentes imagens (pensamentos, emoções, sentimentos). A tela branca permanece sempre a mesma, o que muda são as projeções que nela acontecem. O "eu" para Assagioli é um reflexo do "Eu Superior", só cognoscível por meio de "vivências transpessoais" de muito difícil comunicação.
- *Inconsciente superior*: é a região de onde emana todo o esclarecimento, nossas intuições, nossas inspirações superiores – artísticas, filosóficas, científicas, "imperativas" éticas, impulsos para a ação humanitária e heróica. É a fonte de sentimentos superiores, como o amor altruísta, os estados de contemplação, iluminação e êxtase. Aqui estão latentes todas as funções psíquicas superiores e as energias espirituais.
- *O Eu Superior ou Self Transpessoal*: Também chamado Eu Espiritual, a Centelha Divina, o Espírito etc. É o centro ordenador, um centro de energia de

pura consciência. É o si mesmo, aquele aspecto nosso que permanece sempre inalterado. Quando dormimos, desmaiamos, estamos anestesiados ou hipnotizados, o "eu pessoal" desaparece; mas, quando acordamos, ele reaparece. Isso nos leva a supor que o reaparecimento do eu consciente ou ego se deve à existência de um centro permanente de um Eu verdadeiro, situado "além" ou "acima" daquele. Assagioli (1982) dizia que no estágio atual da investigação psicológica pouco se sabe em definitivo a respeito do *Self*, mas a importância desse centro sintetizador justifica plenamente o prosseguimento das pesquisas. É a consciência de sermos nós mesmos, independentes do nosso corpo físico (criança, adolescente, adulto ou velho), independentes das nossas emoções (ira, felicidade, amor, angústia), independentes dos nossos pensamentos e valores, que podem mudar constantemente.

- *Inconsciente coletivo*: nós não estamos isolados no mundo. A linha divisória do diagrama do ovo deve ser vista como delimitadora, e não como "divisora". Da mesma forma que a nossa pele recebe e envia energia física (calor) para o exterior, também recebemos e enviamos energia emocional e mental. É nesse inconsciente coletivo que se supõe estarem as memórias da raça, o conhecimento dos mitos. Com o diagrama do ovo, Assagioli diz que pretende mostrar que só na aparência existem dois eus. O "eu pessoal" não toma geralmente conhecimento do outro, e o "Eu Superior" é latente e não se revela diretamente à nossa consciência. Diz ainda que não existem dois eus, duas entidades separadas e independentes. Para ele, o "Eu" é uno, manifesta-se em diferentes graus de consciência e auto-realização, e que o "eu pessoal" é uma projeção de sua fonte luminosa, o "Eu Superior".

Na estrutura da personalidade, com o ovo em cores[2], é possível visualizar, no sentido ascendente, a gama das sete cores: do vermelho ao violeta.

Como podemos constatar, além do inconsciente superior, *Self* e inconsciente coletivo, temos as sete cores que lembram os "sete raios" da teosofia e as sete cores dos chacras do hinduísmo.

Outro dado importante que encontramos na psicossíntese e que tem sua provável origem na teosofia é a descrição dos sete tipos humanos. Essa visão é menos que uma tipologia no sentido tradicional do termo e mais uma visão sintética do longo processo de evolução da consciência humana.

---

[2] A imagem do ovo colorido pode ser vista no site http://www.psychosynthesis-uk.com

Figura 8.1 – O ovo.
Fonte: Disponível em: <http://www.psychosynthesis-uk.com>.

Vários exercícios de meditação criados ou usados por Assagioli têm como tema central a Mandala, essa antiqüíssima representação simbólica, cuja origem provoca bastante polêmica entre os autores e que também é um símbolo do *Self*.

Todo processo de psicossíntese é o caminho da evolução do homem na sua viagem pela vida, é o caminho das trevas e da ignorância para a luz, a sabedoria e o autoconhecimento.

A seguir, vamos discorrer mais detalhadamente sobre esses conceitos, para elucidar melhor a influência dos conhecimentos religiosos e espirituais na abordagem psicossintética.

Influência da cabala

A origem da Cabala é bastante polêmica: alguns autores indicam que ela surgiu no primeiro século a.C.; outros afirmam que remonta à época de Moisés, e outros, à época de Abraão; e ainda há uma corrente entre os estudiosos desse saber esotérico que liga seu início a Adão. Segundo estes últimos, quando da criação do homem, os anjos, instruídos por Deus, passaram esse conhecimento ao primeiro homem criado.

> Cabala é uma palavra hebraica derivada do verbo Lecabel, que significa receber (...) Trata-se de uma tradição antiga, que passa de mestre a discípulo, desde os primórdios da história do povo judeu, de geração em geração (...) Ela é a tradição mística do judaísmo, o conjunto de concepções que se referem aos debates e especulações a respeito da compreensão de Deus, do Universo, da Natureza, da Alma Humana, do Homem e de sua tarefa no mundo criado. (Sender, 2004, p. 15)

Para a Cabala, o mundo espiritual não é um refúgio do mundo da física, mas seu complemento. Ela pode ser considerada a construção conceitual do entendimento do Universo.

Segundo Sender (2004), ao longo dos séculos, a Cabala passou por, pelo menos, sete grandes transformações ou versões. Portanto, ela não é rígida, mas está em constante metamorfose. Isso nos leva a perceber que sua inspiração é fundamentalmente humana, isto é, transitória. Esse conhecimento assumiu em suas várias fases, ao longo dos séculos, características diversificadas, de acordo com as necessidades psicológicas e espirituais do povo judeu em cada época, em seu envolvimento histórico.

Essas diferenças de enfoque não implicam a negação das tendências anteriores, mas a aceitação de novas construções teóricas que se acrescentam, ou de novas práticas.

Segundo Assagioli (1982), a psicossíntese não era uma abordagem psicológica plenamente desenvolvida ou satisfatoriamente completada. Ele a considerava uma criança, ou, na melhor das hipóteses, um adolescente com muitos aspectos incompletos, mas com grande e promissor potencial de crescimento. Para ele, a psicossíntese devia ir adequando-se com o passar do tempo, de acordo com a sua expansão para novos povos e novas culturas.

Essa possibilidade de um saber aberto, que encontramos nesses dois conhecimentos, nos reporta à impermanência de todo o saber, que é condição básica para o desenvolvimento deste.

Na nossa condição humana, temos uma visão muito limitada da verdade total. Apreendemos um pequeno aspecto dessa totalidade e precisamos aceitar que outros virão, muitas vezes alicerçados em saberes anteriormente conquistados, e que poderão vislumbrar horizontes mais amplos dessa unidade maior.

Talvez essa abertura da psicossíntese à transformação e anexação de novos conceitos e práticas venha da constatação dessa evolução por que tem passado a Cabala e também o hinduísmo.

Segundo a Cabala, a criação se manifesta em quatro densidades diferentes da matéria, da mais sutil para a mais densa, no sentido descendente, da luz da fonte original, para a percepção por meio dos cinco sentidos, até a ausência de luz ou conhecimento.

Para a Cabala, os mundos superiores são sutis; e os mundos inferiores, densos e materiais. Os mundos sutis estão mais próximos da fonte e os mais densos mais distanciados. Esses mundos são assim nomeados: *da emanação, da criação, da formação* e *da ação* ou *produção* (Sender, 2004, p. 42).

O primeiro mundo, o da emanação, se refere ao reflexo da luz do Criador, que, por sua vez, é a emanação da fonte, e não a própria fonte. Para os cabalistas, a compreensão humana poderá, na melhor das hipóteses, quando muito evoluída e abstrata, vislumbrar uma centelha do reflexo da emanação da luz divina, de uma pequena parcela do poder criador de Deus. No primeiro mundo, não há bipolaridade, e sim a unidade. É a partir do segundo mundo, o da criação, quando Deus cria o homem e a mulher, que começa a divisão no mundo.

Na Cabala, os quatro planos são visualizados graficamente sobrepostos uns aos outros, verticalmente, e se interpenetram, mas isso não significa uma posição geográfica, pois os planos são simultâneos e ocupam o mesmo espaço, o que se desloca é o foco da consciência.

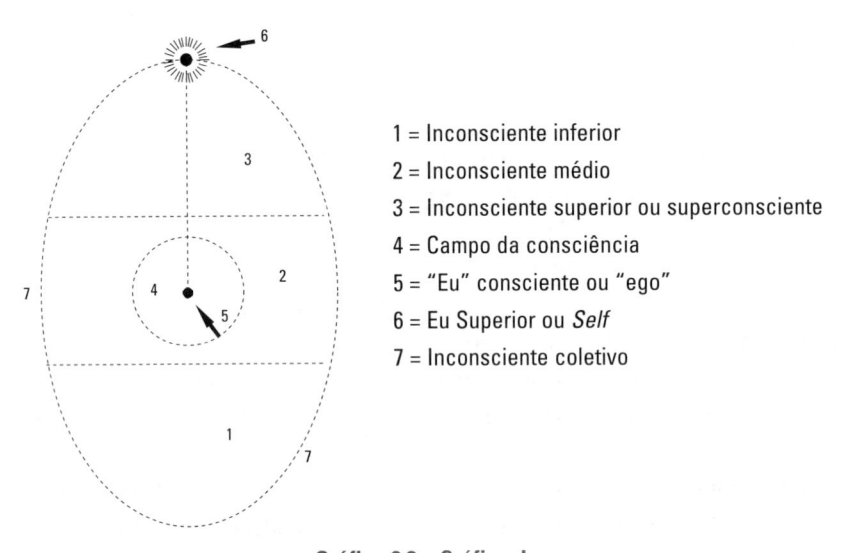

1 = Inconsciente inferior
2 = Inconsciente médio
3 = Inconsciente superior ou superconsciente
4 = Campo da consciência
5 = "Eu" consciente ou "ego"
6 = Eu Superior ou *Self*
7 = Inconsciente coletivo

Gráfico 8.2 – Gráfico do ovo.
Fonte: Disponível em: <http://www.psychosynthesis-uk.com>.

Na psicossíntese, se olharmos o gráfico do ovo (Figura 8.2), também podemos constatar a existência de quatro níveis em sentido ascendente: partimos do inconsciente inferior (corpo físico), vamos para o inconsciente médio (corpo emocional), daí para o inconsciente superior (corpo mental) até finalmente chegarmos ao *Self* Transpessoal (corpo espiritual). Também podemos verificar que as linhas pontilhadas do ovo mostram que tudo está em interação, não havendo em cima ou em baixo, e também não existindo o homem isolado no Universo.

Para a Cabala, a criação se deu de forma descendente a partir de mundos superiores até chegar à matéria mais densa (corpo físico). O processo de psicossíntese vai no sentido ascendente, do corpo mais denso (inconsciente inferior) até o mais sutil (*Self* Transpessoal).

Na psicossíntese, o processo psicoterapêutico implica um primeiro estágio, a "psicanálise" do cliente, isto é, um trabalho com "porão da personalidade". Como já foi dito, para Assagioli (1982), esse trabalho que é feito na psicanálise é insuficiente, mas é a base de todo o processo de crescimento.

Na Cabala, o indivíduo, para fazer o trabalho de unificação e restauração dos mundos, necessita de um preparo para empreender a grande jornada mística no sentido de que o mundo superior não seja apenas um refúgio do mundo físico, mas, sim, o seu ponto mais iluminado e elevado.

Na psicossíntese, começa-se o processo com o trabalho de conscientização do inconsciente inferior, no qual estão os conteúdos mais sombrios e recalcados do ser. À medida que o ego vai integrando esse material, surgem condições para trabalhar também os níveis mais elevados.

Não se pretende, com o processo psicoterapêutico, chegar em definitivo ao *Self* Transpessoal, esse é um processo lento que requer muitas vezes o trabalho de toda uma vida e, acredito, de muitas vidas e muita sabedoria. Mas, à medida que vamos avançando no processo, podemos ter momentos de contato com o *Self* Transpessoal por meio dos exercícios de respiração, relaxamento, meditação ou imaginação, nos quais podemos entrar em estados alterados de consciência e vislumbrar níveis mais elevados do nosso ser.

Conforme evoluímos, vamos saindo de um nível dos problemas individuais para níveis transpessoais, nos quais outros seres vão sendo incluídos amorosamente, aceitando-se a diversidade que está contida na totalidade maior. Aprendemos a nos amar e também o nosso próximo, o espírito ecológico se manifesta, e nos ligamos cada vez mais a um círculo maior de interesses em direção à humanidade e ao Universo, e este é o caminho para se contatar o *Self* Transpessoal.

Na Cabala, temos a representação da "viagem interna" no gráfico da árvore da vida (Gráfico 8.3).

Segundo Dahlke (1993, p. 238), etimologicamente se reconhece o parentesco da palavra Cabala com o termo "cavalaria" e sua semelhança com a palavra "cavalheiro". Mas esta provém de *chevalier*, que significa "cavaleiro". Assim, originariamente, o "cabalista" deve ter sido, antes de tudo, um "cavaleiro andante".

Entendemos que "cavaleiro andante" significa aquele que viaja não só para o mundo externo à procura do Santo Graal, mas também aquele que viaja para um mundo interno à procura do seu Eu Superior.

No sentido ascendente, a árvore da vida constitui o caminho evolutivo que conduz a criatura ao Criador.

Se observarmos o Gráfico 8.3, podemos perceber que, se traçarmos uma linha circundando o gráfico, vamos encontrar a forma do ovo. Também no ovo, temos os quatro níveis ascendendo dos mais densos para os mais sutis. O primeiro nível está ligado ao elemento terra (corpo físico), o segundo ao elemento água (corpo emocional), o terceiro ao elemento ar (corpo mental) e o quarto ao elemento fogo (corpo espiritual).

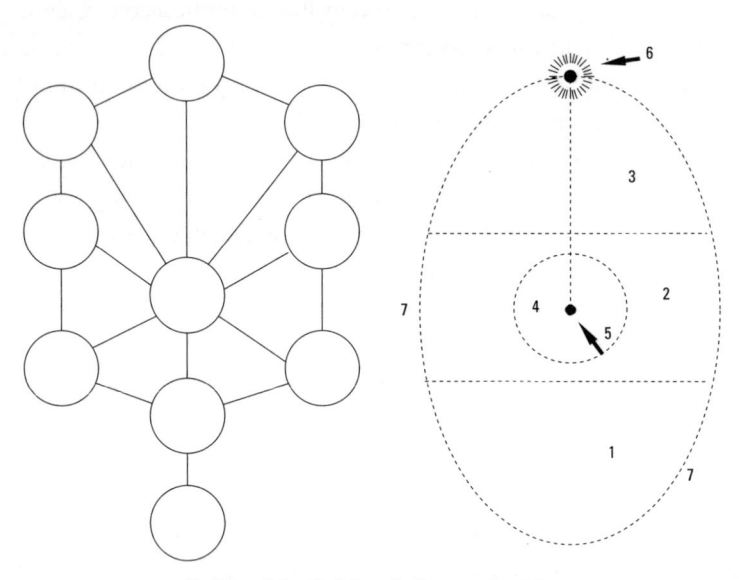

Gráfico 8.3 – Gráfico da árvore da vida.
Fonte: Disponível em: <http://www.espada.eti.br> e <http://www.psychosynthesis-uk.com>.

Na árvore da vida da Cabala, o nível mais alto (*Ketter*) está acima da bipolaridade; no ovo da psicossíntese, o Eu Superior tem uma parte dentro do ovo e outra fora irradiando luz de um ponto luminoso, que também estaria acima da multiplicidade. Essa parte de cima dos dois gráficos representa a nossa Centelha Divina, reflexo do Criador em nós.

Os dados apontados até aqui com certeza não são mera coincidência, mas estão ligados por uma fonte de sabedoria que vem sendo transmitida, de geração em geração, desde os primórdios da raça humana.

Influência do hinduísmo

O hinduísmo, assim como a Cabala, vem sofrendo modificações ao longo dos séculos e também por onde é levado. Trata-se de uma religião muito complexa, difícil de definir, pois não apresenta crenças e instituições comuns a todos os indianos e não tem um dogma claramente definido. Segundo Ferreira (1986, p. 896), o hinduísmo é a "religião atual da maioria dos povos indianos, resultante de uma evolução secular do vedismo e do bramanismo (...)".

No início, os ensinamentos eram passados oralmente de pai para filho e recebiam um caráter sagrado. Eles eram oriundos de uma fonte não conhecida, de uma época muito distante.

Acredita-se que os Vedas (coleção de hinos sagrados) foram compostos pelos povos indo-europeus que chegaram à Índia provenientes do Irã. A palavra veda significa "conhecimento" e é derivada da raiz *vid*, que significa perceber, nomear, descobrir, garantir. Os hinos védicos transmitidos oralmente eram recebidos como revelação dos grandes sábios do passado mítico. Acredita-se que só depois de vários séculos de transmissão oral os Vedas foram finalmente escritos em sânscrito arcaico.

Com o passar do tempo, a adoração do culto dos Vedas foi dando lugar à severa especulação filosófica dos Upanishads. Se os Vedas têm uma visão litúrgica mais dirigida para o mundo exterior, a perspectiva dos Upanishads é mais psicológica e centrada no interior do indivíduo. A mensagem dos Upanishads é essencialmente direcionada para o mundo interior, um sistema psicológico de pensamento, magia e experiência, na qual muito do que é hoje conhecido do inconsciente já era antecipado e até mesmo ultrapassado (Campbell, 1962, p. 204-207).

Os Upanishads significam a evolução da religião védica ao hinduísmo. Nos seus textos, encontramos os conceitos básicos do hinduísmo: castas, carma, a roda de renascimentos, a associação da lua com o ciclo da morte e o nascimento, entre outros. É com base nesses tratados que se estabelece a Trindade Hindu (Trimurt). Brahman é o criador do Universo e a fonte de toda a manifestação. Os atributos de Brahman são representados por três poderes: criação (Brahman), preservação (Vishinu) e destruição (Shiva).

No hinduísmo, faz-se uma divisão da vida em quatro fases para atingir a auto-realização (Fadiman e Frager, 1979): estudante, chefe de família, habitante da floresta e renunciante.

O primeiro estágio tem como objetivo formar o caráter do indivíduo por meio da disciplina espiritual e emocional, e é assessorado pela família e pelo mestre. Ao término desse estágio, o indivíduo está maduro para casar, constituir família e conduzir seus negócios. Nesse segundo estágio, ele deverá estar pronto para desfrutar os prazeres e deveres de chefe de família de forma moderada. No terceiro estágio, ao se aproximar da velhice, a pessoa deve ir se afastando do mundo, isto é, ou ir para uma cabana na floresta ou ficar na família e se distanciar dos negócios e deveres, passando a dar conselhos quando for necessário. E finalmente, no quarto estágio, ele deve devotar sua vida aos deuses; nessa fase, o indivíduo não tem mais obrigações sociais e é livre para buscar a auto-realização, sem estar sujeito às exigências externas (*ibidem*, p. 329).

No processo de psicossíntese, depois de obtida a psicossíntese pessoal (trabalhar as problemáticas básicas da vida, como relações amorosas, família, profissão etc.), se o cliente necessitar e assim desejar, passamos para a psicossíntese transpessoal, momento em que a volta para o interior do ser, para um contato maior com a espiritualidade, passa a ser a tônica do processo.

Vamos agora examinar o conceito de *Self*. Nos Upanishads, o conceito de *Self* é apresentado de várias maneiras, com os mais diversos nomes: Brahman, Sat, Atman, o Verdadeiro *Self*, Om, entre outros.

Brahman pode assumir diversas formas, mas ele permanece em essência sempre o mesmo. Ele é a nossa verdadeira casa ou a sutil essência que permeia tudo que existe (Campbel, 1962, p. 209).

O Brahman tem dois aspectos:

1. *Aspecto transcendente*
   - A condição passiva, quando todas as formas encontram-se integradas no "Único", acontecendo assim a "Dissolução Universal".
   - A condição ativa, que é o suporte de toda a existência.
2. *Aspecto imanente*
   - Uma condição que não possui qualidade alguma, que existe como puro espírito.
   - Uma condição que apresenta qualidades, existindo como pura matéria.

De acordo com Assagioli:

> No coração do Self há tanto um elemento ativo quanto um passivo, um agente e um espectador. Autoconsciência envolve sermos uma testemunha – uma testemunha pura, objetiva, amorosa – do que está acontecendo dentro e fora. Neste sentido, o Self não é uma dinâmica em si mesmo, mas é um ponto de testemunho, um espectador, que assiste o fluxo (...) no centro do Self há uma unidade de masculino e feminino, vontade e amor, ação e observação. (Keen, 1974)

Tanto o hinduísmo quanto a psicossíntese apresentam conceitos semelhantes acerca do *Self*.

Nos Upanishads, encontramos a referência de dois *selfs*, o Supremo *Self*, que seria o próprio Brahman, e o *self* Individual, uma porção do Supremo *Self* em cada um de nós.

Na psicossíntese, também há referência aos *selfs*: *self* pessoal ou ego, e *Self* Transpessoal ou Eu Superior. Ainda sobre o *Self*, pode-se afirmar que ele é como ponto pivô ou o gonzo de uma porta; a porta oscila, mas o gonzo permanece firme. Ele não é apenas o ponto focal em torno do qual diversos processos supraconscientes ocorrem, é também a causa desses processos, a fonte de energia que os torna possíveis. Ele é a realidade imutável, duradoura, um centro estável de vida em próprio nível, que tem função, mas não é uma função. O *Self* é imutável em essência, ele é como se fosse o sol, que está no centro do sistema solar, e lá permanece, mas permeia todo esse sistema, possui radiação e sustenta-o, mantendo-o unido por meio de sua força atrativa. Ele é um centro de pura energia. A experiência do *Self* tem uma qualidade de paz perfeita, serenidade, calma, imobilidade, pureza, e nele há a paradoxal combinação de individualidade e universalidade.

Segundo a psicossíntese, o *self* pessoal ou ego está intimamente ligado ao *Self* Transpessoal. O ego é, na realidade, uma projeção ou reflexo do *Self*, um posto avançado no mundo da personalidade. Tentar alcançar o *Self* Transpessoal, saltando sobre o ego, ou tentar destruí-lo é um grande engano. A auto-identificação pessoal é preciosa e resulta de um longo período de evolução; por isso, não pode ser jogada fora. O que precisamos é eliminar o nosso apego ao ego, pois ele é cego e precisa ser trazido de volta à sua fonte. O ego é o centro da personalidade, enquanto o *Self* Transpessoal é o centro do ser, partícula divina em nós. Existe uma conexão permanente entre ambos, através da qual a energia pode fluir. Quando se atinge um alto nível de autoconsciência pessoal genuína, correntes de energia fluem do *Self* Transpessoal para o *self* pessoal ou ego.

Segundo os Upanishads, o *Self* é

> (...) A verdadeira morada ou a sutil essência que permeia tudo que existe. O ser humano não somente está presente no Self, mas também é parte do próprio Self. Quando o indivíduo consegue atingir o Self, ele aprende que nós não somos meras criaturas do mundo, mas que somos e fazemos parte do "verdadeiro Brahman", ou seja, o Self. Dessa forma, livramo-nos da cegueira e da ignorância que nos cercam e finalmente alcançamos a verdadeira morada do ser humano, o Self. Só então poderemos ser realmente felizes e abençoados... Além disso, o Self é livre de pecados, de idade avançada, de morte e pesar, da fome e da sede, deseja apenas aquilo que deve ser desejado e imagina somente aquilo que deve ser imaginado. Para aqueles que não encontram o Self, não há liberdade no mundo, mas para os que encontram há liberdade em todos os mundos. (*The Upanishads*, 1962, p. 107)

Ainda para o hinduísmo, o *Self* permeia tudo, ele é puro brilho, incorpóreo, sábio, intocável pelo mal, onipresente e auto-existente. Ele dispõe de todas as coisas sabiamente por todo sempre. Ele é imortal e destemido. De acordo com os pressupostos do hinduísmo, o corpo é resultado do *Self*, pois os elementos (fogo, ar, água e terra) são nada mais do que criações do Supremo *Self* (*The Upanishads*, 1962, p. 141).

No hinduísmo, assim como no budismo e na psicossíntese, a individualidade é o oposto necessário e complementar da universalidade. É também o ponto focal pelo qual a universalidade pode ser vivenciada. A supressão da individualidade, a negação filosófica de seu valor e sua importância, é capaz de levar a um estado de completa indiferença e dissolução, que pode ser a libertação de um sofrimento, mas de modo puramente negativo, pois priva-nos da mais elevada experiência que o processo de iluminação da alma (para o hinduísmo), ou psicossíntese (para Assagioli), ou individuação (para Jung), tem como meta.

Mergulhar na integralidade como a gota no mar, sem ter realizado a totalidade, é apenas um modo poético de aceitar a aniquilação e fugir do problema que o fato da nossa individualidade coloca. Por qual razão o Universo desenvolveria formas individualizadas de vida e consciência se isso não fosse consistente ou inerente ao verdadeiro espírito ou natureza do Universo?

Como já apontado, no hinduísmo e na psicossíntese é necessário, antes de mais nada, vivermos a vida como seres individuais, familiares, profissionais, para podermos ir atingindo níveis mais evoluídos e nos aproximarmos cada vez mais do Verdadeiro Ser, o *Self* Transpessoal.

Entre os estágios por que passamos em direção ao *Self*, existe uma continuidade progressiva de desenvolvimento que Assagioli (1982) chamava de processo de psicossíntese. Para ele, trata-se de um processo universal em que toda a personalidade é integrada em um todo maior. Esse processo acontece com a participação do ego que integra não só o conteúdo do inconsciente inferior, mas também os conteúdos do inconsciente superior. A integração pelo ego de todos os conteúdos inconscientes permitirá a renovação e a transformação da personalidade. Esse processo é uma árdua tarefa, e nessa caminhada não se pode excluir nada que lhe pertença, nenhum aspecto pode ser destruído, e sim transformado. No trabalho com as subpersonalidades, na psicossíntese, por exemplo, é necessário buscar a raiz positiva que existe em cada uma delas e integrá-las em um todo mais harmonioso.

Vale repetir, o conceito de *Self* de Assagioli é muito semelhante ao desenvolvido pelo hinduísmo há milhares de anos, com as mesmas características. Assagioli, assim como Jung, teve contato com a cultura da Índia por meio de estudos das religiões e filosofias antigas e viagens a este país. Ele sempre foi uma pessoa interessada nas experiências religiosas e espirituais, e depois de adulto fazia parte de um grupo de estudos que se reunia em sua casa, do qual participavam Alice Bailey (da teosofia), Susuki (do budismo), Tagore, Ouspenski, entre outros nomes importantes da espiritualidade européia daquela época.

Mandala

Figura 8.2 – Mandala.
Fonte: Disponível em: <http://www.mandalas.ch>.

O sentido literal da palavra mandala é círculo ou centro. O desenho mais freqüentemente usado para representá-la é um círculo, símbolo do cosmos na sua totalidade. A mandala também pode ser representada por um quadrado, símbolo da terra ou do mundo construído pelo homem.

Para a tradição oriental, seu centro é a morada da divindade, e ela é um veículo para concentrar a mente de modo a permitir que vá além dos limites habituais. É difícil falar sobre sua origem, pois sua história deveria começar sobre seu surgimento. Mas ela não se deixa ordenar no tempo. No seu centro, o tempo e o espaço cessam de existir.

Segundo Dahlke (1993, p. 36): "Podemos, naturalmente, tentar fixar temporalmente o primeiro aparecimento de mandalas, mas, mesmo isso, fica entre o difícil e o impossível – uma das mandalas mais antigas talvez tenha sido o impacto da queda de algum meteorito em um mar primordial".

Os nossos cientistas modernos dizem que tudo começou com uma grande explosão, e a imagem de uma explosão é também uma mandala.

A palavra *mandala* vem do sânscrito, portanto de origem oriental. O seu símbolo está na raiz de todas as culturas e de todo o ser humano. Se pedirmos a uma criança pequena que desenhe a si mesma, ela desenhará um círculo. Esse símbolo é uma herança psíquica comum a todos os homens.

Na psicologia humanista transpessoal de Jung e Assagioli, esse símbolo é usado no processo psicoterapêutico para o desenvolvimento da consciência.

No hinduísmo, a meditação sobre a mandala é uma forma de alcançar a iluminação.

Figura 8.3 – Mandala representada por uma rosa vermelha aberta (símbolo do espírito).
Fonte: Disponível em: <http://www.fractarte.com.br>.

Para De Luca *et al.*(1993, p. 36)

> A mandala é simultaneamente uma forma eficaz de "interiorização gradual" e da "harmonização" das estruturas conscientes e inconscientes, favorecendo – através da visualização espontânea e a exteriorização em forma de desenhos e cores – o aflorar de vivências profundas, cuja elaboração pode permitir uma mais ampla sabedoria da própria vivência individual.

Jung talvez tenha sido o psicólogo ocidental que mais usou o símbolo da mandala, tanto na teoria da sua abordagem psicológica como na sua prática como psicoterapeuta.

Segundo Assagioli (1982), a visualização de uma mandala representada por uma rosa aberta (símbolo do espírito), apesar de ser uma imagem estática, pode ser muito estimulante e evocativa, mas ele acredita que a visualização dinâmica de uma flor, ou seja, a sua transição e seu desenvolvimento, desde o botão fechado até a sua plena florescência, é muito mais eficiente. Para Assagioli, esse símbolo dinâmico transmite a idéia de desenvolvimento que corresponde a uma lei fundamental da vida. Com base nisso, ele criou um exercício sobre a "floração da rosa":

> Imaginemos estar olhando para uma roseira. Visualizemos uma haste com folhas e botões de rosa. O botão apresenta-se verde, porque as sépalas estão fechadas, mas no topo, um ponto cor-de-rosa pode ser visto. Visualizemos isso nitidamente, mantendo a imagem no centro da nossa consciência.

Começa agora um movimento lento: as sépalas iniciam sua separação, pouco a pouco, dobrando suas pontas para fora, e revelando as pétalas matizadas de rosa, as quais ainda estão fechadas. As sépalas continuam se abrindo, até que podemos ver a totalidade do tenro botão. As pétalas acompanham esse movimento e separam-se lentamente até podermos admirar uma rosa perfeita e completamente desabrochada.

Nesta fase, tentamos cheirar o perfume dessa rosa, inalando o seu característico e inconfundível aroma. Cheiremo-la com deleite. (recorda-se que a linguagem religiosa tem freqüentemente pregado o perfume como um símbolo, por exemplo "o odor de santidade"; e o incenso também é usado em muitas cerimônias religiosas).

Ampliemos agora a nossa visualização para incluir a roseira toda e imaginar a força vital que sobe das raízes para a flor e origina o processo de floração.

Finalmente, identifiquemo-nos com a própria rosa, o mais precisamente introgetemo-la. Nós somos, simbolicamente, essa flor, essa rosa. A mesma vida que anima o Universo que criou o milagre da rosa, está produzindo em nós um milagre idêntico, até maior – o despertar e o desenvolvimento do nosso ser espiritual e aquilo que irradia dele.

Mediante este exercício podemos promover eficazmente o florescimento interno. (Assagioli, 1982, p. 223-224)

Para Assagioli (1982), quando se medita sobre esse símbolo, o significado inerente a ele pode se tornar óbvio. O objetivo dessa meditação não é a produção de extensas fantasias, mas uma meditação estimulante em todo o significado central do diagrama. O meditador é dirigido a se identificar psiquicamente com o símbolo e a integrar o significado deste com a sua vida psíquica. A meditação com a mandala é usada para promover o desenvolvimento supremo da personalidade.[3]

Como podemos constatar, Assagioli também "bebeu" na fonte da sabedoria milenar oriental e trouxe seus elementos para a sua prática como psicoterapeuta, dando novos "ares" e acrescentando transformações que enriqueceram a meditação com o símbolo original.

Os exercícios de imaginação e meditação são usados freqüentemente, no processo psicoterapêutico, na linha da psicossíntese, mas é necessário levar em conta que nenhum exercício deve ser aplicado de forma indiscriminada. É necessário estar atento para o nível de desenvolvimento do cliente, o momento em que ele vive o seu processo psicoterapêutico e quais as suas crenças filosóficas e religiosas. Um símbolo que serve para um cristão pode não servir para um judeu. Assagioli costumava propor meditação com a figura do Cristo, como um símbolo do *Self*. Para um judeu, por exemplo, esse símbolo não é o

---

[3] No livro *El secreto de la flor de oro* (Jung e Wilhelm, 1976), encontramos mandalas feitas por clientes de Jung durante o processo psicoterapêutico, as quais merecem ser vistas por sua beleza e riqueza de significado.

mais indicado. Nesse caso, podemos usar outras imagens que simbolizam o *Self*, como a rosa aberta ou se abrindo, um ponto de luz, uma estrela etc.

De Luca (cf. De Luca *et al.*, 1993), um dos seguidores de Assagioli, criou uma técnica de meditação bastante interessante com a mandala, para ser usada no processo psicoterapêutico.

Como é possível constatar, a mandala está presente na psicologia humanista transpessoal e pode ser modernizada, como fez Assagioli com a meditação da rosa. Ele usou o símbolo estático da rosa aberta como uma mandala de uma forma dinâmica, do botão fechado evoluindo até a flor na sua plenitude. O exercício criado por ele pertence a uma sabedoria milenar que vem dos primórdios da existência, mas que foi transformado pela dinâmica do desenvolvimento.

Influência da teosofia

A Sociedade Teosófica foi fundada em Nova York, em 17 de novembro de 1875, por um pequeno grupo de pessoas, entre as quais se destacavam Helena Petróvna Blavatsky, uma russa que se mudou para os Estados Unidos, e o coronel Henry Steel Olcott, que foi o seu primeiro presidente.

Em 1878, os dois partiram para a Índia, e em 1905 a sede internacional da Sociedade Teosófica foi estabelecida em Chennai (antiga Madras), no sul da Índia, onde permanece até hoje.

Atualmente existem grupos teosóficos em cerca de 60 países espalhados por todos os continentes.

O lema da Sociedade Teosófica é: "Não há doutrina superior à Verdade", o qual foi traduzido do sânscrito "*Satiam nasti para Dharmah*".

Os objetivos básicos dessa sociedade são:

- Formar um núcleo da Fraternidade Universal da Humanidade, sem distinção de etnia, credo, casta ou cor.
- Encorajar o estudo de religião comparada, filosofia e ciência.
- Investigar as leis não explicadas da natureza e os poderes latentes no homem.

O significado da palavra teosofia é literalmente sabedoria divina e vem do grego *theosophia*. Ela foi usada inicialmente em Alexandria, no Egito, no século III d.C., por Amônio Saccas e seu discípulo Plotino, que eram filósofos neoplatônicos. Fundaram a Escola Teosófica Eclética e eram chamados de *philaletheus* (amantes da verdade) e analogistas, porque buscavam a sabedoria além dos livros, com o propósito de estabelecer analogias da alma humana com o mundo externo e os fenômenos da natureza. Buscavam a sabedoria pela investigação direta da Verdade, manifesta na natureza e no homem: "O verdadeiro ocultismo ou Teosofia é a Grande Renúncia do eu, incondicional e absolutamente, tanto em pensamento, como em ação – é altruísmo... Teosofia é sinônimo de verdade eterna" (Blavatsky in *O que é a Sociedade Teosófica*).

A teosofia "bebeu" da fonte da sabedoria oriental da qual trouxe o conceito dos sete raios. Na conceituação oriental, existe apenas uma fonte de Energia, na origem de toda manifestação. Essa fonte permanece oculta e desconhecida, mas manifesta-se em sete caminhos, que são chamados de sete raios. Os sete raios seriam sete canais pelos quais a energia do Criador flui até nós. O raio se expressa no ser humano como uma predisposição a determinadas condutas. Por exemplo: uns são mais voluntariosos, outros mais afetivos, outros têm forte característica de liderança, outros de organização, e assim por diante. Poderíamos imaginá-los como raios de um sol central em que nenhum é mais importante que o outro. Cada um possui características específicas, possibilidades de desenvolvimento e também tem seus limites. Correspondem às sete cores do arco-íris e aos sete chacras que, ao se fundirem, formam a luz branca.

Na teosofia, quem cuidou de estudar em profundidade e escrever sobre eles foi principalmente Alice Bailey, sucessora de Blavatsky na Sociedade Teosófica. Alice Bailey era amiga e colega de grupo de estudos de Assagioli. Sua obra *Tratado de los siete rayos* (1989) é extensa (seis volumes) e muito respeitada nos meios espiritualistas. Nessa obra, ela trata da divisão da Divindade Suprema (*Logus*) em sete raios cósmicos. Cada raio é comandado por um mestre, um Elohim, e um Arcanjo, que trabalham no serviço da irradiação da luz em cada raio. Cada um desses raios influencia um período evolucionário da humanidade. Em relação aos seres humanos, esses raios atraem os egos (corpo causal) para si, a fim de que possam, por meio de seus atributos, desenvolver a sua missão na Terra. Para a teosofia, cada um de nós pertence a um desses raios (Bourbon, 2005).

Isso não quer dizer que não possuímos as características, mesmo que latentes, dos outros seis raios, mas, sim, que um é predominante, e temos de, ao longo da vida, desenvolver as características dos outros raios em nós e aprender a conciliar as oposições. Esse seria o caminho para o autocrescimento e a iluminação.

No início, sentimos a energia dos raios separadamente e, à medida que evoluímos, sentimos a necessidade de integrá-los e compreender a importância da fusão e da síntese de todos eles.

Cada raio pode expressar qualidades positivas e negativas. A energia é pura, mas o veículo pode ser impuro. A energia é sempre a mesma, mas pode mudar de freqüência, de vibração, conforme o nível em que se manifesta.

No mundo, existem todas as expressões dos sete raios. Todos são caminhos que conduzem a uma meta idêntica: a Unidade de onde viemos e para a qual retornaremos enriquecidos pela nossa experiência e cientes de que somos parte da Realidade Divina (Oficina sobre os Sete Raios, 1989).

A Figura 8.4 apresenta uma visão mais clara do que estamos falando.

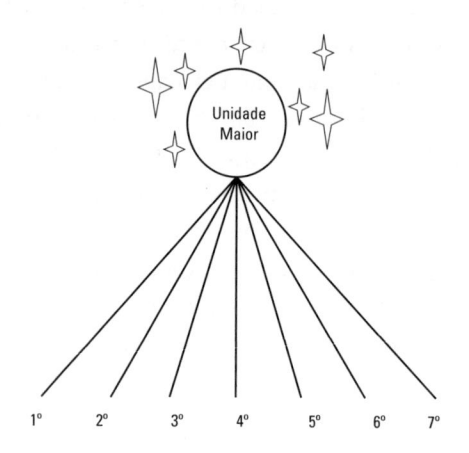

Figura 8.4 – Os sete raios.
Fonte: Figura elaborada pela autora.

Quando se comparam as características de cada raio descritos pela teosofia com os sete tipos psicológicos da psicossíntese, constata-se que eles possuem as mesmas características.

Assagioli (1995) afirma que a maior importância prática das ciências dos tipos humanos reside na sua aplicação a nós mesmos. Ele acredita que a tentativa de estabelecer uma classificação para nós e para os outros pode ser um exercício valioso para refinar a nossa percepção psicológica. Ne entanto, ele alerta para que alguns indivíduos são difíceis de ser classificados: seja porque são pessoas menos integradas, seja porque se apresentam apáticas na expressão das suas qualidades latentes. Há ainda aqueles altamente desenvolvidos, de muitas facetas, que já alcançaram um estágio adiantado nos vários aspectos das suas personalidades, o que dificulta o seu enquadramento em um único tipo. Assagioli (1995, p. 11-13) explica ainda que, depois que descobrimos o tipo ao qual pertencemos, precisamos enfrentar o problema, prático e espiritual, de como utilizar o conhecimento que adquirimos para a nossa auto-realização.

A divisão de Assagioli para os sete tipos humanos pareando-os com os sete raios é a seguinte.

	TEOSOFIA	PSICOSSÍNTESE
1º Raio	Vontade – Poder	Tipo Volitivo
2º Raio	Amor – Sabedoria	Tipo Amoroso
3º Raio	Inteligência Abstrata	Tipo Ativo-Prático
4º Raio	Harmonia por Oposição	Tipo Criativo-Artístico
5º Raio	Inteligência Concreta	Tipo Científico
6º Raio	Devoção – Idealismo	Tipo Devoto-Idealista
7º Raio	Magia – Cerimonial	Tipo Organizador

Já pelos nomes dos raios e dos tipos humanos, podemos ver as semelhanças entre eles.

Não cabe aqui descrever cada raio e cada tipo humano da psicossíntese, e as relações e interações entre eles. Esse é um assunto bastante rico e complexo que, se for aqui sintetizado, poderá parecer supérfluo e inconsistente, o que não é o caso. Sobre esse assunto, ver Bailey (1989) e Assagioli (1995).

Quando se comparam as duas divisões, constata-se que elas coincidem na grande maioria dos seus dados. A linguagem dos sete raios da teosofia é mais esotérica e espiritual, enquanto a linguagem dos sete tipos humanos da psicossíntese apresenta-se mais psicológica, voltada principalmente para o processo psicoterapêutico, para o autoconhecimento, a compreensão e a aceitação da diversidade no mundo.

Psicossíntese, espiritualidade e religião na prática psicoterapêutica

Segundo Assagioli (1982), para muitos pacientes a psicossíntese pessoal é satisfatória, pois ela é capaz de propiciar-lhes harmonia. Entretanto, sempre há indivíduos que necessitam algo mais do que isso. Para estes, existe outro tipo de psicossíntese: espiritual ou transpessoal.

Deve ficar claro que a psicossíntese não tenta impor à psicologia uma posição filosófica, teológica ou metafísica, mas tão-somente incluir no estudo dos fatos psicológicos todos aqueles que podem relacionar-se com os anseios superiores que, dentro do homem, tendem a fazê-lo crescer em busca da realização da sua essência espiritual.

Para a psicossíntese, os anseios espirituais são tão reais, básicos e fundamentais quanto os impulsos sexuais.

A posição que a psicossíntese toma em relação à filosofia e religião é neutra, porém não indiferente. Neutra em relação às religiões estáticas e institucionalizadas, com seus dogmas e crenças fechados. Mas afirma, definitivamente, a realidade da experiência espiritual, de valores superiores e da dimensão noética.

No processo psicoterapêutico psicossintético, é possível também dar assistência àqueles que não acreditam em religião e não possuem nenhuma crença filosófica clara. Para esses, existem métodos e técnicas para a realização espiritual. Na medida em que se trabalha a integração do inconsciente inferior e do inconsciente superior, estamos ajudando a abrir o canal para o ego receber o fluxo energético do *Self* Transpessoal.

Aqueles que têm uma fé viva em uma determinada religião não precisam temer o processo, e este ainda pode ajudá-los a compreender que as mesmas experiências são suscetíveis de encontrar expressão por meio de enunciações e símbolos diferentes. Assagioli (1982) dizia que pela "psicossíntese das religiões" é possível desenvolver a compreensão e a apreciação das diferenças entre os credos religiosos, e estabelecer também alguns campos de cooperação entre elas.

Uma das posições importantes da psicossíntese é que os chamados estados superiores da consciência e as experiências parapsicológicas são fatos reais, porque influenciam a realidade interna e o comportamento externo do ser humano.

Um espírito verdadeiramente científico não pode aceitar que a ciência se restrinja apenas ao quantitativo.

Na fase da psicossíntese transpessoal, costuma-se usar símbolos com o objetivo de alcançar o Eu Espiritual, que é a maior realidade e a essência do nosso ser. Assagioli (1982, p. 213) dividiu os símbolos que podem ser usados para evocar o Eu Espiritual em dois grandes grupos:

- Símbolos abstratos, geométricos ou naturais, como o sol, uma estrela, uma esfera de fogo, a rosa, a flor de lótus, o triângulo etc.
- Símbolos personificados, como o anjo guardião, o Cristo interior, o velho sábio, o mestre ou guia interior.

Como já apontado anteriormente, o uso do símbolo tem de ser governado pela formação filosófica ou religiosa ou não religiosa do cliente. Assagioli usava alguns exercícios específicos para desenvolver a psicossíntese espiritual, como o exercício sobre a lenda do Santo Graal, o exercício baseado na *Divina comédia* de Dante e o exercício sobre a floração da rosa, já citado anteriormente.

Na minha prática profissional, além desses exercícios, costumo usar no processo psicoterapêutico, com meus clientes, exercícios de meditação com as qualidades superiores, tais como: Amor, Vontade, Desapego, Coragem e Alegria. Os exercícios de diálogo interno com o velho sábio também ajudam a receber mensagens do Eu Superior, que podem ir se incorporando à prática diária de viver.

O propósito fundamental da psicossíntese espiritual é aumentar a criatividade, desenvolver a capacidade de entrega da pessoa a uma meta escolhida, ajudar a pessoa a sentir-se parte integrante do Universo e também clarear a missão de vida do indivíduo e fazê-lo encontrar meios para atingi-la: " (...) A realização do Eu Espiritual não é para fins de recolhimento, mas para que se possa ficar mais eficazmente a serviço do mundo dos homens" (Assagioli, 1982, p. 220).

Para fazer esses exercícios com os clientes, os terapeutas também devem praticá-los no seu processo psicoterapêutico ou na sua prática diária meditativa. É preciso também saber usar de forma criteriosa a sua intuição na escolha dos exercícios para guiar de forma adequada o processo de seus clientes. É importante que o terapeuta seja capaz de verificar a validade de uma intuição e saber como isso pode ser feito. Os terapeutas muito intelectualizados podem apresentar algum receio no que se refere à utilização desses exercícios na prática de sua profissão, sobretudo quando uma intuição interfere nos seus processos de pensamento, reprimindo-a consciente ou inconscientemente. Existem exercícios na psicossíntese que podem ajudar o terapeuta a conseguir tranqüilidade e sabedoria para avaliar o valor de uma intuição que surge durante a sessão terapêutica (Boccalandro, 2004, p. 96).

É importante ressaltar que o psicoterapeuta interessado em trabalhar com a psicossíntese espiritual deve passar pelo processo psicoterápico na sua formação didática e no seu processo de vida; além disso, é fundamental que ele já tenha contato com a sua espiritualidade.

Os psicoterapeutas psicossintéticos ocupam-se com a dimensão espiritual no trabalho psicoterapêutico. Essa preocupação não descaracteriza a prática psicoterapêutica, mas, principalmente, reafirma a concepção de homem como uma Totalidade, da qual a Espiritualidade é parte integrante.

Considerações finais

Como já apontado no início e ao longo de toda a explanação, Assagioli foi, com certeza, fortemente influenciado pelas religiões orientais e por grupos espirituais ocidentais.

Há uma grande semelhança entre os conceitos usados pela psicossíntese, como *Self*, estrutura da personalidade, uso de símbolos, tipologia humana, exercícios de meditação, e os originalmente usados pela sabedoria espiritual e religiosa mais antiga.

É importante ressaltar a semelhança entre a psicossíntese e esses saberes para o desenvolvimento transpessoal do homem. Assagioli, Jung, Maslow e outros trouxeram novamente essas antigas idéias a respeito da transpessoalidade para a psicologia contemporânea.

As experiências religiosas ou espirituais têm sido aspectos importantes da vida durante toda a história da humanidade. Em sua maioria, as antigas civilizações foram profundamente religiosas. A sociedade científica ocidental, até bem pouco tempo, mostrava-se pouco aberta aos fenômenos transpessoais. A partir da segunda metade do século XX, o desenvolvimento da ciência e da tecnologia abriu um campo fértil para o aprofundamento de estudos relacionados à espiritualidade. A partir de então começou a haver uma mudança de atitude da comunidade científica, tanto em relação ao modo como via o desenvolvimento da cultura humana como no que se refere aos fundamentos da física, desde as descobertas de Albert Einstein. Foi a partir dessa época que o homem deixou de ser considerado isolado e comprometido apenas com a sua cultura, e passou a ser um indivíduo ativo e socializado.

As idéias que Assagioli desenvolveu em relação ao *Self*, por exemplo, têm uma contraparte na física moderna e principalmente na concepção sistêmica de vida. Com a mudança de rumo da física moderna, a maneira de encarar as heranças culturais da humanidade e, principalmente, na concepção sistêmica, o conceito de *Self*, que veio do hinduísmo, e o proposto por Assagioli parecem ser muito atuais e compatíveis com as necessidades do homem contemporâneo.

A concepção sistêmica de Capra (1982) entende o Universo de uma forma muito parecida com o conceito de *Self* da psicossíntese e do hinduísmo.

Atualmente, os fenômenos religiosos e espirituais e as tradições filosóficas orientais têm sido alvo de vários e importantes estudos, que já estabeleceram relações muito próximas com as novas descobertas da física.

Assagioli não plagiou nem copiou simplesmente a herança espiritual e religiosa e suas aplicações, mas reformulou-as, adaptou-as à sua respectiva sociedade. Ele estudou essas heranças de acordo com os parâmetros da sociedade moderna ocidental, de acordo com o modelo científico. O método desenvolvido por ele é muito próprio e tem a ver com suas características, crenças e seus valores pessoais. Os resultados obtidos pela psicossíntese têm se mostrado muito bons na prática clínica e educacional.

Assagioli, como já mencionado, teve uma educação familiar embasada no conhecimento espiritual e religioso. Ele era conhecido por ser uma pessoa profundamente alegre, feliz e sábia. Seu bom humor e sua disposição para a vida são comentados por todos os discípulos que tiveram o privilégio de estudar pessoalmente com ele. Ele era um indivíduo de bem com a vida, que sabia aproveitar tanto as situações boas como as ruins para seu crescimento pessoal, profissional e espiritual. À época da Segunda Guerra Mundial, Assagioli ficou confinado, pelos fascistas, em uma prisão italiana. Mais tarde, já em liberdade, comentou tranqüilamente que esse episódio representou uma experiência muito positiva em sua vida, pois pôde fazer seus exercícios psicoespirituais, já que tinha bastante tempo disponível.

Ele sempre deu mostras de viver de acordo com o que dizia acreditar. Certa vez, quando uma discípula perguntou-lhe se ele estava muito cansado, depois de mudar-se de casa, quando ficou viúvo e já bastante idoso, Assagioli respondeu: "Eu não estou cansado, quem está cansado é o meu corpo físico", mostrando bem como estava desidentificado do seu corpo físico e identificado com seu Eu Superior.

Meses antes de sua morte, aos 86 anos de idade, Keen (1974), em uma entrevista, fez-lhe a seguinte pergunta: "Como você lida com a morte? Aos 85 anos, como a morte parece a você?". E Assagioli assim respondeu:

> Há muitas hipóteses a respeito da morte e a idéia de reencarnação parece a mais sensata para mim. Eu não tenho conhecimento direto a respeito da reencarnação, mas minha crença deixa-me em boa companhia com centenas de milhões de pessoas orientais, com o Buda, e muitos outros do oeste. A morte é parte normal no ciclo biológico. É o meu corpo que morre e não tudo em mim. Por isso eu não me importo muito. Eu posso morrer esta noite, mas aceitaria de bom grado alguns poucos anos a mais para fazer o trabalho em que estou interessado, que acho útil para outras pessoas... o humor também ajuda, bem como o senso de proporção. Sou um indivíduo, em um pequeno planeta, em um sistema solar, em uma das galáxias.

Ao escrever a entrevista, Keen afirma, ao final, que Assagioli, mesmo falando da morte, não mostrou nenhuma mudança no tom ou na intensidade da voz, e a luz continuou a brincar em seus olhos escuros e na sua boca, que nunca ficou muito longe de um sorriso.

Assagioli criou sua concepção psicológica de homem de acordo com estudos rigorosos e suas crenças espirituais, e embasou-as nos conhecimentos ao alcance da comunidade científica daquela época.

O que Assagioli deixou tem dado frutos importantes para desvendar as questões humanas, e seus seguidores assumiram a tarefa de reformular suas idéias e, principalmente, de reavaliá-as, de acordo com os conhecimentos que a evolução da física vem trazendo para as ciências modernas.

Referências

ASSAGIOLI, R. *Psicossíntese*: Manual de princípios e técnicas. São Paulo: Cultrix, 1982.

_____. *O ato da vontade*. São Paulo: Cultrix, 1985.

_____. *Os 7 tipos humanos*: O poder das motivações profundas. São Paulo: Totalidade, 1995.

BAILEY, A. *Tratado de los siete rayos*. Espanha: Sirio, 1989.

BOCCALANDRO, M. P. R. Las relaciones entre psicoterapia e dessarrollo espiritual a través de la psicossíntesis. *Alternativas en Psicología*, ano IX, n. 9, p. 89-98, fev.-mar. 2004.

BOURBON, M. *A doutrina secreta e os mestres*. 2005. Disponível em: <http://www.universus.com.br/art178.htm>.

CAMPBELL, J. *The masks of God*. USA: Penguin Books, 1962.

CAPRA, F. *O ponto de mutação*. São Paulo: Cultrix, 1982.

CENTRO DE PSICOSSÍNTESE. Disponível em: <http://www.psicossintese.org.br>.

DAHLKE, R. *Mandalas*: formas que representam a harmonia do cosmos e a energia divina. São Paulo: Pensamento, 1993.

DE LUCA, A.; ABRAMS, B.; LLEWELYN, R. *Psicologia transpessoal*: uma introdução. São Paulo: Totalidade, 1973.

FADIMAN, J.; FRAGER, R. *Teorias da personalidade*. Los Angeles: J. P. Tarcher, Inc., 1979

FERREIRA, A. B. H. *Novo dicionário Aurélio da língua portuguesa*. Rio de Janeiro: Nova Fronteira, 1986.

JUNG, C. G.; WILLHELM, R. *El secreto de la flor de oro*. Buenos Aires: Editoral Paidos, 1976.

KEEN, S. A media áurea de Roberto Assagioli. Trad. Beatriz Galvez. *Psychological Today*, dez. 1974.

MANDALAS. <http://www.psychosynthesis-uk.com>.

O QUE É A SOCIEDADE TEOSÓFICA. Disponível em: <http://www.stb.org.br/lokafenix/oqst.htm>, 2005.

OFICINA SOBRE OS SETE RAIOS. Curso promovido pela Editora Totalidade, na Fazenda Maristela, Tremembé, São Paulo, 1989.

SENDER, T. *O que é a cabala judaica*. Rio de Janeiro: Nova Era, 2004.

THE UPANISHADS. Trad. Max Müller. Nova York: Dover Edition, 1962.

O pobrezinho de Deus

VALDEMAR AUGUSTO ANGERAMI

*Para Roni, a nossa Roninha, uma dádiva
de luz franciscana em nossos caminhos...*

Saber do teu respeito pelos animais e pelas
árvores é antes de tudo aceitar que o dom
da vida depende de sua preservação...
caminhar pelo ribeirinho e chutar as águas
com os pés não é apenas uma diversão infantil,
é um profundo ato de louvação a Deus...

Dar comida aos pássaros livres não
é apenas um gesto de bondade, é venerar
a vida em um de seus mais bonitos detalhamentos:
a preservação da vida de nossos irmãos menores...
Dar migalhas de pão aos peixes é louvar
a vida em uma de suas facetas mais misteriosas...

E quando oramos pedindo para sermos
instrumentos da paz do Senhor, estamos
comungando com um dos momentos mais
sublimes de toda a história da humanidade:
o momento em que o Pobrezinho de Deus foi consagrado
como o maior de todos os seguidores de Cristo...

Homenagear o Natal com um presépio é renovar
a grande festa em que o Pobrezinho de Deus consagrou
o evento maior da cristandade...viver cada momento
na entrega da caridade e do amor
é viver um dos seus maiores ensinamentos:
a melhor oração é amar...

O Pobrezinho de Deus nasceu em Assis e
se consagrou ao mundo como aquele
que nos mostrou que a
verdadeira espiritualidade se
atinge através do desprendimento e da
verdadeira entrega e solidariedade...

Ao pregar aos pássaros e aos lobos,
ele nos mostrou que todos são absolutamente
iguais na concepção divina..

O Pobrezinho de Deus nos ensinou "que tudo que tem
vida quer viver"... São Francisco de Assis,
não nos deixai cair na simples frivolidade
de nos considerarmos os mais elevados na
cadeia evolutiva simplesmente
por sermos humanos... fazei com que aceitemos a
nossa humanidade como apenas humanidade
e não superioridade frente aos outros seres... fazei
com que possamos proteger os animais menores
da violência cometida a eles pelos humanos...

Irmão Pobrezinho, não nos deixai desviar do
caminho de auxílio a tantos pobrezinhos
que se encontram atirados ao longo
do caminho em nossas ruas... fazei com
que possamos olhar cada irmão que dorme na rua
não como um trapo humano, mas alguém que
precisa da nossa proteção para voltar a ter sua
condição de humanidade...

Irmão Pobrezinho, fazei com que eu possa mostrar
a imagem de Cristo em minhas ações e que a
cada dificuldade possa lembrar-me de Seus
ensinamentos de amor e louvação às dificuldades
e asperezas do caminho...

Fazei com que eu possa mostrar ao mundo que
o Seu grande ensinamento de humildade deve
ser o principal arauto de todos que se propõem
a mitigar o sofrimento humano dos que sofrem...e
também de todos que se propõem ao nobre
ofício, condição de mestres nos mais
diferentes campos do saber... fazei com que
possamos pautar nossas ações com a mais
singela humildade em todos os
nossos atos...

Fazei com que eu possa ser representante
do Irmão Sol e da Irmã Lua entre meus
semelhantes e que possa anunciar todas

as manifestações que a Natureza nos
presenteia e que a nossa cotidianidade
muitas vezes afasta de nossos horizontes
perceptivos... quero dar bom-dia aos
pássaros e proteger meus irmãos menores...
E também estender minha mão a todos
semelhantes que se encontram atirados
ao longo do caminho...

Fazei com que seja instrumento de um
novo tempo de justeza e fraternidade...
E que possa anunciar que um novo
tempo está sendo construído e
que juntos seremos artífices de
uma nova realidade universal... e que sua prece
que diz "que onde houver desespero
que eu eleve a esperança" seja mais
do que uma simples oração repetida
sem coração, mas uma prática de
amor e dádiva de seus ensinamentos...
Assim seja por todos os séculos... amém

Serra da Cantareira, em uma manhã azul do outono de 2007.

9

A evolução dos espíritos: perspectivas analíticas umbandistas[1]

José Francisco Miguel Henriques Bairrão

Introdução

Este estudo compreende uma síntese e interpretação de depoimentos de umbandistas praticantes e experientes, estimulados pela exibição de vídeos de *performances* de transe umbandista relativas a oito das principais categorias do panteão (exus, pombagiras, marinheiros, baianos, boiadeiros, pretos-velhos, crianças e caboclos). O objetivo foi levantar subsídios para desvendar os procedimentos analíticos que, pelo olhar, permitem a esses especialistas identificar e categorizar por meio da análise visual dos desempenhos cinésicos de sujeitos em transe a adequação religiosa de padrões de movimento corporais.

Faz parte de um esforço para subsidiar a constituição de uma etnopsicologia brasileira, que não poderá estabelecer-se sem a colaboração de tais especialistas, mais ainda no que diz respeito a um fenômeno como o transe de possessão, tão profundamente alheio aos meios habituais da psicologia acadêmica.

A intelecção do transe de possessão exige equacionar um nível comunicacional e expressivo gestual irredutível ao verbal. Mas esse inefável dança-se, mostra-se cinesicamente, de maneira que requer o corpo e a sua movimentação como meio e fonte de produção de sensações e sentidos interpretáveis corporalmente. Não se poderá compreender o transe de possessão (no caso, umbandista) escamoteando a sua dependência de um corpo enunciador de sentidos.

---

[1] Este trabalho contou com o apoio da Fundação de Amparo à Pesquisa do Estado de São Paulo (Fapesp) e do Conselho Nacional de Desenvolvimento Científico e Tecnológico (CNPq). Agradeço igualmente a colaboração de sacerdotes e demais membros de comunidades umbandistas, cujo anonimato se respeita e preserva.

Webb Keane (1997) elaborou uma útil revisão dos estudos sobre linguagem religiosa, apontando pontos nevrálgicos das discussões travadas. Para a presente finalidade, é crucial a análise que faz das dificuldades levantadas pela invisibilidade de um interlocutor e pelo fato de a instância agente se apresentar complexamente, uma vez que nem sempre a autoria coincide com a animação da *performance* comunicativa. É o caso da possessão.

Bruce Kapferer (1983), a propósito do estudo do transe, aponta-nos algumas peculiaridades dessas evoluções (refere-se especificamente à dança) heuristicamente férteis. A linguagem da dança propicia a fusão entre sujeito e objeto. Sublinha ainda que na sua variação cômica, também comum no meio umbandista, como sátira favorece um distanciamento crítico e o drible da censura social e pessoal.

Método

O procedimento consistiu em uma primeira etapa de coleta de imagens de movimentos rituais, sempre em circunstâncias naturais, mediante consentimento prévio de comunidades religiosas umbandistas do Estado de São Paulo. Os vídeos resultantes foram posteriormente mostrados a cinco pais-de-santo, representativos de diversas facetas da umbanda. Preferiram-se representantes de vertentes da umbanda que a reconhecem como um fenômeno religioso e popular que ultrapassa em larga medida qualquer hipótese de padronização e que as tentativas para contrariar essa sua índole revelam uma inaptidão ou um descompromisso para com o senso de sagrado que lhe é intrínseco, por serem incompatí-veis com a transcendência do domínio do ego por uma alteridade que possui e metamorfoseia os fiéis (Augras, 1983).

Ao mesmo tempo que as imagens eram exibidas, comentários e depoimentos foram gravados, e são principalmente as análises dessas vozes que, neste estudo, ecoam e refletem, sem a preocupação de encontrar unanimidade. Pontos de vista divergentes e os eixos dos seus embates, na medida em que revelam a pluralidade e a riqueza do idioma de possessão (Crapanzano, 1977) e porque o foco de interesse da pesquisa foi retratar os processos de análise visual do movimento ritual executados por *experts* umbandistas, foram igualmente considerados.

Exatamente por isso, as referências bibliográficas resumem-se ao absolutamente imprescindível para dar o devido destaque à palavra dos colaboradores e daqueles outros membros das suas comunidades (pai e mãe pequenos, filhos-de-santo, filhos carnais ou esposos) que a seu alvitre foram convidados a assistir às avaliações.

Embora seja um pouco artificial estabelecer esse tipo de distinções, apenas para dar uma idéia da diversidade dos pontos de vista incluídos, vale a pena dizer que foram colaboradores uma típica representante de uma tradicional vertente da umbanda que a define como cristã e brasileira; uma representante da vocação englobante da umbanda, conciliadora da tradição com o acolhimento simultâneo da investida do kardecismo e do candomblé; uma representante da vertente mais próxima da proclamação de uma filiação da umbanda à suposição de influências indígenas; uma representante da porosidade do culto umbandista aos ventos da Nova Era; e adeptos de um diálogo aberto e colaboração maior com a influência pretensamente mais africana do candomblé. Insista-se, porém, que todas essas ênfases, em maior ou menor grau, se encontram presentes nos diversos terreiros colaboradores.

Mostraram-se centenas de vídeos, com duração média entre três e cinco segundos, considerados suficientes para propiciar um reconhecimento visual. A segmentação das imagens foi feita tendo como critério selecionar um padrão de movimento com princípio, meio e fim, que poderia repetir-se (no caso de movimentos "rápidos" ou "curtos") até três vezes. As classes de espíritos selecionadas para exibição foram oito (exus, pombagiras, marinheiros, baianos, boiadeiros, pretos-velhos, caboclos e crianças). Escolheram-se as mais comuns, e a tarefa proposta aos colaboradores foi comentar cada vídeo exibido pelo prisma da maior ou menor tipicidade do seu conteúdo relativamente à categoria em pauta, o que não quer dizer que a isso se tenham reduzido os seus comentários: "Às vezes ele focaliza uma e eu vejo a outra, entendeu? Deixa ver..." (os trechos reproduzem excertos de depoimentos dos colaboradores, representativos das suas perspectivas). Os sujeitos foram deixados à vontade para dizer o que lhes ocorresse, com total liberdade. A exibição foi feita diretamente na tela de um computador portátil e os arquivos audiovisuais foram apresentados em formato QuickTime.

Resultados

Critérios de análise dos colaboradores

Após a transcrição dos comentários e sua leitura repetida e minuciosa, foi possível identificar os seguintes principais componentes do processo de categorização das informações cinésicas por parte dos nossos colaboradores, os quais em conjunto subsidiam o que se poderia denominar uma cinésica umbandista: direção e foco da análise (as diversas partes do corpo não recebem igual atenção);

notável perspicácia cinésica (a capacidade para identificar nuanças e sutilezas que a olhares leigos surgem como praticamente invisíveis); interligação e combinação regular da análise estritamente cinésica com narrativas que vinculam cada *performance* a integrantes do panteão, ancoradas em indícios imagético-gestuais; acentuado cunho da enunciabilidade gestual como recurso para dar forma sensível e comunicável ao inefável; dependência da análise das evoluções corporais de uma simbólica espacial do contexto ritual; inserção da análise em um âmbito de referências e horizonte de hipóteses fundamentalmente epifânico.

Direção e foco da análise cinésica

Observou-se que as informações cinésicas mais especificadoras não são obrigatoriamente as globais, o rodar, a grande evolução corporal, pois "A boa incorporação passa no pequeno gesto a presença da entidade".

"Pelo pé, pela posição das mãos, a entidade às vezes carrega a posição"; "A mão essencialmente dá o xeque-mate para poder distinguir, em todas as linhas". As informações cinésicas podem ater-se a movimentos de partes do corpo, principalmente das mãos, bem como a elementos além do cinésico, como o contexto ritual (saudações ao altar, por exemplo): "Quando você fizer esses filmes, tenta filmar cada um que chega, porque na chegada todo o guia tem que chegar e cumprimentar o congá, aí é que ele se posiciona; aí alguns eu posso até te dizer quem é".

Também há, no entanto, elementos não codificados cinesicamente, como o olhar – "O olhar diz tudo"; "Só de olhar você sabe" –, que talvez se refiram a uma identificação pelo tônus muscular ou pela sintonia com uma intencionalidade do movimento meramente sugerida, não executada, indiciadoras de uma comunicação imediata, não representacional: "É difícil eu falar, eu sei que não é".

Além do mover – "Para ser uma entidade tem que ter algo mais do que uma dança; Você está filmando muito a roda, a roda e a dança, dançar todo o mundo sabe, rodar não significa nada" –, é relevante o mostrar, o ser visto e o modo como se vê. O outro, como olhar, vidente, parece fazer parte da estrutura do fenômeno comunicacional cinésico: "É difícil a entidade estar reparando nos outros, estar olhando"; "Quando você está incorporado, dificilmente você fica com o olho perdido, passando o olho pela assistência, olhando para ver se outros estão te olhando. Normalmente quando você está incorporado, você está firme e sabe para o que veio. Não fica olhando pra fila, ver se tem muita gente, ver se a entidade do pai-de-santo está olhando, prestando atenção nele. Então, pelo olho você vê legal, então dá para sacar... pela direção do olhar... aquele olhar perdido... a entidade está lá parada".

Perspicácia cinésica

A forma do movimento, por si mesma, é insuficiente: "Ela está dançando, simplesmente dançando". Há uma extrema atenção, ou distração, a detalhes aparentemente não estritamente adstritos à *performance* cinésica, como se certos ruídos, ou resíduos, realmente fossem determinantes: "A médium não está sendo espontânea, deu uma olhadinha para a câmara. Guia, não faz isso, fica concentrado, sem curiosidade"; "Ela não está sendo espontânea, ela sabe que está sendo filmada". De novo, talvez mais do que a evolução corporal, o olhar surge como determinante.

Nota-se uma atenção meticulosa ao gesto e avaliação rigorosa do desempenho: Não há seqüência de movimentos. "A pombagira põe o braço para cima, e ela não sabe o que fazer. A médium está interferindo".

Não obstante, sob pena de desqualificação – "É dança africana de balé. Para mim, lembra sempre a minha dança africana, não tem nada a ver com entidade" –, algo nesse quadro escapa de ser visto positivamente, ou melhor, há uma sutil, paradoxal, percepção visual do invisível – "A leveza do pé da pombagira é diferente da bailarina; uma é ritual, a outra aprendeu a dançar" –, cuja explicação mais plausível pode ser algum nível de empatia psicomotora, não reflexiva (conhecimento mimético).

Interligação da análise cinésica com narrativas imagético-gestuais

Cada símbolo pode ser nome e força da entidade, e inscrever-se gestualmente e na indumentária e nos demais adereços rituais: "Sete Saias? Deve ter lá sete babados, alguma coisa. Você espera que ela dê uma segurada nas saias".

Defeitos ou deficiências corporais, que muito incomodam os críticos mais racionalistas da umbanda, inscrevem-se imediatamente como marcas significantes em narrativas que, ao proporem uma história do espírito – "A Mudinha veio em uma demanda, um trabalho para uma vizinha. Vingança, cortaram a língua dela" –, definem traços da sua natureza ritual e utilidade mágica: "Às vezes pode ser que o espírito tem um problema no pé. Isso acontece muito na linha de Ogum, às vezes por causa do cavalo".

Logo, parece haver uma relação entre gesto e narrativa, como evocação de um traço do imaginário investido de poder simbólico específico – "O nome é imagem plasmada, o nome tem muito a ver com a entidade" – e como calcamento no presente contexto ritual desse significante: "Se tem alguma coisa como Sete Espadas, (então tem) uma mão para trás e outra aqui (empunhando), o nome, o mistério das sete espadas".

"O que o espírito tem ele transfere para o médium". Valoriza-se a espontaneidade da manifestação espiritual – "Na nossa casa, o santo tem o seu pé, ninguém ensina uma coreografia para ninguém" –, mas admite-se que "Às vezes o terreiro puxa, e as entidades vêm puxando também". Deve-se descontar o estilo próprio do terreiro – "Agora precisa ver uma coisa interessante, aquela coisa... a entidade do chefe da casa manca, todas mancam, entidade do chefe da casa usa bengala, todas usam" – e as particularidades do médium – "Às vezes a pombagira vai pegando o traquejo do corpo da médium e vai se expressando mais à vontade" –, mas tais interferências são inevitáveis, pois é requerida uma acomodação do padrão cinésico dos espíritos: "O que acontece com o guia, conforme ele entra num terreiro, mesmo que ele tenha um outro trejeito numa casa que ele freqüenta, automaticamente ele vai pegando a linhagem do terreiro, ele vai se acostumando".

Não obstante, a restrição à dança dos espíritos, quando sobressai ou a imitação uniformizante impera, é fonte de preocupações e no limite de descrédito: "Se o chefe faz, o resto todo imita".

Enunciabilidade gestual do inefável

A correção de caráter, um espírito reto freqüentemente se manifesta em uma postura corporal reta, e um espírito rastejante alude esteticamente a uma desqualificação pelo mesmo prisma.

As cinesias não se resumem à mímica. Claramente se supõe que, se dizem algo que poderia ser significado verbalmente, o fazem em outro nível e com outra eficácia. E, às vezes, a tradução, mesmo que exterior e sem gosto, não é possível: "Não sei te explicar, eu sinto...".

Ainda assim algo se transmite, experimenta-se e é cognoscível. Portanto, a precisão e delimitação dos gestos e movimentos é uma condição necessária, mas não esgota a comunicabilidade não-verbal umbandista: "Essa dança bem. Para corporal, pode até ser... não estou falando que aí tem entidade...".

Natureza simbólica da contextualização espacial

As evoluções cinésicas, para além da sua forma intrínseca, dependem do contexto espacial, simbólico, em que se performam. Se o corpo é meio de comunicação e cognição no atinente ao processo de simbolização do vocabulário cinésico, no relativo a significações atidas ao gestual, o corpo não está isolado da totalidade do espaço, ela é toda simbólica e significativa: "Entidade de esquerda, independentemente do congá estar coberto ou não, não é uma cortina material que vai interferir, elas ficam de costas, baixam os olhos". Conhece-se com o corpo e pensa-se com o espaço.

A própria denominação do espaço ritual pode depender da sua localização espacial: "Tenda é em cima, terreiro é embaixo. Quando mudar para o chão, o nome muda para terreiro".

Âmbito epifânico da análise

Os umbandistas preservam na contemporaneidade um modo de ser fundamentalmente arcaico. A realidade das coisas e o quotidiano aparentemente fortuito revelam o sagrado. As palavras, por exemplo, tal como os gestos, emanam da natureza das coisas e carregam o seu ser. O mundo está cheio de sinais, é uma divina linguagem, que requer atenção e interpretação: "Não é muito bom repetir o nome das pessoas, porque você entra na mesma sintonia do nome. Nome é força, nome é energia".

Os espíritos não se manifestam apenas por movimentos, mas também por acontecimentos: aparelhos que pifam, imagens ruins para edição etc. Dessa maneira, mostram a sua força e a sua seletividade, a sua participação e as decisões. Nunca se pensa que algo fique fora da sua alçada. A feliz coincidência de o editor digital que trabalhou no projeto ter um nome raro e coincidente com o do exu-chefe de um dos terreiros suscita o comentário "ótimo assistente". No prosaico quotidiano de um profissional inadvertido, reverberam o sagrado assentimento e o empenho colaborador de um guardião espiritual da comunidade.

Análise cinésica de oito classes de espíritos

Exus

"Ele é pesado e é horrível."

De modo geral, os exus mostram-se "amarrados", uma forma de sublinhar a liberdade sem peias que se lhes associa e de reiterar o controle ritual sobre eles. Os principais significantes cinesicamente depreensíveis que os caracterizam listam-se em seguida nos próprios termos propostos pelos nossos colaboradores (procedimento que será adotado para todas as categorias).

- "O exu bem arqueadão, ou bem altivo"; "Ele já começa a se arrastar"; "O exu, ele é torto";"Está vendo, olha como ele se rasteja... É rastejante..."; "Exu baixo... É exu, mas é exu baixo. Terreiro muito ralé. Você foi lá na boca do Lodo..."; "Esse vem na linha do Sapo, filha da puta, mata e não vê quem... Esse é o exu quimbandeiro, mesmo"; "Tudo Exu do Lodo, tudo exu de fazer maldade"; "Todos os exus que eu conheço, da linha do cemitério e do lodo, quase com a cara no chão..."; "Basicamente duas variantes na forma de postura: Lodo, todo alquebrado, nunca pensei num Exu do Lodo que fique ereto"; "Ao passo que na linha de Seu Lúcifer, Mangueira, Garra de Aço, Veludo, Marabô, uma postura mais elegante, mais ereta"; "Na linha de Lúcifer, todos têm uma postura mais ereta, mas sempre com garra"; "É difícil eles ficarem em pé, para eles ficarem em pé tem de ter um tempo de trabalho bem forte já"; "Até por causa da luz e da claridade, quanto mais próximo do altar, mais se encurvam".

- "Esse também é exu. Ele parece exu. Você vê pela mão"; "O gesto da mão é que vai caracterizar mais"; "Só pela batida da mão, você logo percebe que o bicho entrou. Pela saudação, você conhece"; "No momento que está manifestado na irradiação de um exu, automaticamente os seus dedos viram como uma garra"; "Se o médium estiver incorporado de verdade com exu, a mão logo fecha; se o médium não estiver incorporado, ele não mantém a mão assim, porque a articulação não agüenta, você logo percebe quando ele fecha"; "Uma das características para nós são as garras"; "Chega a ficar petrificado, os dedos, não aquela coisa boba, mole, é uma coisa que entreva..."; "Pode ver a mão do cara, ele não trava a mão. Então, mais ou menos..."; "O exu, quando ele monta, já monta com a mão travada, ele não vai travar nas costas".

- "Vai de uma vez e incorpora, exu! ... Exu não incorpora em câmara lenta"; "Precisa levantar, mas precisa levantar, saudou e já... É, eles são rápidos, não é entidade de ficar capengando"; "Ele bate no chão pedindo e levanta rapidinho, este é confirmado e já levanta pra trabalhar, não levanta para ficar sambando"; "Essa dança, passo aberto, é bem característica do exu. Passadas largas caracterizam bem o exu"; "Exu não dança; exu quando dança, é mais ou menos".

- "Esse está de exu, puta que pariu, olha só, olha o pé. Esse é o exu tradicional"; "Mãos, pés, postura, está completo"; "Você vê pela mão, pelo pé"; "Esse de costas está incorporado, oh, a mão atrás e o pisar do pé, você vê o pisar do pé, que ele entorta tudo, ele não anda decentemente, como o normal".

- "Você percebe que quando o exu entra, ele derruba o médium. Quando ele derruba meio, então ele não está entrado"; "Derrubou, mas não entrou inteiro".

O tipo cinésico do exu passa a idéia geral de fera, pelo comportamento, palavreado e pela garra. São tortos, desengonçados, de certo modo disformes. A *per-*

formance cinésica parece ter algo a ver com isso, com essa feiúra estético-moral, uma desistência do jogo de conveniências. No limite, uma não-*performance* cinésica, dispensam a "beleza" do ritual. Dispensam música e dança. O seu cunho meio informe talvez sirva para dar forma a uma radical informalidade, liberdade desmesurada, aquém dos controlados parâmetros da elegância e beleza.

Pombagiras

"Com mulher não adianta: se não souber fazer direito, não faz nada."

O mais característico da movimentação das pombagiras é uma gestualidade sensual. Movem-se na carne como peixes na água. Celebram a liberdade de movimentos.

- "Existem dois tipos de pombagiras... O que diferencia é que uma é fina, outra é escrachada. A fina fica com a cigarrilha e a taça na mão, só observando"; "As escrachadas ficam girando, dançando"; "Essa é do baixo calão mesmo. Dá para separar umas de um nível mais alto e as outras que vêm lá da baixada mesmo"; "Já escrachou mesmo, aí parece mais pombagira"; "Olha, tem cara de puta. Essa parece"; "Dama da Noite geralmente é bem sensual, as que conheço..."; "Molambo, é molambo mesmo..."; "É esse movimento, já se percebe até o movimento da Molambo. Na falange de Padilha tem um gesto, um feminino, mais delicado. A Molambo é um feminino mais escrachado".
- "Ela é pombagira mesmo, espetaculosa, ah ah ah"; "Tem aquele jeito prepotente, pombagira mesmo"; "Ela é muito sedutora, tem a soberba".
- "Bem sensual. Com certeza!"; "Elas têm muita sensualidade, muita sedução"; "Elas têm uma sensualidade no movimento delas"; "Percebe-se pelo jogo, pela sensualidade"; "Pelo jeito do corpo, já fica insinuante. Essa é pombagira mesmo"; "Pombagira é sensual"; "Não é uma coisa requebrada, igual a baiana, é mais sensual, menos dura"; "Pombagira é o estereótipo da sensualidade"; "O movimento é graciosidade misturada com sensuosidade, cadenciada, uma certa lascívia"; "Aquela moça, olha que pose sensual...".
- "Essa é tradicional, essa é aquela que ergue o peito e vai"; "O tradicional de pombagira, ela joga o peito para cima"; "É pombagira, esticou o peito pra frente, pombagira estica o peito pra frente"; "Costas pra trás e ancas pra frente"; "Corporal, o ventre sempre pra frente"; "É a quimbadeira. Puxa o peito pra frente e solta uma gargalhada".
- "Pombagira, quando ri, não segura na cintura. Põe as mãos nas costas. Assim é baiano, dando risada"; "Sorriso... bem"; "Pela risada, sim; a postura também"; "Insinuante, aquela gargalhada, que normalmente quando elas chegam

ou vão se retirar, é o cartão delas... A gargalhada é o registro delas"; "Gargalhada é algo que caracteriza. O gesto da gargalhada caracteriza bem"; "Gargalhada é do naipe das Molambos, aquela coisa despachadona".

- "Essa é gira, olha a gargalhada, olha a posição do quadril, a mão, o pé. Este é o movimento típico de uma pombagira... roda mesmo"; "Normal, mão na cintura. Bem característica, rosto de lado, pescoço assim... continua em pose bem característica"; "É pombagira mesmo. Ela quebra o corpo inteiro"; "Geralmente mexem mais da cintura para baixo".

- "Dependendo do nível do exu e da pombagira, exu dança, pombagira dança, aqui na minha casa, não"; "Para mim, isso é doutrina, não sabe lidar, então segura"; "Estão tudo presa... pela casa, pela doutrina..."; "Estão incorporando, mas não com a força da pombagira, é meio envergonhada, presa, estão moldadas"; "Essa está boa, está menos presa"; "Está estereotipada, vamos dizer, como prostituta..."; "São entidades presas, doutrinadas, parecendo mais baiano que pombagira".

- "Você vê, aí ela parece uma baiana, e é o mesmo guia"; "Mais para baiana, está cruzada"; "Tem umas pombagiras que são baianas. Então, está dançando com a saia pra fazer vento. Está misturando com baiano. Sempre há essa coisa entre baiana e pombagira..."; "A pessoa que conhece vai dizer que é baiana, aí é uma baiana completa"; "Parece mais um samba, um sacolejo. Malandra, seria"; "A gente logo percebe uma pombagira por causa do jogo do pé e do jogo de cintura que elas têm, que é diferente da baiana. São mais rápido que a dança da baiana"; "Têm uma gingadinha a mais de ancas".

- "Baiana tem a mão na cintura mais colocada. Percebeu a mão, aquele jogo, a viradinha para trás?"; "A mão fica em cima do quadril, tanto na baiana como na pombagira"; "É no meio da cintura, na verdade"; "Leva a mão na cintura, essa é menos escrachada, elas vêm devagarinho"; "Veja a posição da mão, caída assim. É típico da pombagira"; "Essa é bem característica, olha a mão atrás"; "Característico segurar a taça assim. Mesmo cigano, que também usa taça, não seguraria a taça assim"; "Eu não gosto de pombagira que levanta a mão, porque ela não é, não é..."; "Volta a pôr a mão para cima, até me assusta, viu?"; "Mãos para o alto? Dizem que não põe, por causa das coroas. Foi a nossa mãe-de-santo que nos ensinou... Para cima da coroa, só orixá, para cá, terra. Era uma pessoa mais antiga, eu aprendi assim"; "Entidades de esquerda com mãos para cima, tem a ver com dança, conhecimento de dança, técnica"; "Não existe mão para as alturas, a não ser com uma taça nas alturas, ou no ombro, com as costas da mão para baixo, ou na frente"; "Geralmente taça na mão esquerda, cigarrilha na direita, geralmente...";

"Pombagira que levanta a mão e fica gesticulando e fazendo não conheço... se uma vier aqui, terá de se enquadrar"; "Leva as mãos às costas e continua gingando. É muito difícil a pombagira que sobe as mãos na frente. Ela sobe aqui atrás".

- "O gesto da mão confundiria com uma cigana, mas por este movimento da cintura para baixo deixou de ser uma cigana"; "Muito cigano isto aqui. Porque cigano também é linha de esquerda, viu?"; "A linha de pombagira e cigana se confundem muito, existe a leveza dos gestos, a dança é meio rebolado. Sem o som, difícil"; "A cigana é mais batido, um dois, um dois. Esse rebolado sensual, não"; "A mão debaixo do seio, a cigana jamais vai fazer isso"; "Essa, dança bem... Para corporal, pode até ser, mas aqui olha, vou te falar uma coisa, ela levando a mão para o seio... Como corporal, vale. Não estou falando que aí tem entidade. Mas sem pôr a mão no seio".

- "A perna aberta ajuda a identificar que não é baiana, nem cabocla"; "Um barato todas elas com passão aberto... Você não vê mulher decente com as pernas abertas... Deve ser a postura da mãe-de-santo. Menos típica na nossa casa"; "É engraçado essa posição das pernas tão abertas... Não, não é uma característica comum"; "Pelo gesto das pernas, muito abertas, dá. Mas não das mais características. Dá para identificar por eliminatória"; "Elas mexem a perna, jogam tudo a perna. Acho que também por causa de saia"; "Elas mexem a perna, mexem muito a perna...".

- "Elas usam salto e aí a médium fica na ponta do pé"; "Esse negócio de pombagira aparecer de salto alto e não sei o quê, isso é coisa de médium, não é coisa de pombagira"; "Pode ver que ela não abaixa o pé"; "Essa é bem comum. Oh o pé! Não é por causa do salto alto, é o passo de dança que pede. Mas quando andam com o pé assim, parece que estão de salto alto"; "Parece que está de salto alto. Já tem aquelas que pedem a sandália".

Essa categoria se vincula a um místico feminino, concretamente associado à sensualidade e útero. Um poder gerador, explícito em metáforas como rosas vermelhas e taças embriagantes, nas quais servem a "sua" bebida: "Isso quando ela não bebe na rosa e não na taça".

Observa-se claramente a presença de uma subdivisão cinésica entre um tipo "fino" e outro "vulgar", reflexivos de duas categorias comuns do erotismo, talvez também correlacionáveis ao "alto" e ao "baixo" das classificações sociais. Apesar dessa divergência, ambos se caracterizam por movimentos sinuosos, contínuos, leves e sensuais, e a sua colocação no mesmo nicho ritual subverte essa hierarquia e estabelece equivalência entre "damas" e "putas".

Há nuanças quanto à adequação ritual do ângulo de abertura das pernas (cujo "fechamento" pode ser tomado como equivalente e portador da mesma ambigüidade do "travamento" da ação do exu em mãos em forma de garra) e, principalmente, dada a extrema significatividade que se descortinou nas extremidades dos membros superiores, em divergências e precisões quanto ao lugar das mãos das pombagiras no atinente a uma tópica simbólica corporal. Nas casas fiéis a uma tradição ritual e moral de "reserva" do feminino, as mãos não devem ficar acima da cabeça, e, se roçam o corpo, devem tocá-lo nas costas e evitar criteriosamente exibir e simular acariciar os seios.

Marinheiros

> "Ele vem num barco. Ele não está num lugar plano, então ele vai sempre jogar o corpo."

De modo geral, os marinheiros movem-se aparentando desequilíbrio, como se estivessem bêbados, na forma de um descontínuo articulado.

- "Marinheiro é a questão do equilíbrio emocional. Quanto mais o médium é desequilibrado emocional, mais o médium balança; quando é mais equilibrado, menos."
- "Ichh, esse aí tá de fogo. Pode ver, é assim mesmo [risos]"; "Esse parece o João Canabrava"; "Nunca vi um baiano, um cangaceiro, assim tão bêbado"; "Marinheiro é o exu do mar, por isso que ele vem bêbado, vem capengando"; "É assim mesmo, esse está bêbado mesmo"; "Pelo trejeito do corpo, você percebe. Olha lá, ele não segura o corpo"; "Ele não segura o corpo, você percebe pela jogada do corpo".
- "Se você pega um marinheiro reto, ele não é marinheiro. É uma tábua"; "Geralmente ele vem no balanço, ele não vem reto assim. Quando marinheiro está em terra, ele não se equilibra"; "Aí ele não parece que está incorporado... Esse já está no porto!".
- "Esse é marinheiro mesmo. Ele não pára nunca"; "Se você pegar uma linha de marinheiro que os caras estiver meio parado, você me avisa, porque não está muito marinheiro, não, marinheiro não pára"; "O marinheiro, você não vê ele plantado... a não ser que ele vá trabalhar"; "Você vê que ele não pára, está vendo?".
- "Cambalear é característico"; "Só o cambaleante, podia ser um baiano"; "Só por cambalear, não caracteriza"; "Cambaleado vai e volta, é característico"; "Na hora que cambaleia para trás e volta, mata a charada"; "Andar para trás é uma característica deles".

- "Um jeito de andar de passos largos..."; "Para ele planar, sempre abre as pernas, essa é uma característica do marinheiro. Ele abre as pernas para poder se segurar"; "Abre a perna e segura o corpo. Está ainda se firmando"; "Eles procuram mesmo um apoio".
- "Oh, como segura a saia..."; "Interessante, todas as mulheres, é uma coisa natural, está de saia, levanta a saia"; "Aquela coisa de incomodar mesmo, marinheiros não gostam, uma coisa que talvez mexa com a masculinidade da entidade".
- "Esse cumprimento é característico, ninguém faz isso"; "Uma identificação legal para mim é a continência com aquela ginga etílica..."; "O que está identificando os anteriores é a continência...".

"Faz continência... não tá"; "A mão, oh, acabou de fazer a continência, fica com o braço esticado..."; "Olha lá, outra continência... Este aqui não, não tem nada disso"; "Ele está lá se incomodando em fazer continência para os outros! Por isso, ele é exu do mar"; "O pescador já vem na linha de São Pedro".

Os marinheiros praticamente sempre apresentam um movimento típico de tocar a cabeça e esticar o braço, que no limite é ou arremeda uma continência. Também pode ser lido como o uso do braço para procurar equilíbrio ou o gesto de perscrutar um horizonte longínquo.

Segundo alguns juízes, a afinidade aquática os associa à limpeza. Nessa linha, propiciariam a eliminação dos vestígios dos vícios que temperam a vida humana.

Na umbanda, em vez de um reprimir, há um despoluir e a aceitação do ciclo de poluição e limpeza na autopercepção pessoal e nos rituais como parte da vida. Mas essa oscilação, mostrada acentuadamente nos marinheiros, suscita contundentes disputas "teológicas". Poderia um ébrio servir adequadamente à Marinha? Quem confiaria a um bêbado a direção de um barco? Poderá um "alcoólatra" ser um bom servidor de Deus, acatar disciplina e respeitar hierarquia? Por isso, alguns interpretam o marinheiro como um "exu do mar" e reservam o seu papel benfazejo para uma variante "bíblica" de espíritos associados às águas (os pescadores, como São Pedro).

Na hábil arte umbandista de conciliar os contrários e reunir o antagônico, o tipo cinésico por excelência do desequilíbrio se vincula ao equilíbrio. Tipicamente associados a navegações e naufrágios, muito vinculados a ondas, balanços e cambaleios polissêmicos, os marinheiros estabelecem uma ponte antropomórfica entre o humano e as águas em movimento.

De um ponto de vista estritamente cinésico, talvez o essencial resida na presentificação dessa movimentação, e continências e embriaguez sejam, para utilizar uma metáfora disponível em um conhecido ponto cantado, como "as nuvens que passam".

Baianos

"O tradicional da baianada é chegar já na dança; eles não chegam mansinho; eles já chegam mexendo o corpo."

O seu tipo geral cinésico reporta-se a danças populares nordestinas. Movimentam muito os pés (eles) e a cintura (elas).

- "Agora, baiano e baiana têm diferença sim, são bem diferentes"; "Um guerreiro, a outra é cabrocha. Ele é mais de Lampião, do cangaço. Mas como linha genérica, dá"; "Baiano anda na frente, tipo xaxado, a baiana vai rodar"; "Você fica com o masculino e o feminino. Bem diferente, essa característica de levantar a saia".
- "Baianos normalmente são mais pé de dança. Mesmo se não estão trabalhando, têm uma certa desenvoltura"; "Têm aquele requebro da entidade, todas elas, mesmo gorda, têm um certo requebro".
- "Pombagira? Aí é baiana mesmo. Ela junta as duas mãos na cintura, porque, se pombagira gira, vai juntar uma mão na cintura e a outra ela quebra"; "A baiana em particular tem, sim, uma queda para o trabalho com as pombagiras"; "Tem certas baianas que têm um quezinho de pombagira, também têm um lado sensual"; "Você logo percebe pelo jogo da cintura, que é diferente do da pombagira".

"Não, está bêbado. Está parecendo mais marinheiro... às vezes é o burro que bebe"; "O com perna pra dentro está mais para exu. Tem baiano que trabalha na esquerda com muita facilidade"; "Está vendo, está com exu... porque tem muito baiano em linha de exu"; "Humm... parece meio exu. Está cruzado"; "Quem vê vai falar que é exu. Está tudo nota abaixo... [risos]".

- "Está com uma peixeira na mão? Eu acho que dá"; "Ele está segurando um facão, o que pela lei da umbanda é proibido"; "Com peixeira, na nossa casa, viria na linha de cangaceiro"; "Um negócio interessante, quem não trabalha com a linha de boiadeiro ou a linha de cangaceiro, vem na linha de baiano".
- "Esse pulo não caracteriza, mas o passo que dá depois, sim. Baiano saltador, vem pulando do coqueiro... ":"O pular não é característico, não na minha escola... Sem o pulo, tudo bem"; "Esse tem mais pinta de baiano, apesar de que baiano não pula. Não é macaco pra ficar pulando"; "Quem disse que baiano não pula? Pula e joga até capoeira"; "O baiano da Izabel era assim, ele dava um pulo e incorporava".
- "Não tem necessidade de abaixar desse jeito e dobrar. Baiano é altivo, eles são eretos"; "Não tem que dobrar tanto, estão encurvando muito. O baiano é altivo".

O baiano se destaca pelo jogo dos pés (eles) e das ancas (elas). Há uma clara diferenciação de gênero e muitas intersecções possíveis com outras linhas. Aliás, é a partir dos baianos, uma categoria relativamente recente, que começaram a se diferenciar novas classes, como os cangaceiros e os malandros. Mesmo um tipo bem mais tradicional e antigo, como o boiadeiro, pode hospedar-se entre eles. Além disso, podem "vir" virados, ou seja, efetivamente como exus e pombagiras.

Tanta maleabilidade pode ser atribuída a fatores como a origem recente do tipo, talvez menos bem estabelecido (há variações nítidas entre os diversos terreiros), mas talvez também à natureza acolhedora e tolerante atribuída a essa classe de espíritos, e quiçá ao fato de, mais do que em outros casos, as suas evoluções poderem ser rapidamente identificadas com danças populares.

Essa maior fluidez ou indeterminação de padrões cinésicos mais estritamente definidos talvez também possa associar-se a uma maior participação de ingredientes verbais (eles são descritos como "muito falantes"), narrativos e coreográficos, na composição do tipo. Não será casual que o termo "dança" apareça mais freqüentemente utilizado pelos nossos colaboradores a propósito deles.

Boiadeiros

"Característica forte de boiadeiro é essa passada larga, segurando a rédea, o gesto de laçar."

Os boiadeiros apresentam-se praticamente sempre com as mãos em círculo ao alto, "laçadores", e muitas vezes "cavalgadores", o que eventualmente pode fazer-se acompanhar ou alternar com oscilações verticais do corpo inteiro, levemente tombado para a frente, que podem sugerir a imagem de um galope.

- "Ele laçou e sentou. Dá impressão de que ele está no cavalo, ele lançou o laço e segurou a rédea"; "O que eu chamo de característico é isso. Segurou a sela, a rédea, esse passo pesado, como de quem está cavalgando"; "Parece que está num galope"; "É aquela coisa, parece um galope..."; "Essa cavalgada é característica"; "Oh, a sela, a rédea"; "Parece uma cavalgada"; "Ele não tem outra identificação, você tá vendo, ele vem no galope".
- "Normalmente o que vai dar a idéia de um boiadeiro, mesmo que ele não esteja girando a mão ao alto, fica girando a mão por trás. É uma coisa mecânica, está sempre constantemente mexendo alguma coisa"; "Você logo vê, boiadeiro, ele lança a mão"; "Essa também está de boiadeiro. Você logo sabe pelo jogo da mão"; "Essa está. Ele joga o laço e segura"; "Ele entra, joga o laço, e ele roda".

- "Essa passada para a frente, esse gesto de pisada, é bem característica deles."
- "Tranqüilo, todo o mundo torto, tombado."
- "Essa é outra linha que tem dois tipos. Aqui vêm os boiadeiros de Jurema, que são os boiadeiros que trabalham na linha de Oxalá, laçando as almas perdidas... E tem o boiadeiro que, como o baiano, é o representante do sul da nação";"Essa daqui tem, esse é da Jurema. Pode ser que depois ela fale, se for da Jurema, não fala, ele canta".
- "Aí misturou com caboclo";"Uma outra linha que poderia estar também é Caboclo Boiadeiro, mas...";"Há quem diga que o boiadeiro é uma referência de Oxossi. Ele vem na irradiação do Caboclo Boiadeiro".

Há um contínuo de fronteira com o caboclo, reproduzindo cinesicamente, com toda a probabilidade, a transformação do índio do interior do Nordeste em pastor de gado já brasileiro (Assunção, 1999).

Essa memória social guarda-se, por exemplo, na figura de intersecção que é o Caboclo Boiadeiro, bem como na referência à primitiva espiritualidade dessas populações aborígenes, a Jurema, que se comemora e canta em uma língua agora para sempre desconhecida.

A partir dessa base histórica, essa classe do panteão parece ter-se recoberto de um simbolismo bastante geral, apenso à metáfora do pastor como guardador do rebanho de Deus (Oxalá) e vigilante do não-desgarramento do animal.

Os movimentos são bastante estereotipados e dirigem-se quase sempre à frente e ao alto, sendo muito característico o movimento circular de um braço com a mão fechada, pontuado por oscilações corporais suportadas pela ponta dos pés e às vezes por passadas para a frente e para trás.

O atributo imagético-gestual do galope, comumente associado a eles, foi repudiado por uma colaboradora: "Que cavalo? Não tem nada disso. Acha que está em cima do cavalo? Que cavalo, sai fora...!".

Pretos-velhos

"Ninguém brinca com preto-velho."

O seu tipo geral cinésico é o do muito idoso, que mal carrega o corpo, cujas pernas não têm mais força e que enverga o tronco para a frente, como se a cabeça atingisse o próximo passo antes dos pés. Os pretos-velhos apresentam tremores e movimentam-se em linha reta, sem pressa.

- "Essa caminhada lenta...";"Isso é normal da linha do Congo, geralmente vem se arrastando, porque já são escravos muito antigos";"Pode ver que ela não segura a perna, porque é coisa de velho mesmo".

"Quando pretos-velhos e pretas-velhas vêm com a perna aberta, segurando o lombo, eles trabalham geralmente com as perna abertas e é para segurar o corpo, porque eles não têm mais noção do corpo"; "A maioria deles andam com a perna meio aberta para equilibrar o peso"; "Está vendo, perna sempre aberta, está bom".

- "Tá vendo, esse apoio, apoiar no joelho?"; "Primeiro, com as duas mãos pra trás, você já ficaria confuso. Mas como ele está, uma mãozinha para a frente apoiada, já tira a possibilidade de ser um exu... Mas é assim, a linha de exu é muito presente em todas as incorporações, porque são as que mais se assemelham à matéria"; "Pode reparar que normalmente preto-velho ou preta-velha sempre está apoiado num dos joelhos e o outro meio solto, fica sempre um alquebrado"; "Ele segura o corpo de um lado e do outro. Como característica de preto-velho está bom"; "A mão do preto-velho geralmente está no joelho, porque os velhos têm que firmar o joelho".
- "É característica de preto-velho chegar batendo (estalando) o dedo.".
- "Incorporação sofrida, bastaria um bom assentamento para esse preto-velho, para ele não pegar tanto a matéria [o corpo]. Mas a matéria [o médium] deve ter algumas culpas. Mas é por conta do médium, isso você corrige no desenvolvimento, não há necessidade"; "Se os pretos-velhos sambam, rebentam com as costas do médium. Eles não fazem isso".

Com os pretos-velhos ninguém brinca, referiu uma mãe-de-santo, impressionada com o fato de não haver dúvidas quanto à adequação das imagens que lhe foram mostradas. Certamente esse fato se deve em parte ao profundo conhecimento e à universal ocorrência dessa linha em todo o campo umbandista, mas, dessa forma, ela expressou o reverente temor e respeito que eles inspiram.

Presentificam as origens africanas da umbanda, a autoridade do ancestral africano e, portanto, são um dos pilares principais de uma religião afro-brasileira centrada no culto aos antepassados, entendidos como mediadores com o divino, mas também como protetores e vigilantes das obrigações determinadas pela pertença à linhagem.

Os dedos estalam, pelas pernas abaixo treme-se, do tronco para cima enrijece-se. O corpo ora está sentado, ora em andamento, dobra-se para a frente, e o tronco fica quase na horizontal. O conjunto da *performance* cinésica passa a idéia de dificuldade, se não de sofrimento.

Embora isso não lhes seja específico, foi a seu propósito que mais explicitamente foi possível observar, na "gramática" do idioma de possessão umbandista, a identificação e subsunção de corpo e sujeito médium à categoria de "matéria", estruturalmente oposta à de "espírito", alteridade e movimento.

Crianças

"A gente fica num estado deplorável..."

Essa classe de espíritos não apresenta um padrão de movimentos muito definido, identificando-se pelas variadas cinesias e pelo alarido que se associam a crianças comuns, estereotipadas.

- "Bonito, livre..."
- "Você logo vê, porque a criança já entra e ela está feliz, já bate palma e essa coisa toda"; "Esse é, opa! Batendo palma, batendo pé"; "Esse jeito de bater os pés é característico".
- "Essa é a característica de criança mesmo, dedo na boca, o médium perde completamente o controle"; "Esse também está incorporado de criança. Oh! Você vê que, por mais que o médium tente se impor, ele não consegue. Ele se arrasta e vai"; "Você vê, o médium não tem controle de nada"; "Um homem desse tamanho não ia ficar desse jeito"; "Eles dobram o médium ao meio".
- "Essa menina, não vai ter outro jeito, que ela está incorporada, com tanta loucura..."; "[Risos]... Parece tudo uns doidos"; "Esse é, esse é uma peste"; "Olha que peste! Está legal, fazem isso mesmo. Eles aprontam mesmo...".
- "Essa também está, é criança que não pára"; "Essa deve ser aquela que rebenta o terreiro"; "A criança, você não vai conseguir ela sentada (quieta)".
- "Se traçar um paralelo com outras linhas, nenhuma ficaria engatinhando, barriga para baixo [risos]"; "Acho que dá sim... Está com verme. Cachorro com berne é que faz isso, fica se arrastando".
- "Ah, o exu mirim, ele vai te morder, ele vai fazer arte com você, ele vai te beliscar, ele vai beliscar o outro erê, que está quieto, entendeu? E os olhos, pelos olhos eu noto. Os olhos, um tem o olho agressivo, o outro tem um olhinho doce"; "Olha o olharzinho doce, só para você ter uma idéia... Olha o olharzinho dele. Então é o olhar... Olha o olhar doce!".

Pureza e inconseqüência motora parecem associar-se ao divino, na rota de marcações culturais disponíveis no contexto (cristão) circundante.

Em comum com a categoria anterior, as crianças apresentam um mau controle do corpo. Quase todas, literalmente, "deitam e rolam". A precariedade do autocontrole cinésico parece facultar a associação do infantil ao celestial, como se o efetivo exercício adulto do controle voluntário sobre a musculatura simbolizasse uma pertença ao terreno e a injunção corporal da condição humana.

Caboclos

> "E está quietinha. Mas quietinha não quer dizer nada.
> Isso não quer dizer nada."

Os caboclos apresentam-se ora absolutamente imóveis, ora com movimentos harmoniosos ordenados verticalmente, eretos, retos. Coxos firmes, evoluem com um pé cá e outro lá, geralmente um bem apoiado e outro em meia-ponta. Com os membros superiores, mostram-se flecheiros, certeiros, precisos.

- "Caboclo de Xangô: ele bate no chão, ele vem fechado; o caboclo da mata, geralmente ele pula; caboclo flecheiro, aí está certinho, ele entra desse jeito mesmo, dá puxada de perna e puxa o arco."
- "Característica principal na minha escola, as duas mãos fechadas com o indicador apontado"; "Caboclo, você vai ver que ele pega, cruza em xis. Quando dá estas cruzadas, pode ser Xangô, aquela machadinha. Outra característica, duas mãos fechadas, só os indicadores apontados, é de Oxossi puro. Quando a mão direita está apontada e a mão esquerda fechada, pode ser um Oxossi cruzado com Xangô, ou um Ogum, como se estivesse com uma espada e uma seta, arco, na outra mão".
- "No incorporar do caboclo, é aonde marca quando é o caboclo mesmo, que aí ele já puxa a flecha e já grita. Porque se ele roda, roda, roda, aí não é muito caboclo não"; "Girando, só, não. Pode confundir com a linha de baiano"; "Essa tá, não deu nem chacoalho, nem nada...".
- "O caboclo tem uma pisada de pé diferente do normal. A batida dele, ele bate sempre com o pé"; "Pé, depende do pé de dança..."; "Estou olhando o pé de dança...Tudo bem..."; "Ela é caboclo, ele também. Só que ele manca"; "Depois, estando em terra, vão deixando de mancar, de dar mancada".
- "O caboclo entra pelas costas. Não adianta, ele leva um pontapé aqui, ele cai, de joelhos. O médium não merece, ele não deixa cair. Então, não está caracterizado o caboclo"; "Cai, filha da puta, vamos, cai! Não caiu. Não é caboclo"; "Um caboclo, quando ele chega, ele sente o chão e ele bate no peito. Aí sim, ele pode baixar e pedir a bênção ao chão, e aí sim, saudar Deus".
- "Olha os pulos desse bicho! Com esse tomo passe." "Pode ser baiana, porque está mexendo muito a cintura, para cá e para lá. Não garante..."; "Está misturando com baiano".
- "São mais sisudos... Por exemplo, Sete Estrelas desencarnou com vinte e poucos anos... Mas geralmente têm idade mais madura, são mais sisudos".
- "Caboclo estaca, muito lindo!..."; "Caboclos de árvores, que são caboclos duros, eles não mexem, eles fincam. Têm de ser doutrinados".

Essa linha congrega não apenas os espíritos de caboclos propriamente ditos, como principal e majoritariamente os espíritos dos seus ascendentes ameríndios. Constitui-se em uma das linhas de frente da umbanda, freqüente e publicamente presente nos rituais.

Talvez por isso, a seu propósito, foram tecidas abundantes considerações e estabelecidas refinadas discriminação e tipologias cinésicas. A tal ponto que, sem sombra de dúvida, seria possível repetir inteiramente uma pesquisa como esta, dedicada exclusivamente à caracterização dos subtipos de entidades caboclas.

Não obstante a minúcia e a variedade dos padrões de movimento assinaláveis aos múltiplos tipos de caboclos, que descem ao detalhe da seqüência exata de movimentos, da posição exata dos dedos da mão, e à observação do desenho traçado pelos passos, não se esgota neste âmbito a definição e a apreciação qualitativa dessas entidades. Às vezes, foi determinante o avesso do cinésico, a fixidez da posição corporal, associada à firmeza e inflexibilidade como qualidades espirituais.

Mais claramente do que nas outras linhas, o caboclo não está inteiramente no movimento. E tanto menos o está quanto mais se torna relevante o refinamento da análise do gestual, na direção do detalhe.

Categoria associada à direção espiritual e a uma compreensão do sagrado nos termos da luminosidade, não será casual que às vezes a avaliação qualitativa da sua gestualidade tenha se desdobrado em expressões de encanto que sublinham o fascínio pelas suas *performances* e alegam a beleza como critério.

Conclusão

É fato que os espíritos, no contexto da religião umbandista, evoluem, na acepção de se expressarem gestual e cinesicamente.

Este estudo se debruçou sobre essas evoluções. Filmaram-se e mostraram-se a cinco sacerdotes umbandistas *performances* de sujeitos em transe, e foram registradas as suas interpretações, tanto do ponto de vista da tipicidade das oito categorias do panteão escolhidas como pelo prisma da informação suscetível de estar em pauta. As suas análises foram contrastadas entre si, de maneira a mapear pontos de intersecção, bem como a desvendar processos cognitivos e analíticos subjacentes às suas avaliações.

Os resultados evidenciam uma apurada disciplina analítica do olhar. A par de uma contribuição para uma etnopsicologia brasileira, também apontam para a admissão do corpo como instância cognitiva e enunciante de sentidos que não poderiam propriamente comunicar-se por outro meio.

Embora as abundantes citações das análises dos colaboradores falem por si mesmas e não seja intenção deste estudo sobrepor-se às vozes umbandistas, e exatamente na medida em que o objetivo proposto foi tentar identificar como se constitui e como se recorta o seu *corpus* de análise, cabe uma breve síntese do que foi possível inferir como principais traços ou determinantes das suas perspectivas analíticas.

Etapas da análise visual das evoluções cinésicas

A partir dos comentários dos sacerdotes, notou-se uma clara demarcação de duas etapas analíticas: a observação fina do movimento e só depois a sua interpretação religiosa, mesmo que, pela agilidade da seqüência, possam parecer concomitantes.

Ou seja, não é imediata a análise religiosa, a decisão de confirmar ou não o significado umbandista do gesto. A habilidade e perspicácia cinésicas não apenas lhes são anteriores, como independentes disso.

Vários colaboradores, por exemplo, identificaram as marcas de pombagiras nas mesmas baianas e só depois tomaram a decisão de aprovar ou reprovar, do ponto de vista da tipicidade e correção religiosa, essas ambigüidades: "O baiano tem uma linha. Aí vira uma água, cada um vai incorporar uma coisa de um jeito e vai dizer que está com aquilo". Ou: "Parece pombagira. Aproveita essa imagem para pombagira". Ou ainda: "Baiana?... Aproveita essa imagem para pombagira!". Mais uma: "Essa é mesmo daquelas pombagiras baianas, daquelas que precisam requebrar tudo para soltar. Não é muito característica". A última: "Parece mais baiana, não parece pombagira".

Essa habilidade de discernimento anterior, independentemente do julgamento, prolongou-se além do código corporal especificamente umbandista. Integrantes de terreiros diversos, por exemplo, identificaram uma forte influência de dança africana em um conjunto específico de *performances* de pombagiras.

Diversos colaboradores também apontaram, coincidentemente, uma marca cigana nos desempenhos afetos à mesma linha em outro dos terreiros em que foram feitas gravações (assinale-se a repetição dessa especificação meticulosa em situações de análise atinentes à classe das pombagiras...).

Mesmo as evoluções corporais não reconhecidas como pertinentes a nenhuma das oito classes em exame receberam um mesmo significado alternativo, o que por si só comprova certa codificação. Foi o caso, por exemplo, do orixá Iansã "atravessando" a *performance* de um boiadeiro, como tal reconhecido independentemente por vários colaboradores, inclusive pela mãe-de-santo do terreiro onde o fato ocorreu.

A etapa posterior, do julgamento da adequação de uma determinada *performance* a um tipo do panteão, pode, entretanto, logicamente retroagir sobre o primeiro nível de análise, para afiançar a ilegitimidade (por uma perspectiva umbandista) e necessidade de exclusão do *corpus* de análise de determinadas espécies de movimentos.

É o caso em que se põe em questão o eventual não-reconhecimento de uma alteridade espiritual como agente da ação: pondera-se a adequação do movimento ao repertório gestual disponibilizado pelo idioma de possessão umbandista, o que ratifica que um dos critérios de validação da possessão é indubitavelmente a forma do movimento.

Esse julgamento, no entanto, sempre é temperado pela virtual impossibilidade de tomar qualquer padrão cinésico como absoluto e definitivo para qualquer classe de espíritos. Os juízes costumaram ser cautelosos nesses casos, o que sugere que, se, de um lado, a pura e simples análise do movimento pode ratificar a "realidade" da possessão espiritual, de outro, a inadequação das *performances* aos modelos esperados, por si só, não garante a sua desqualificação por esse mesmo prisma.

Um fator que aumentou a credibilidade das *performances* foi a suposta dificuldade de certos corpos adultos ou gordos desempenharem alguns movimentos com rapidez ou contorções: "Uma mulher com esse tamanho, com essa gordura vai dobrar desse jeito, você acha que dobra? Não dobra! Vai pular que nem cabrito?".

Vidência cinésica e cognição corporal

A análise cinésica decifra ou produz o imaginário? É possível vislumbrar um princípio de decifração da gramática ou código antropomórfico que se supõe informar a linguagem religiosa umbandista em um patamar pré-reflexivo? Haverá algum simbolismo no corpo e em suas partes (como mãos ou pés) ou o sentido residirá na pura sensação muscular? Se houver uma espécie de significação intrínseca à forma do movimento corporal, além do sensorial, seria ela pertinente à parte do corpo ou à ação cinésica que se encarna no ato corporal cometível pelo órgão? Os adereços que são vestidos ou empunhados, além dos gestos, fazem parte do contínuo da unidade significativa? Em suma, será possível segmentar as unidades mínimas significativas e onde passariam as suas fronteiras? Os, por assim dizer, morfemas cinésicos poderiam delimitar-se em gestos ou se desbordariam em outros níveis de construção de sentido?

Por enquanto, está-se longe de respostas conclusivas para perguntas como essas. O que é possível afirmar, de decisivo para o estabelecimento de um método que permita responder a tais perguntas, é que às cinesias que consubstanciam os espíritos se associam "outros olhares". Os espíritos são vistos videntes.

Olhar e cinesias parecem articular-se tanto pelo ver, imaginar a cena pelo movimento, como pela condição de alteridade do espírito, esteticamente produzida como olhar produtor de classes de sentido, qual foco de iluminação de uma cena existencial pertinente aos participantes.

Ao olhar as cinesias, freqüentemente os sujeitos se dirigiram ao olhar do Outro do transe, quer examinando a sua direção e fixidez, quer atribuindo-lhe qualidades que roçam o indescritível ("opaco", "doce", "ausente"...).

Ocorreram, por exemplo, sinestesias metafóricas, como olhar doce, que muitas vezes como que receberam um retoque imaginal para compor cenas suscetíveis de compor histórias: cavalgada, socar pilão, sedução etc.

Talvez a isso se possa chamar de imaginação ativa e, como empreendimento histórico coletivo e compartilhado, se consubstancie em um imaginário. Um imaginário que se dá a ver como uma "outra cena", supostamente metafísica, mas que concretamente se delineia mediante evoluções corporais, *lato sensu*, danças.

Fundamentalmente, entretanto, um imaginário que se dá a ver em corpos e que pode ser visto com o corpo.

Os comentários dos colaboradores deixaram claro que puderam reconhecer o que se enunciava cinesicamente, em larga medida, graças à sua experiência de transe. Para verem os espíritos, recorreram não apenas aos olhos, mas a um olhar alargado ao corpo inteiro e especialmente às sensações musculares que os vídeos evocaram no seu próprio corpo. A sua experiência espiritual revelou-se profundamente corporal, e o corpo evidenciou-se sujeito cognoscente e enunciante de sentidos que, pelo menos em parte, não poderiam expressar-se nem comunicar-se por outro meio (inefáveis).

Presumivelmente nisso reside a grande afinidade entre transe umbandista e dança (os espíritos "evoluem" quase o tempo inteiro). Tal como na dança, sujeito e objeto se fundem em um único processo expressivo. Segundo alguns umbandistas, para conhecer os espíritos, é necessário encarnar os gestos e movimentos que os consubstanciam.

Referências

ASSUNÇÃO, L. C. de. *O reino dos encantados*: caminhos, tradição e religiosidade no sertão nordestino. 1999. Tese de Doutorado em Ciências Sociais, Pontifícia Universidade Católica de São Paulo.

AUGRAS, M. *O duplo e a metamorfose*: a identidade mítica em comunidades nagô. Petrópolis: Vozes, 1983.

CRAPANZANO, V. Introduction. In: CRAPANZANO, V.; GARRISON, V. (Org.) *Case studies in spirit possession*. Nova York: John Wiley & Sons, 1977. p. 1-40.

KAPFERER, B. *Celebration of demons*: exorcism and the aesthetics of Healing in Sri Lanka. Washington: Smithsonian Institution Press, 1983.

KEANE, W. Religious language. *Annu. Rev. Anthropol.*, v. 26, p. 47-71, 1997.

Santa Sara Kali

VALDEMAR AUGUSTO ANGERAMI

Para Eli, uma luz da espiritualidade no
Caminho dos desesperançados...

Que santa és tu se nem sequer
foste canonizada nem santificada
pela oficialidade do catolicismo?!
O que significa dizer que aqueles
que recorrem a ti não gozam dos
direitos canônicos...
Dizem que é por seres negra e
escrava... Kali quer dizer negra...
Então tu te apresentas como
Sara negra...
E de onde vem então a força
para teres tantos fiéis e seguidores?!
Dizem que viveste no tempo de
Cristo junto às três Marias... e que
não foste santificada pela tua condição
de escrava e negra... e cigana...
Protege os ciganos, mas nunca
foste protegida em vida...
Estás com Madalena entre
as rejeitadas pelos papas e clérigos
revestidos de poder... e Madalena
foi ungida em carinho e respeito
pelo próprio Cristo... e igualmente
é excluída da legalidade do catolicismo?!
Foste atirada ao mar para que
morresses de fome, sede e frio...
E que mistérios carregas em tua
santidade para ser venerada apenas
pelos perseguidos, humilhados
e excluídos?!
E que mistérios trazes para a
minha vida se, no momento em
que trazia uma medalhinha tua

no peito, junto ao coração, surge
em meu caminho uma deusa negra
que também é devota de ti, e que
arranha-me a carne e me enfeitiça a
alma e o coração, e que depois
do êxtase do amor reza por ti
agradecendo a dádiva da vida e
do prazer?!
E ainda como sabes da minha
veneração por ti se apenas
recentemente te descobri?!
E como a fita que trago no pulso
tem seu estigma se apenas a
recebi de um líder espiritual
cigano?! E o que estás a fazer
de mim nesse meu caminho de
ascese espiritual em que as
provações da alma se sucedem
e não me dão trégua?!
E se és protetora dos humilhados
e combalidos unge-me com
a tua força e luz para que
eu seja defensor da tua
causa...
E se sabes o que é a dor
e humilhação... e a mágoa no
coração, dá-me também
forças para acalmar os
corações desesperançados e sem luz...
Dá-me a coragem para
não deixar de acolher a tantos
que sofrem e batem à minha
porta em busca de consolo e paz...
Dá-me a energia dos mares,
das luas, das florestas e dos rios...
Faz com que minha alma cigana
encontre guarida em tua mansidão...
Agora e sempre por todos os
séculos, amém...

Serra da Cantareira, em uma manhã azul do outono de 2007.

Sobre os autores

Valdemar Augusto Angerami (organizador)
Psicoterapeuta existencial, professor de pós-graduação em Psicologia da Saúde na PUC-SP, ex-professor de psicoterapia fenomenológico-existencial na PUC-MG, coordenador de Centro de Psicoterapia Existencial e professor de psicologia da saúde da Universidade Federal do Rio Grande do Norte (UFRN). Autor com o maior número de livros sobre Psicologia publicados no Brasil. Suas obras também são adotadas em universidades de Portugal, México e Canadá.

André Roberto Ribeiro Torres
Psicoterapeuta existencial, professor do Centro de Psicoterapia Existencial em São Paulo, mestre em Prevenção e Intervenção Psicológica pela PUC-Campinas e psicólogo responsável pela Proteção Social Básica do Centro Comunitário do Jardim Santa Lúcia, também em Campinas.

José Carlos Michelazzo
É graduado em Filosofia e em Psicologia, mestre em Filosofia pela PUC-SP, doutor em Filosofia pela Unicamp e analista existencial (*Daseinsanalyse*). É também coordenador adjunto dos eventos anuais do Colóquio Heidegger (PUC-SP e Unicamp), membro da Sociedade Brasileira de Fenomenologia (SBF) e pesquisador do diálogo entre os pensamentos ocidental e oriental junto à Fundação Japão de São Paulo. É autor do livro *Do um como princípio ao dois como unidade:* Heidegger e a reconstrução ontológica do real (Fapesp, Annablume).

José Francisco Miguel Henriques Bairrão

Pesquisador e docente do Departamento de Psicologia e Educação da FFCLRP (USP), *campus* de Ribeirão Preto.

Luiz José Veríssimo

Psicólogo clínico e doutor em Filosofia pela UERJ. É professor de Psicologia na Universidade Santa Úrsula, de Comunicação Social e Psicologia na Universidade Veiga de Almeida (UVA), e de Filosofia no curso de pós-graduação em Teorias e Práticas Junguianas também nesta instituição.

Marília Ancona-Lopez

Doutora em Psicologia Clínica e professora do programa de pós-graduação em Psicologia Clínica da PUC-SP. É diretora do Instituto de Ciências Humanas da Universidade Paulista (Unip) e membro do Conselho Nacional de Educação. Publicou vários livros e artigos.

Marina Pereira Rojas Boccalandro

Psicóloga clínica, mestre e doutora em Psicologia Clínica pela PUC-SP. Possui especializações em Administração Hospitalar pela Academia Brasileira de Medicina Militar, Psicossíntese pelo Center for Psychosintesis Studies – Devon, Inglaterra, e Psicologia Clínica pelo Conselho Regional de Psicologia de São Paulo. Iniciou sua vida profissional em 1957 no Instituto de Psiquiatria da Faculdade de Medicina da Universidade de São Paulo, onde permaneceu até 1977. A partir dessa data, ingressa no corpo docente da PUC-SP, onde permanece até hoje como supervisora na Clínica Psicológica Ana Maria Poppovic da Faculdade de Psicologia, na qual foi eleita diretora por dois mandatos seguidos (de 1997 a 2005). É professora associada da mesma universidade. Autora de *Sob o domínio de pã(nico): um estudo do transtorno do pânico através da psicossíntese* (Vetor Editora), *As virtudes na psicoterapia e na qualidade de vida* (Editora Livro Pleno) e de capítulos do livro *Espiritualidade e prática clínica* (Thomson Learning). Foi eleita para a cadeira nº 13 da Academia Paulista de Psicologia em 15 de junho de 2007.

Ronilda Iyakemi Ribeiro

Mestre e doutora em Psicologia pela USP e doutora em Antropologia da África Negra pela mesma instituição. Pesquisadora do Instituto de Ciências Humanas da Universidade Paulista (Unip) e professora-orientadora do programa de pós-graduação do Instituto de Psicologia da USP. Integra o grupo de trabalho "Psicologia e religião" da Associação Nacional de Pesquisa e Pós-Graduação em Psicologia.

Sikiru King Sàlámì

Mestre e doutor em Sociologia pela USP, pesquisador e fundador do Centro Cultural Oduduwa. Trabalha com os seguintes temas: "Cultura e religião iorubá" e "Herança africana na diáspora". É também fundador e babalorixá do Oduduwa Templo dos Orixás, em Mongaguá, São Paulo.

Tereza Cristina Saldanha Erthal

Graduada em Psicologia pela UFRJ, mestre em Psicologia pela PUC-RJ e especialista em Psicologia Clínica. Com formação em Psicoterapia Rogeriana, Gestalt-terapia e Existencialismo, desenvolveu a Psicoterapia Vivencial, uma abordagem existencial sartriana. Psicoterapeuta individual e de grupo, exerce as funções de supervisora clínica e de professora-adjunta na PUC-RJ, além de orientar e treinar psicoterapeutas nos cursos de formação em Psicoterapia Vivencial. Autora de vários artigos, dentro e fora do país, também escreveu vários livros enfocando sua atividade clínica. Atualmente, junta ao seu currículo a direção do grupo Ser-Vir, ampliando ainda mais a visão existencial do homem.

Outras obras sobre o tema

PSICOTERAPIA E SUBJETIVAÇÃO – UMA ANÁLISE DE FENOMENOLOGIA, EMOÇÃO E PERCEPÇÃO
Valdemar A. Angerami – Camon

O autor discute temas existenciais mediante uma análise instigante da construção da subjetivação e seu enfeixamento na condição humana. Constrói e desconstrói conceitos, reflete sobre a dicotomia psiquismo - subjetividade e sobre os aspectos que envolvem a prática da psicoterapia, viaja pelo imaginário e desvenda o corpo como construtivo da condição humana. O livro traz, ainda, uma generosa sugestão bibliográfica.

A PSICOTERAPIA DIANTE DA DROGADICÇÃO
Valdemar A. Angerami - Camon (Org.)

Este livro tece reflexões profundas sobre todo o esteio envolvido na produção, distribuição e consumo de drogas, além de propor tratamentos específicos para cada uma das drogas apresentadas. O texto destina-se, especialmente, a estudantes, educadores e profissionais da saúde e tem como objetivo ser um instrumento eficaz na humanização do tratamento da drogadicção. Este livro é indispensável a todos que, de alguma maneira, possuem envolvimento com a drogadicção.

VANGUARDA EM PSICOTERAPIA FENOMENOLÓGICO-EXISTENCIAL
Valdemar A. Angerami - Camon (Org.)

Este livro reúne caminhos desenvolvidos pela psicoterapia de base fenomenológico-existencial ao longo dos últimos anos. Os autores, de diferentes matizes, foram agrupados para fazer com que a vanguarda dessa psicoterapia fosse lançada a fim de contribuir com o desejo de novas reflexões dos estudiosos da área. Os textos aqui apresentados refletem os avanços obtidos pelos autores e se mostram como sendo a vanguarda das explanações acerca da prática da psicoterapia fenomenológico-existencial.

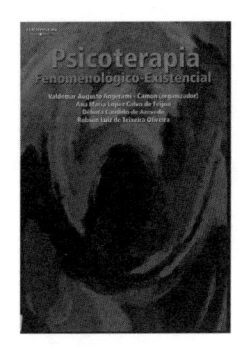

Psicoterapia Fenomonológico–Existencial
Valdemar A. Angerami - Camon (Org.)

O objetivo da psicoterapia é ampliar a visão perspectiva do paciente para que ele possa ter uma concepção de mundo mais abrangente e repleta de possibilidades. Este trabalho tem a intenção de refletir sobre determinados detalhes que ocorrem no campo da psicoterapia e que, de alguma forma, determinam a amplitude de seu êxito. *Psicoterapia Fenomenológico-Existencial* parte da perspectiva dos autores de construir um novo paradigma na psicoterapia, tornando-se referência indispensável no material fenomenológico-existencial disponível para estudantes e professores da área.

Espiritualidade e Prática Clínica
Valdemar A. Angerami – Camon (Org.)

Este livro é a primeira publicação que estabelece um pontuamento direto entre a espiritualidade e o desenvolvimento da prática clínica. Diversos segmentos de diferentes caminhos de espiritualidade foram arrolados para que se atingisse uma visão bastante ampla dessa tendência atual. *Espiritualidade e Prática Clínica* não será apenas mais um livro que se publica na área da psicoterapia, mas sim uma obra que irá se tornar um marco divisório nesse campo e cujo objetivo principal é tentar mostrar aos psicoterapeutas que a espiritualidade é colocada em um patamar completamente diferente do que já foi estudado até o momento, além de levantar dúvidas e questionamentos acerca desse tema tão discutido.

Psicoterapia Existencial – 4ª edição
Valdemar A. Angerami – Camon

Esta obra, rica em subsídios teóricos para uma compreensão mais abrangente das diversas correntes psicoterápicas, é direcionada tanto aos trabalhos universitários quanto aos inúmeros profissionais que buscam embasamento para sua prática profissional. Polêmicos são os temas aqui abordados – liberdade, solidão, sentido de ser, angústia, culpa, felicidade –, apresentando justaposição direta da Psicoterapia Existencial com outras correntes do pensamento contemporâneo, fazendo deste livro leitura indispensável também para os estudiosos da Psicologia e das Ciências Humanas.

GALE CENGAGE Learning

Psicologia

Bases de dados • eBooks • Coleções Digitais
Publicações periódicas acadêmicas • Livros impresos

Bases de Dados:

Academic OneFile
Bases de dados de periódicos eletrônicos, multidisciplinar e de perfil academico que apresenta grande quantidade de artigos em texto completo. A interface é amigável e oferece tradutor on-line.

Informe Académico
Coleção de periódicos em língua espanhola em todas as áreas do conhecimento e provenientes de diversas revistas publicadas pelas mais renomadas instituições acadêmicas da Iberoamerica.

Psychology e Collection
Base de dados que oferece artigos em texto completo provenientes de periódicos e obras de referência. A interface é amigável e oferece tradutor on-line.

eBooks:

Gale Encyclopedia of Psychology
Psychology of Classroom Learning: An Encyclopedia
Learning and Memory: Macmillan Psychology Reference Series

Livros impressos:

21st Century Psychology: A Reference Handbook
Encyclopedia of Applied Psychology
Encyclopedia of Industrial/Organizational Psychology
Encyclopedia of Multicultural Psychology
Encyclopedia of School Psychology
Gale Encyclopedia of Psychology
Psychology Basics
Psychology of Classroom Learning: An Encyclopedia
Child Development: Macmillan Psychology Reference Series
Learning and Memory: Macmillan Psychology Reference Series

Para mais informações: *www.galecengage.com*
ou *gale.brasil@cengage.com*